신화적
상상력과
문화
(개정판)

일러두기

1. 이 책에 나오는 고유명사는 일반적으로 통용되는 발음과 표기법에 따랐다. 그리스 로마 신화의 경우, 그리스어 발음을 기준으로 하고, 원어 표기는 그 발음을 살려 영어로 전사된 형태를 취했다. 게르만 신화의 경우는 독일어 표기와 발음을 따랐다.
2. 문학작품의 제목에 고유명사가 쓰일 경우, 가능하면 그 나라 발음과 표기법을 따랐다. 예를 들어 오르페우스가 문학작품 제목에 쓰일 경우, 프랑스 작품은 '오르페Orfée'로, 이탈리아 작품은 '오르페오Orfeo'로 표기했다.

신화적 상상력과 문화

개정판

정재서 · 전수용 · 송기정 지음

이화여자대학교출판문화원

책머리에

태고의 황당한 이야기로만 여겨졌던 신화가 대중적으로 또한 학문적으로 관심의 대상이 된 것은 비교적 최근의 일이다. 가령 1990년대 이전만 하더라도 국내의 경우 일반의 신화에 대한 인식은 미신이나 동화에 가까웠으며, 대학에서는 종교학 분야를 제외하고 신화가 교양 과목으로 개설된 예가 거의 없었다. 요즘 신화가 각광을 받게 된 이유는 무엇일까? 엄숙하게 말하자면 과학의 발달로 인간 정체성이 위협을 받는 이 시대에 반사적으로 우리의 본래 모습을 돌아보고자 하는 욕구가 커졌기 때문이기도 하고, 차디찬 이성주의와 합리주의에 대한 염증으로 포근한 감성의 세계를 동경하게 된 경향 등을 그 원인으로 볼 수도 있지만, 현실적으로 말하자면 디지털 문화의 꽃이라 할 수 있는 영화, 애니메이션, 게임 등 문화 산업의 주요 소재가 환상성을 바탕으로 삼고 있기 때문이기도 하다. 아무튼 신화는 이제 우리가 현대를 살아가면서 모르고 지낼 수 없는 중요한 상식처럼 되었다.

그러나 이른바 '신화의 귀환'에 부응하여 시중에는 신화 관련 서적이 봇물처럼 쏟아져 나오고 있지만 그것들은 너무 어려운 신화 연구서이거나, 아니면 특정한 지역의 신화를 소개한 단순한 이야기책 혹은 입문서이거나, 아니면 신화를 가미한 흥미 위주의 활용서 등이 대부분으로, 진정 신화의 깊은 의미, 다양한 내용과 더불어 그것이 현대 문화에 미친 영향에 대해서까지 쉽게 설명한 책은 찾아보기 힘들다. 저자들은 다년간 대학에서 '신화적 상상력과 문화'라는 교양 과목을 강의하면서 학생과 대중을 위한 '쉽고 좋은' 신화책의 필요성을 절감하고 함께 고민해오던 중 마침내 그동안의 강의 경험과 연구를 바탕으로 이 책을 펴내게 되었다.

이 책은 크게 3부로 구성되어 있는데, 1부에서 세계 주요 신화의 내용을 주제별로 자세히 소개한 후 2부에서 그러한 신화적 상상력이 문학과 음악, 미술 등 예술 각 분야의 작품에 실제적으로 어떻게 영향을 미쳤는지 설명했다. 그리고 3부에서는 신화 연구의 다양한 이론과 분석 방법들을 소개함으로써 신화에 대한 보다 깊은 이해를 위한 지식을 제공하고자 했다. 아마 신화에 대한 이야기, 작품 분석, 이론의 세 가지를 한꺼번에 갖춘 책은 이 책이 최초이리라고 생각한다. 물론 이러한 시도가 처음이니만큼 여전히 미흡한 구석이 많을 것이다. 그러나 저자들이 희망했던 대로 일반인을 위한 전면적이고도 체계적인 신화 해설서로서 그 유용함을 잃지 않을 것이라 믿는다.

다만 초판이 출간된 후 적지 않은 세월이 흘러 일부 개정이 불가피하다고 판단하여 여러 군데를 수정·보완했다. 이번 개정판에서는 신화 원론의 개념이나 설명이 모호한 점을 바로잡고 문화 읽기 부분에서 새로운 내용으로 대체하는 등 시대적 추이에 따른 변화를 반영하고자 했다.

끝으로 이 책의 출판을 위해 아낌없는 성원을 보내주신 이화여자대학교출판문화원장님, 열과 성을 다해 좋은 책으로 만들어주신 편집부 여러 선생님들께 깊이 감사드린다. 아울러 이 책의 다양한 내용이 가능하도록 인용의 전거를 마련해준 타 신화서의 저자, 역자 분들, 강의 중에 수없는 피드백으로 소중한 지적 자극을 주었던 '신화적 상상력과 문화' 수강 학생들에게도 고마움의 뜻을 전하고 싶다.

모쪼록 이 책이 지속적으로 독자들의 기대에 부응하는 좋은 신화 개설서로의 소임을 감당할 수 있기를 희망하며 두서없는 글을 마친다.

2023년 6월
저자들을 대표하여
정재서 삼가 씀.

차례

2부 신화적 상상력으로 문화 읽기

서론

신화란 무엇인가?

모든 인류는 원시 시대에 각기 고유한 신화를 만들어냈고, 또한 그것을 생활 속에 보존해왔기 때문에 어떠한 문화도 그 근원이 되는 신화에 비춰보지 않고는 제대로 이해할 수 없다. 따라서 의식적으로는 신화를 믿지 않는 현대인들이라도 근원적으로는 신화를 필요로 하며, 이러한 필요에 부응해서 현대의 문화도 끊임없이 신화적 상상력의 산물을 만들어내고 있다. 그렇다면 과연 신화란 무엇인가?

흔히 신화는 재미있는 거짓말, 꾸며낸 이야기 정도로 여겨진다. 그러나 시공을 초월하여 우리를 매혹시키는 신화의 힘을 생각한다면 그처럼 단순한 정의에 그칠 수가 없다. 신화에 대한 정의는 학자에 따라 다양하지만 대체로 '태초의 우주와 자연에 대한 인식과 이해를 담은 신성한 이야기'라는 것이 통설이다. 이때 신성하다는 것은 절대적인 권위를 가진다는 뜻이고, 함부로 훼손할 수 없을 만큼의 경이로움을 지닌다는 의미이다. 따라서 신화는 당시의 인류에게 있어서 결코 허무맹랑한 것이 아니라 오늘날의 과학 이상으로 진지하게 받아들여졌던, 세계를 설명하는 방식이요 삶의 원리였음을 알 수 있다.

또 다른 정의에 의하면, 신화는 '전승(구전)되어오는 이야기'이다. 신화의 그리스 어원인 뮈토스mythos는 '권위 있는 말', '이야기', 혹은 '플롯'을 뜻한다. 신화가 이야기라는 말은 첫째로, 신화가 플롯을 가진 서사적 구조를 띠며 시작과 중간과 끝이 있다는 뜻이다. 예를 들어 그리스의 신 제우스 자체는 신화가 아니고 그의 업적을 다루는 플롯화된 이야기가 신화라는 의미이다. 둘째로, 이야기로서의 신화에는 플롯과 더불어 등장인물이 존재한다. 신화의 등장인물은 남신, 여신, 초자연적 존재들뿐 아니라 인간, 그리고 인간처럼 말하고 행동하는 동물까지 포함한다. 셋째로, 신화는 다른 이야기들과 마찬가지로 시간과 공간의 배경을 지닌다. 신화의 시간은 아주 먼 옛날 혹은 인간의 연대기 밖에 있는 모호한 시간이며, 신화가 일어나는 공간은 아테네나 테베와 같이 우리가 알 수 있는 공간인 경우도 있고, 아무도 가본 적 없는 지하의 세계, 혹은 실제로 존재하지만 신화에서는 신들의 거주지라는 비현실적 공간으로 변모하는 올림포스산이나 먼 옛날의 크레타섬 같은 공간인 경우도 있다.

신화가 전승되었다는 것은 첫째로, 그것이 과거와의 접촉을 유지하며 한 세대에서 다음 세대로 계승된 지혜를 미래에 전해준다는 의미이다. 따라서 신화는 그것이 속한 사회를 설명하고, 그 사회의 관심사와 가치관을 유포한다. 신화는 특히 위기의 순간에 사회 구성원들에게 모범이 되는 행위의 양식을 알려준다. 가령 소크라테스는 겁쟁이로 죽기보다는 트로이의 성벽 앞에서 용감히 죽어가기를 선택했던 아킬레우스의 예를 들며 자신이 목숨을 걸고 진리를 말해야 하는 이유를 설명한다. 둘째로, 신화가 전승되었다는 것은 저자가 없다는 의미이다. 물론 비극 작가 소포클레스가 오이디푸스 왕 이야기를 쓰긴 했으나, 그가 창작하기 이전에 오이디푸스 왕 이야기는 이미 신화로 전해 내려오고 있었다. 셋째로, 신화는 대개 구전으로 전승됨으로써 필연적으로 이야기의 변화를 겪게 된다. 이야기의 서술자들은 각기 다른 동기를 가지고 이야기의 다른 측면들을 강조하고 장식한다. 예컨대 자신의 일곱 아들과 일곱 딸이 너무도 자랑스러워, 아폴론과 아르테미스 남매만 두었던 레토 여신을 숭배하느니 자신을 숭배하는 것이 낫겠다고 자만하다가 아폴론에게 자식들을 모두 잃은 니오베의 일화는 섣부른 교만의 위험성을 보여주는 예가 될 수 있다. 그러나 호메로스의 『일리아드』에서 아킬레우스가 이 일화를 프리아모스 왕에게 주는 충고로 사용할 때는, 슬픔 중에도 니오베처럼 음식을 먹고 정신을 차려야 함을 강조한다.[1]

이렇게 유구한 시간에 걸쳐 전해 내려온 신화 이야기는 세계 각 지역 혹은 각 민족마다 고유하고 독창적인 부분도 있지만 다른 지역 신화와 공유하는 부분도 있다. 그것은 인류가 보편적으로 지닌 심성 때문이기도 하고 상대방의 특성이 전파되었기 때문이기도 하다. 따라서 세계의 모든 신화를 이해함에 있어서 단일한 기원이나 단일한 문화를 상정하는 것은 성급한 판단이 될 것이다.

가령 중국 신화의 경우를 보자. 중국 신화는 본 민족인 한족漢族의 신화와 55개의 소수 민족 신화로 이루어져 있다. 그런데 본래부터 이질적인 소수 민족 신화는 차치하고서라도 본 민족인 한족의 신화도 단일한 계통으로 볼 수 없다. 중국의 선사 시대는 사방의 각 종족이 교류하는 다원적인 문화 상황을 형성하고 있었는데, 이에 따라 신화 역시 상호 텍스트적으로 얽혀 있었기 때문에 전통적인 한족 신화도 다양한 각 종족 신화 간의 결합의 산물일 수밖에 없었다. 그리스 로마 신화의 경우도 마찬가지이다. 비교적 완전한 신화 체계를 갖추었으므로 주변의 중동 및 근동의 영향을 받지 않고 독립적인 문화권 내에서 생산되었다고 인식하기 쉽지만, 사실 이 지역은 일찍부터 소아시아·이집트는 물론 중앙아시아의 문명과도 관계를 맺었고, 우리는 그리스 로마 신화 속에서 이러한 영향의 흔적들을 어렵지 않게 발견할 수 있다.

비교신화학이 출발한 19세기 후반, 비교언어학자들은 아리안 민족의 신화를 연구함에 있어 신화와 언어의 기원과 계통을 동일시하여 모든 신화를 자연 신화로 해석함으로써 이후의 신화학자들로부터 지속적인 비판을 받았다.

---

1 Barry B. Powell, *Classical Myth*, 3rd Ed., Prentice Hall, 2001, pp. 2–4.

또한 그 뒤를 이어 초기 인류학자들이 거리상으로 멀리 떨어진 두 민족 간에 나타나는 신화상의 비슷한 모티프를 '인간 마음의 유사성'으로 설명한 것이나, 연구의 범위를 동일한 문화권 안의 비교로만 한정하면서 그 신화에서 추출되는 문화적 특징들을 통해 나타나는 신화의 유사성을 문화의 전파로 설명하는 '문화권설文化圈說' 등은 모두 신화의 공통점만을 강조하면서 차이점에까지 심각한 주의를 기울이지 못한 것이라고 볼 수 있다. 반면에 단일한 민족 신화 개개의 사회적 기능을 분석·연구한 기능주의 학파는 개별적인 차이점에만 집중하여 공통점에 대한 논의가 부족하다. 따라서 한 민족의 신화에 관한 연구이든, 아니면 문화권 전체에 속한 여러 민족의 신화에 관한 연구이든 신화학의 논의는 여러 민족의 신화들 간의 공통점과 차이점을 모두 대상으로 하여 균형적으로 연구하는 것이 바람직하다 할 것이다.

이러한 관점에서 한 걸음 더 나아갔을 때 우리는 어느 특정한 지역의 신화를 표준으로 다른 신화를 재단하는 것이 얼마나 편파적인가를 알 수 있다. 예컨대 그리스 로마 신화와 같은 서구 신화의 관점에서 중국 신화를 논할 때, 『산해경』처럼 여러 종족의 신화가 결합된 내용은 서사적인 체계가 결여된 단편들로만 인식된다. 또한 인간 중심의 사고가 지배적인 그리스 로마 신화의 입장에서 다른 신화들을 보면 대부분 반인반수의 괴물 이야기로 여겨지기 십상이다. 따라서 모든 신화는 평등하다는 전제하에 각 신화의 성격과 특징을 존중하는 것이 중요하다.

결론적으로 말해서, 신화는 인류 공통의 경험이 무의식에 각인되어 전수되고, 개별 문화 속에 표현·정착된 것이다. 감성과 무의식, 환상의 심층에서 유래한 신화는 합리성, 이성, 객관성을 바탕으로 한 근대 학문과 비교했을 때 자칫 미신이 지배하던 시대의 잔해로 치부될 수도 있다. 하지만 신화는 그렇게 단순하게 정리될 수만은 없는, 좀 더 폭넓은 이해가 요구되는 대상이다. 신화는 언어학, 문학, 철학, 종교학, 미학, 심리학, 인류학, 사회학, 역사학, 지리학 등 인간을 이해하고자 하는 모든 학문이 녹아 있는 커다란 용광로라고 할 수 있다. 그 용광로 안에서 끓고 있는 신화적 상상력은 무의식의 이미지와

의식적 논리의 언어 사이에 존재하는 간극을 메워준다. 따라서 초과학의 이 시대에 우리는 신화적 상상력을 통해 잃어버린 교감능력을 회복하고 의식과 무의식이 합일된 통찰의 지혜를 얻을 수 있다.

1부

신화의 세계와 그 의미

1장 세계와 인류의 창조
2장 영웅의 모험과 귀환
3장 재앙과 형벌
4장 변신과 승화
5장 여성과 자연
6장 연단술과 연금술

세계와 인류의 창조

1장

창조 신화는 모든 신화들 가운데 가장 전형적이고 진실된 신화라고 일컬어지며, 우주 창조의 신화는 모든 창조 신화들 중에서도 가장 특별한 의미를 지닌다고 볼 수 있다. 창조 신화는 인간을 포함하는 우주의 기원과 생성에 대해 이야기하고, 우주의 창조는 모든 것의 전제가 되는 까닭이다. 그렇기 때문에 세계의 여러 민족들은 그 언어적·문화적 차이에도 불구하고 거의 모두 우주 창조의 신화를 가지고 있다.[1]

세계 각국에 존재하는 여러 우주 창조의 신화들에서 가장 두드러지게 발견되는 모티프는 원초적 존재가 죽어 분해되고 그 흩어진 몸을 재료로 우주가 만들어지는 신체화생身體化生의 우주발생론cosmogony이다. 바빌론의 신화에서 신들의 왕인 마르두크Marduk는 모든 신들의 어머니이자 적인 티아마트Tiamat를 살해하고 그녀의 유체 위에 우주를 건설한다. 인도의 가장 오래된 문헌 『리그 베다*Rig Veda*』도 천 개의 눈과 다리를 가진 원인原人 푸루샤가 희생제의를 통해 분해됨으로써 세상이 창조되었다고 설명한다. 게르만이나 북유

1 미르치아 엘리아데, 『종교의 의미: 물음과 답변』, 박규태 옮김, 서광사, 1990, p. 118 참조.

오딘 형제에게 살해되는 이미르
로렌츠 플로리크

럽 신화 속에 등장하는 얼음 거인 이미르Ymir 또한 세계 창조의 원천이다. 게르만의 신들은 이 얼음 거인 이미르와의 격투에서 승리하여 그를 살해하고 허무의 심연 기눙가가프Ginnungagap 위에 그의 시체로 새로운 세계를 창조한다. 중국의 창조 신화 속에서도 태초의 우주는 하늘과 땅의 구별도 없는 혼돈스러운 상태의 알과 같은 것이었다. 그 알과 같은 우주 속에서 반고盤古라는 거인이 자라났고 그는 병아리가 부화하듯 알에서 태어났다. 반고가 자람에 따라 혼돈 상태의 하늘과 땅은 점차 구분이 생기고 또 멀어졌다. 그리고 그가 죽었을 때 그의 몸은 해와 달, 산과 강, 풀과 나무, 돌과 눈, 비와 안개 등의 만물로 변했다. 때때로, 어떤 신화들 속에서 우주의 토대가 되는 원초적 존재는 인간이 아닌 다른 생물이다. 이란의 신화 속에서 세계와 만물의 근원이 되는 존재는 황소 에박다드Evagdad이며, 중국의 소수 민족 신화에는 우주를 구성하는 원재료로서 사슴, 호랑이 등 여러 동물이 등장한다. 그러나 그것이 사람이든 동물이든 해체된 신체기관으로 우주를 형성하는 원초적 존재들은 그 자체로 대우주와 소통 가능한 소우주임을 의미한다.

세계의 모든 신화에서 오늘날과 같은 우주가 존재하기 전인 태초에 존재하는 것은 비어 있는 것처럼 보이거나 아무것도 분리되지 않고 분별되지 않은 채 엉겨 있는 혼돈Chaos이다. 어떤 이름으로도 불리지 않고, 어떤 모습으로도 정해져 있지 않고, 사물과 사물 사이의 어떤 분별도 존재하지 않는 그 선행하는 우주의 모습은 인간의 지각으로는 파악되지 않았거나 기억할 수 없는 원시 우주의 존재를 짐작케 한다. 또는 인간적인 관점에서 그것은 아직 그 자신을 우주와 분리시켜 사고하지 않았고, 그래서 객관적 타자로서의 우주를 규정하지 않았던 원시 인류의 미분리적 사유를 암시하는 것이기도 하다. 세계의 모든 민족은 이와 같이 미분리된 우주로부터 새로운 질서가 존재하는, 우리가 알고 있는 세계를 구축했다. 우주cosmos라는 말이 동시에 '질서'를 의미한다는 사실은 새로이 창조된 이 우주가 질서 잡힌 세계임을 말해준다.

그러나 세계의 창조 신화들이 이처럼 기본적인 유사성을 가지고 있음에도 불구하고, 각기 서로 다른 민족과 언어·문화를 기반으로 하고 있기 때문에 그 나름의 고유한 특질 또한 지니고 있다는 사실을 간과해서는 안 될 것이다.

1. 중국의 창조 신화

신화의 새로운 보고寶庫, 중국 신화

중국 신화는 그리스 신화처럼 체계화되어 있지 않다. 탁월한 고대 문명을 꽃피운 나라로서는 뜻밖일 정도로 신화가 빈약하다고 볼 수도 있다. 그러나 중국에 원래부터 신화가 별로 존재하지 않았던 것은 결코 아니다. 대륙에 거주하는 수많은 종족이 흥망성쇠를 되풀이하면서 적지 않은 신화들이 인멸되었을 뿐이다.

아울러 공자孔子는 일찍이 "괴상한 능력이나 불가사의한 존재[怪力亂神]에 대해 이야기하지 말라."라고 역설하면서 신이나 귀신들에 대해 말하는 것을 경계했다. 이는 역으로 당시에 그런 이야기들이 상당히 성행했음을 말해주는 증거라고 볼 수도 있다. 공자가 활동했던 춘추 전국 시대는 중국 고대 문화의 융성기였다. 현존하는 책들 중에는 그 당시에 쓰인 것들이 많이 있다. 그런데 여러 나라가 대립하고 서로 간의 싸움이 끊이지 않던 그 당시 초미의 관심사는 국가를 부강하게 만들어 난세를 수습하는 것이었다. 따라서 현실주의적인 사상이 널리 전파되었고 초자연적인 이야기는 도외시되었다. 위정자 계급이나 제자백가諸子百家들은 '황당한 이야기'인 신화에 관심을 갖지 않았다. 그렇다고 그들이 신화를 모두 부정한 것은 아니다. 그들은 과거의 사건이나 신화,

전설을 현실적이고 공리적인 관점에서 재해석했다. 즉 그들은 신들이 한 일을 위대한 인물의 업적으로 바꾸어 역사적인 영웅 이야기를 꾸며내는 데 이용했던 것이다.[2]

중국 신화의 실상을 비교적 많이 기록하고 있는 책으로는 『산해경山海經』[3]과 『천문天問』[4]을 들 수 있다. 『산해경』은 성립 시기와 편술자의 이름을 알 수 없다. 아마도 무당들이 제사를 지내면서 낭송하던 것을 엮은 책일 것이다. 그 후 이 책은 주술사인 방사方士들에 의해 계승되어왔을 것으로 추정된다. 『천문』은 전국 시대 말기 초나라 굴원屈原[5]의 작품으로 여겨진다. 그 밖에도 『사기史記』나 『한서漢書』, 『여씨춘추呂氏春秋』나 『회남자淮南子』[6] 등은 중국 신화에 대한 중요한 자료를 제공해주는 책들이다.

서양의 경우 도처에 단편적으로 존재하던 신화나 전설을 호메로스Homeros 같은 위대한 시인이 체계화하여 『일리아드*Iliad*』나 『오디세이*Odyssey*』 같은 서사시로 엮어냄으로써 신화에 세련된 서사 구조를 부여할 수 있었던 반면, 중국에서는 그러한 작업이 행해지지 않았다. 뿐만 아니라 1949년 이후 공산주의 치하의 중국에서는 허무맹랑한 이야기에 대한 비판적 시각 때문에 신화에 대한 연구가 후퇴했다고 해도 과언이 아니다. 1966-1976년에 있었던 문화대혁명은 점점 빈약해져가는 신화 연구에 완전히 찬물을 끼얹는 결과를 초래했다. 그러나 중국이 개혁·개방·현대화의 길을 걸으면서 신화에 대한 관심이 높아지고 연구도 활기를 띠어가고 있다.

---

2 이토 세이지, 『중국의 신화와 전설』, 박광순 옮김, 넥서스, 2000, pp. 12-13 참조.

3 전국 시대에 산천의 지리와 산물 등에 관한 내용을 엮은 것으로 중국에서 가장 오래된 신화집이다. 신과 인간, 그리고 괴상한 인간과 동물에 대한 이야기와 그림이 실려 있다. 성립 시기는 기원전 3-4세기로 추정된다.

4 굴원이 지은 것으로 전해지는 초사(초나라의 가요) 작품이다. '천문'이란 '하늘에 묻는다'라는 의미이며, 우주의 혼돈 상태에 대한 회의에서 시작하여 우주, 신화, 역사, 전설 등에 대한 질문을 열거하고 마지막에 작가의 입장을 서술하고 있다.

5 굴원(기원전 343-기원전 290)은 전국 시대 초나라의 애국 시인으로, 간신들에 의해 참소를 받고 추방당하여 방랑 생활을 하면서 많은 시를 남겼다.

6 전한 시대 유안劉安이 지은 사상서로 도가 사상이 주 내용을 이루며 신화 자료가 많이 수록되어 있다. 우주 창조 신화는 「정신훈精神訓」에 수록되어 있다.

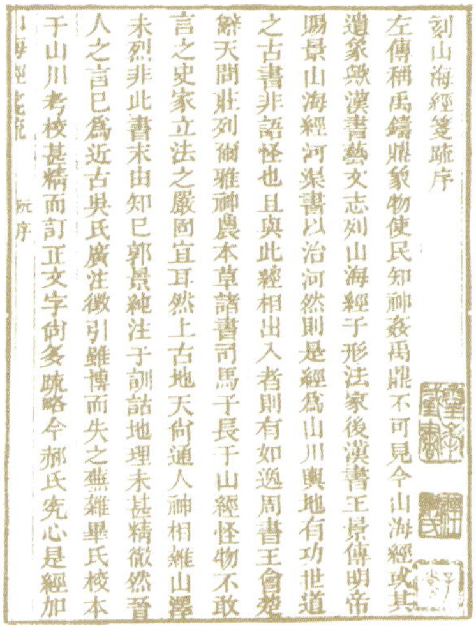
刻山海經箋疏序
左傳稱禹鑄鼎象物使民知神姦禹鼎不可見今山海經或其
遺象歟漢書藝文志列山海經于形法家後漢書王景傳明帝
賜景山海經河渠書以治河然則是經爲山川輿地有功世道
之古書非語怪也且與此經相出入者則有如逸周書王會楚
辭天問莊列爾雅神農本草諸書司馬子長于山經怪物不敢
言之史家立法之嚴固宜耳然上古地天尙通人神相雜山澤
未烈非此書末由知已郭景純注于訓詁地理未甚精徵然晉
人之言已爲近古吳氏廣注徵引雖博而失之蕪雜畢氏校本
于山川考校甚精而訂正文字尙多疏略今郝氏究心是經加
山海經箋疏 阮序

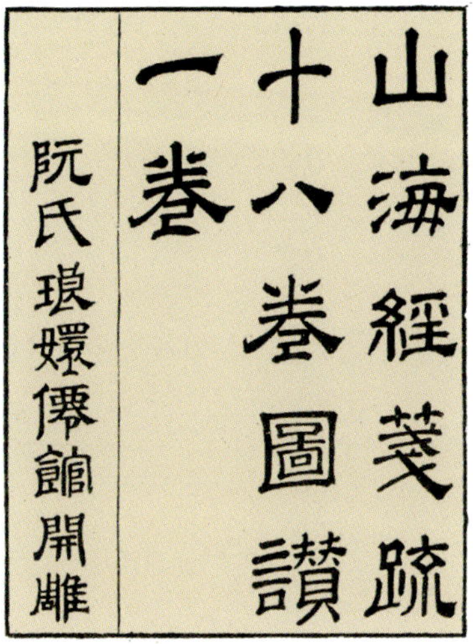
山海經箋疏十八卷
圖讚一卷
阮氏琅嬛僊館開雕

『산해경전소山海經箋疏』의 본문(왼쪽)과 속표지(오른쪽)
청나라 학의행郝懿行이 쓴 책으로, 『산해경』에 대한 과거의 모든 주석을 가장 잘 정리한 것으로 정평이 나 있다.

중국의 창조 신화

어느 민족에게나 인간과 세계의 창조, 그 기원에 대한 이야기는 그들이 진실이라고 믿는 모든 이야기들 가운데서 중심적인 위치를 차지한다. 중국 신화 또한 예외가 아닌데, 특히 중국의 창조 신화에서는 세계 창조와 인간 창조의 이야기가 서로 연관되어 나타나는 특징을 보인다. 또한 이들 창조 신화의 대부분은 지금과 같은 형태의 세계가 존재하기 이전부터 이미 있었던 어떤 존재들을 전제한다. 아직 분리되지 않은 한 덩어리의 혼돈 같은 존재들…… 창조는 엄밀한 의미에서 아무것도 없는 것에서 시작되는 것이 아니라, 지금과 같지 않았던 것을 지금과 같은 형태로 만드는 것이다. 중국 신화 전통에서 인간 창조 혹은 그 기원의 신화는 특정한 민족의 출발과 긴밀한 관련이 있다. 또한 이러한 인간 창조 신화들은 처음에 불완전했던 인간 존재에 대해, 그리고 점차 인간으로서의 요소들을 갖추어나가게 되는 단계들에 대해 언급한다. 그래서 인간 창조 신화는 거의 대부분 인간의 문화·문자 등 문명의 발전에 대한 내용을 포함한다.

혼돈과 천지개벽

굴원은 『천문』에서 세계의 시작, 우주의 창조 등의 문제를 제기한다. 그러나 그는 해답을 제시하지 않는다.

> 태초의 일 누가 들려주었던가?
> 형체 없던 하늘과 땅, 어떻게 해서 생겨났나?
> 해와 달이 뜨는 이치, 그 누가 알 수 있나?
> 혼돈의 그 모습, 무슨 수로 볼 수 있나?

한편 『태시경太始經』에 따르면 혼돈은 이의二儀(음·양)가 아직 분리되기 이전의 상태로서, 홍원洪源 혹은 시원始源이라 불린다. 그것은 막막하고 붙잡을 데가 없으며, 달걀과 같은 상태이다. 우주에는 빛도 형태도 소리도 목소리도 없다.

그러나 신화의 세계에서는 이 무정형의 혼돈도 구체적인 생명체로 표현되게 마련이다. 『산해경』의 「서차삼경西次三經」에서는 혼돈이 새 비슷한 '제강帝江'이라는 신으로 묘사된다.

> 천산天山에 신이 있다. 모습은 누런 자루 같고, 불꽃처럼 붉다. 발은 여섯 개이고 날개는 네 개이며, 혼돈되어 눈과 코가 없고 두루뭉술하다. 이 신은 노래 부르고 춤추는 법을 잘 알고 있다. 이것이 곧 제강이다.

자루처럼 생긴 이 신은 날개가 달려 있으니 일종의 새라고 볼 수 있을 것이지만, 한편 눈도 코도 입도 없으니 그야말로 혼돈의 상태이다. 특이한 점은 이 신이 가무를 즐긴다는 것이다. 이는 노래와 춤이 단순히 음악이나 무용이기 이전에 우주의 소리와 움직임을 나타내는 상징적인 행위라는 의미에서 원초적 우주의 형상인 제강에게 춤과 노래의 속성을 부여한 것으로 보인다.

한편 『산해경』보다 조금 늦게 쓰인 것으로 추정되는 『장자莊子』[7]에 기록되어 있는 우언寓言에는 좀더 의인화된 인물이 등장하는데 거기서는 그를 그냥 혼돈이라 부른다. 그 내용을 보자. 남해의 천제天帝를 숙儵이라 하고 북해의 천제는 홀忽이라 하며 중앙의 천제는 혼돈이라 했다. 숙과 홀은 자주 중앙의 혼돈에게 놀러갔는데, 혼돈은 그 둘을 크게 환대했다. 숙과 홀이 감격하여 어떻게 답례를 할까 하고 의논한 후 "사람들에게는 눈, 코, 귀, 입 등 일곱 개의 구멍이 있어 보고 듣고 먹고 숨을 쉴 수 있는데, 혼돈에게는 그것이 없으니 우리가 일곱 개의 구멍을 뚫어주자"고 합의했다. 그리하여 하루에 하나씩 구멍을 뚫어 이레 만에 일곱 개의 구멍을 뚫게 되었다. 그러나 혼돈은 도리어 죽고 말았다. 이 익살스런 우언은 천지개벽 신화의 개념을 지닌다. 빠른 시간을 상징하는 숙과 홀에 의해 일곱 개의 구멍이 뚫리자 혼돈은 죽어버리지만, 그의 뒤를 이어 우주와 세계가 탄생하기 때문이다.

혼돈의 신 제강
명나라 호문환胡文煥의 『산해경도山海經圖』에서

우주 창조와 천지개벽에 관한 신화는 한나라 초기의 『회남자』에도 나타난다. 『회남자』에 따르면, 천지가 생겨나기 이전 세계에는 어슴푸레한 혼돈만 있을 뿐 아무런 형체도 없었다. 그 혼돈 속에서 음신陰神과 양신陽神, 두 명의 신이 나타나 천지를 창조하는 일을 시작했지만 천지가 하도 광대해서 그 일이 언제 끝날지 알 수 없었다. 그러는 사이에 음기와 양기가 분리되고 사방과 팔방이 나누어지며 딱딱한 것, 부드러운 것과 더불어 만물이 생겨나게 되었다. 그리하여 양신은 하늘을 관장하고 음신은 땅을 다스리게 되었다.

그 밖에도 산천을 만들고 강물을 흐르게 하고 손으로 화산을 두 조각 내어 황하가 화산을 지날 수 있게 한 강물의 신 거령巨靈이라는 천신에 관한 신

7 전국 시대 무렵 도가 학파의 장주莊周(기원전 369-기원전 289)가 지은 책으로 노자老子 철학을 계승하여 자연의 도리를 따를 것을 주장했다. 혼돈에 대한 이야기는 「응제왕應帝王」 편에 수록되어 있다. 『장자』, 안동림 역주, 현암사, 1973, pp. 235-236.

종산의 신 촉룡
명나라 호문환의
『산해경도』에서

화, 홍수를 다스렸던 거인 부부 박보樸父와 그의 아내 이야기, 하늘과 땅 그리고 귀신을 낳은 귀모鬼母 신화 등의 천지개벽 신화가 전해진다. 특히 『산해경』에 서술된 종산種山의 촉룡燭龍 신을 빼놓을 수 없다. 그는 사람의 얼굴에 뱀의 몸을 하고 있으며, 붉은 피부에 키는 천 리나 된다. 그가 눈을 뜨면 이 세상은 낮이 되고 눈을 감으면 밤이 된다. 입김을 강하게 내뿜으면 눈발이 휘날리는 겨울이 되고, 입을 벌려 숨을 천천히 내쉬면 곧 태양이 이글거리는 뜨거운 여름이 된다. 전설에 따르면 늘 초 하나를 물고 북쪽 어두운 천문을 비춘다 하여 그를 촉음燭陰이라고도 부른다. 그의 모습과 재주는 창조신의 그것에 상당하지만 다른 천신들처럼 인격화되지 않아 창조신이라기보다는 그저 종산의 신으로 머물게 되었다.[8]

거인 반고와 천지 창조

반고 신화가 등장하는 최초의 문헌은 삼국 시대(220-280) 서정徐整이 지은 『삼오역기三五歷記』와 『오운역년기五運歷年記』이다. 서정은 반고 이야기를 수집하고 거기에 철학적 요소와 상상력을 가미하여 천지 창조의 반고 신화를 만들었다.

『삼오역기』에 의하면, 태초의 우주는 거대한 알과 같았다. 하늘과 땅, 양기와 음기 등이 뒤엉켜 있던 그 알 속에서 반고라는 거인이 생겨나 오랜 세월 잠을 자다가 깨어나면서 천지가 개벽했다. 즉 반고가 알을 깨고 나오자 알 속에 혼재해 있던 양기와 맑은 기운은 하늘이 되었고, 음기와 탁한 기운은 땅이 되었다. 반고 역시 하루에 아홉 번 변하여 나날이 신령스러워지고 성스러워졌다. 하늘은 매일 1장丈씩 높아지고, 땅은 매일 1장씩 두꺼워지고, 반고는 매

8 『산해경』, 「해외북경海外北經」.

일 1장씩 자랐다. 이렇게 1만 8천 년이 지나면서 하늘은 지극히 높아지고, 땅은 지극히 깊어지고, 반고는 지극히 커졌다.[9]

반고의 초상『삼재도회三才圖會』에서

한편 『오운역년기』는 반고가 죽은 이후의 천지 창조에 대해 이야기한다. 반고가 죽은 후, 그의 숨은 바람과 구름으로, 그의 목소리는 천둥으로, 그의 왼쪽 눈과 오른쪽 눈은 각각 해와 달로, 그의 사지오체四肢五體는 땅의 사방 끝과 오악으로, 그의 피는 강으로, 그의 근육과 혈관은 지층으로, 그의 살은 토양으로, 그의 머리와 수염은 별자리로, 그의 피부와 몸의 털은 식물과 나무로, 그의 치아와 뼈는 금속과 돌로, 그의 골수는 금과 보석으로, 그의 땀은 비로 화했다. 그리고 그의 몸의 벌레들은 바람을 맞고 인간으로 변했다.[10]

반고 신화는 신체화생의 우주발생론을 주요 모티프로 삼고 있다. 그런데 신체화생을 주된 모티프로 삼는 대부분의 창조 신화들이 대부분 살해 또는 최초의 희생을 암시하는 것과 달리 반고 신화는 원초적 존재가 죽고 우주가 만들어지는 과정에서 폭력성이 전혀 드러나지 않는다. 이전의 질서에 대한 새로운 질서의 대체는 이전 우주의 파괴 및 새로운 우주의 탄생이라는 연쇄와 불가분의 관계를 갖는 것이 보통이다. 게르만 신화에서 바빌론 신화, 인도 신화에 이르기까지 우주의 질료가 되는 원초적 존재는 주로 싸움에서 패배하여 살해당하고, 싸움에서 승리한 새로운 질서의 승계자들은 그 시체를 가지고 새로운 우주를 구축한다.

반면에 반고는 어떤 의도적인 살해 행위 없이 태초의 혼돈을 깨뜨린다. 그의 탄생이 곧 혼돈이 종말을 맞이하고 세계의 분별이 시작되는 신호인 것이

9 『삼오역기』, 「예문유취藝文類聚」 권 1.
10 『오운역년기五運歷年記』, 『역사繹史』 권 1.

반고의 초상
『삼재도회』에서

다. 그리고 그가 성장함에 따라 우주는 점점 더 명확한 자기 위치를 갖는다. 그러나 이 원초적 존재를 위협하는 어떤 적대적인 세력도 존재하지 않는다. 그의 죽음은 모든 생명체에 찾아오는 그것처럼 자연스럽고 필연적인 것이다. 마치 사람이 죽어 흙으로 돌아가듯이 반고가 죽어 만물로 변화하는 과정은 자연 그 자체인 것이다.

반고 신화 속의 이 자발적인 신체화생의 우주 창조는 앞선 질서의 파괴에 대한 은폐의 결과일 수도, 또 파괴와 창조라는 능동적인 행위 관념의 부재와 자연에의 순응에 대한 강조에서 비롯된 결과일 수도 있다. 그러나 그 서사의 특수성이 어디에서 기인한 것이든, 그것은 낡은 생명과 질서는 소멸·위축되고 어떤 외부적인 힘의 개입 없이도 새로운 생명과 질서가 탄생·성장하게 된다고 하는 중국 고유의 사유를 반영한다. 때문에 중국의 창조 신화에서는 여타의 창조 신화와 달리 적극적이고 능동적으로, 심지어는 폭력적으로 지나간 세대의 질서에 반발하고 그것을 제거하는 창조 주체의 모습이 발견되지 않는다. 마르두크, 이미르, 오딘Odin 등과 달리, 반고를 죽음에 이르도록 하고 그의 시체를 나누어 우주의 일부로 만든 것은 전지전능한 어느 하나의 존재, 즉 신이 아니라 그것이 그렇게 될 수밖에 없도록 하는 자연, 그렇게 될 수밖에 없는 힘인 것이다.

반고가 자신의 몸으로 천지만물을 창조했다면 인간은 어떻게 생겨났을까? 기운의 변화에 의한 인류와 만물의 탄생설이 있었으나 곧 소멸되었다. 반고의 체내에 있던 벌레가 인간으로 변했다던가 반고에게 아내가 있어 아들을 낳아 인류가 번성했다는 이야기가 전해지기도 한다. 또한 여러 신들이 공동으로 인류를 창조했다는 신화도 있었지만 이들 모두 기록된 내용이 너무 빈약하여 크게 전해지지 않았다. 한편 여와女媧라는 여신이 혼자 인류를 창조했다는 여와의 인류 창조 신화가 전해졌는데 이것이 많은 사람들의 믿음을 얻게 되었다. 그 밖에도 여와·복희伏羲 남매가 결혼한 결과로 인류가 탄생했다는 홍수 남매혼 신화가 있다.[11]

2. 한국의 창조 신화

한민족의 정신적 토대, 한국 신화

한국 신화는 문헌의 기록으로 전하는 문헌 신화와 구비로 전승되는 무속 신화로 나누어볼 수 있다. 문헌 신화는 주로 국가의 창건을 이야기하는 개국 시조의 이야기로, 고조선의 시조 신화인 단군檀君 신화를 비롯하여 주몽 신화, 박혁거세 신화, 수로 왕 신화 등의 건국 신화가 이에 속한다. 『삼국유사三國遺

11 여와 신화에 대해서는 5장 1절 '중국의 여성 신화'를, 여와·복희 남매의 홍수 신화에 대해서는 3장 1절 '중국 신화 속의 재앙과 형벌'을 참조.

事』, 『삼국사기三國史記』, 『고려사高麗史』, 『제왕운기帝王韻紀』, 『세종실록지리지世宗實錄地理志』, 『동국여지승람東國與地勝覽』, 『동국통감東國通鑑』 등의 국내 문헌과 『한서漢書』, 『후한서後漢書』, 『위서魏書』, 『수서隨書』, 『당서唐書』, 『북사北史』 등의 중국 문헌, 그리고 광개토대왕 비문 등이 한국의 건국 신화를 담고 있는 자료들이다.

단군도 목아박물관

한편 무속 신화는 구두로 전승된 것으로, 무속 의식에서 구연되는 서사 무가가 주를 이룬다. 신을 맞이하기 위해 무당이 춤을 추면서 신의 내력과 행적을 구송하는 이런 무가에는 천지 창조와 관련된 내용이나 신들의 주도권 경쟁 같은 신화소들이 들어 있다. 무속 신화가 처음으로 채록되기 시작한 것은 1923년이다. 그러나 그 채록 시기와 상관없이 무속 신화는 매우 오래전 고대 무속 의례에서 형성된 이래 끊임없는 변화를 거쳐 오늘에 이른 것으로, 무속 신화의 발생 연대를 추정하는 것은 거의 불가능하다고 볼 수 있다.

일반적으로 한국 신화라고 하면 앞에서 언급한 건국 신화들을 주로 떠올리게 된다. 이는 역사적·사회적 여건 때문에 이러한 시조 신화들을 강조한 탓이기도 하다. 예컨대 조선 말기에 부상한 단군 신화는 시대적 상황과 무관하지 않다. 즉 조선 왕조는 망했지만 우리의 유구한 역사는 건재하다는 것을 증명함으로써 단군 신화는 민족의 정체성을 부각시키는 역할을 수행했던 것이다. 그럼에도 불구하고 한국의 신화를 단군 신화 등의 문헌 신화로 국한하는 것은 큰 오류가 아닐 수 없다. 흔히 그리스 로마 신화를 신화의 전형으로 생각하면서 그에 비해 우리의 신화가 빈약하다는 결론을 내리기 일쑤이다. 그러나 신화를 문헌 신화에 국한하지 않고 구전되는 무속 신화로까지 확장하여 생각한다면 우리의 신화는 결코 빈약하지 않다. 아마도 그리스 로마 신화 역시 처음에는 신화가 신전에서 노래되었을 것이다. 다만 이른 시기에 신화의 내용들이 문자로 기록되면서 그들의 신화가 온전히 보전될 수 있었던 것이다. 우리의 무속 신화는 비록 문헌화되지는 못했지만 아직까지도 굿을 통해 전승되는 무가 속에 엄연히 살아 있다.

한국의 창조 신화

한국의 창조 신화는 주로 무속 신화에서 그 흔적을 찾을 수 있다. 흔히 천지개벽 신화라 불리는 서사 무가의 형태로 전국에 걸쳐 전승되고 있으며, 특히 함흥 지역과 제주도의 전승본들이 가장 풍부한 내용을 담고 있다. 창조 신화의 내용으로는 천지개벽과 인간 창조 등 이 세상이 생겨나고 인간이 창조되는 이야기, 그리고 일월 조정과 주도권 경쟁과 같이 이 세상의 시조에 관한 이야기가 있다.

천지와 인간의 창조

세상이 만들어지는 이야기는 1923년 손진태가 함경남도 함흥에서 김쌍돌이의 구연본을 채록한 「창세가創世歌」에서 발견할 수 있다.

> 하늘과 땅이 생길 적이
> 미륵彌勒님이 탄생한즉
> 하늘과 땅이 서로부터
> 떨어지지 아니 하소아
> 하늘은 복개 꼭지처럼 도도라지고
> 따는 사四 귀에 구리 기둥을 세우고[12]

12 손진태, 『조선신가유편』, 향토문화사, 1930, p. 1; 서대석, 『한국 신화의 연구』, 집문당, 2001, p. 229에서 재인용.

제주도 초감제

이 자료를 보면, 하늘과 땅은 저절로 생겨났지만 이후 미륵이라는 행위자가 개입하고 있다. 즉 미륵이 하늘과 땅이 생김과 동시에 탄생하여 하늘과 땅을 분리시키고 이것이 다시 합쳐지지 않도록 땅의 네 귀퉁이에 구리 기둥을 세운 것이다. 중국의 반고 신화와 여와 신화를 연상케 하는 내용이다.

그러나 같은 함흥 지역 강춘옥 무녀의 구연본을 채록한 『강춘옥본』에서는 창조주에 대한 언급이 사라지고, 인간과 하늘과 땅이 생겨났다는 단순한 사실만이 나타난다.

사실 우리나라에는 창조 신화와 개벽 신화가 풍부하게 전승되지 않은 편인데, 여기에는 몇 가지 이유가 있다. 우선 무속에서는 실리를 매우 중요시하기 때문에, 직분이 불분명하고 인간의 길흉화복에 직접 관여하지 않는 창조신에 대한 숭상이 퇴조한 것이다. 또한 창조신의 직능을 자식의 출생과 직결된 조상신이나 생산신이 대리하게 되고, 제의의 규모도 국가나 마을 단위에서 가족 단위로 축소됨으로써 창조신에 대한 제차祭次가 점점 소홀해지고, 결국 쇠퇴하게 된 것이다.

그러나 원래 존재하고 전승되던 창조 신화가 갑자기 소멸되지는 않았을 것이며, 앞서 언급한 자료에서처럼 굿거리의 서두에 창조 과정을 간략하게 요약하여 서술하게 되었을 것이다.[13]

이 세상이 어떻게 생겨났는지에 대한 의문과 더불어 인간이 어떻게 만들어졌는지에 대한 이야기도 창조 신화의 핵심 요소이다. 인간 창조에 관한 내용도 앞서 인용한 『김쌍돌이본』 「창세가」에 들어 있다.

옛날 옛적에
미럭님이 한짝 손에 은銀쟁반 들고, 한짝 손에 금金쟁반 들고

13 같은 책, pp. 232-233 참조.

하늘에 축사祝詞하니
하늘에서 벌기 떠러져
금쟁반에도 다섯이요 은쟁반에도 다섯이라
그 벌기 자라와서 금벌기는 사나히 되고 은벌기는 계집으로 마련하고
은벌기 금벌기 자라와서 부부夫婦로 마련하야 세상사람이 나엿어라.[14]

여기서는 인간의 창조가 미륵에 의해 이루어진다. 그러나 미륵이 인간의 창조주는 아니다. 미륵은 스스로의 힘으로 인간을 만든 것이 아니라 하늘의 도움을 받아 인류의 근원이 되는 금벌레, 은벌레를 가지고 인간을 만들었던 것이다. 이처럼 인간 창조는 하늘이라는 절대신에 의해 행해지며 이러한 사상은 우리 민족 고유의 천신 숭배 사상과 일치한다. 여기서 또 한 가지 주목할 점은 동시에 생겨난 금벌레, 은벌레의 상징적 의미이다. 남매처럼 동시에 생겨난 두 존재의 결합은 인류의 창조 혹은 재창조가 근친상간에서 비롯된다는 신화의 보편적 주제를 연상시킨다. 한편 『강춘옥본』에서는 인류가 흙으로 만들어졌다고 기술되어 있다.

사람이라 옛날에 생길 적에 어디서 생겼읍니까
천지 압녹산에 가 황토라는 흙을 모다서 남자를 만들어 노니
여자 어찌 생산될까
여자를 만들었읍니다.[15]

이 자료에는 황토로 사람을 만들었다고 되어 있지만, 누가 만들었다는 언급은 없다. 그러나 문맥상 인류는 자생적으로 생겨난 것이 아니라 누군가에 의해 창조된 것으로 되어 있다. 같은 함흥 지역에서 전승되는 신화가 서로 판

14 같은 책, p. 8에서 재인용.
15 임석재·장주근, 『관북지방무가(추가편)』, 문교부, 1966; 같은 책, p. 2에서 재인용.

이하게 다른 내용을 가졌다면, 그것은 다른 민족의 신화가 이입되어 그중 한 자료에 영향을 준 결과라고 볼 수밖에 없다. 『강춘옥본』에서 황토로 인간을 만들었다는 내용은 여와라는 여신이 인류를 창조했다는 중국 신화의 내용이 이입된 것으로 추정할 수 있다. 그러나 흙으로 인간을 만든다는 발상은 그리스 신화, 「창세기」를 비롯하여 세계 여러 민족의 신화에서 공통되게 나타나므로, 꼭 중국 신화의 영향으로 한정할 필요는 없을 것이다.

일월의 조정과 주도권 경쟁

창조 신화에서 일월日月의 조정은 모든 자료에 공통으로 존재하는 신화소이며, 그 내용은 자료에 따라 다소 다르게 나타난다.

> 『김쌍돌이본』 : 미륵님이 하늘과 땅을 분리시켜 천지를 개벽할 당시에는 해도 달도 둘이었으나, 미륵이 달 하나를 떼어서 북두칠성과 남두칠성을 마련하고 해 하나는 떼어서 큰 별을 마련한다.

> 『강춘옥본』 : 인간 세상에서 미륵이 물러나고 석가가 주도권을 가지게 되

자 미륵의 예언에 따라 해와 달이 두 개씩 떠서 인간은 낮에는 데어 죽고 밤에는 얼어 죽게 되었다. 석가는 많은 난관을 극복하고 서천국에 들어가 부처에게 예불하며 해와 달을 떼어낼 방도를 부탁한다.

그 밖의 대부분의 자료에도 해와 달이 둘씩 떠서 살기 어려우므로 하나씩을 제거한 후 살기 좋은 세상을 만든다는 공통된 내용이 담겨 있다. 두 개의 태양이 존재한다는 것은 지나친 열로 인한 가뭄을 의미한다. 따라서 하나의 태양을 없애는 것은 농작물에 타격을 주는 가뭄을 방지하려는 의도에 다름 아닐 것이다. 태양의 수를 조절하는 것은 더위와 가뭄을 방지하기 위함이요, 달의 수를 조절하는 것은 추위와 홍수를 막기 위한 것이다. 여기서 달은 추위의 상징일 뿐 아니라 홍수를 주관하는 기능을 지닌다. 이처럼 해와 달의 수를 조절함은 하늘의 기후를 조절하여 농작물의 풍요를 기원하고 살기 좋은 인간 세상을 만들고자 하는 사고의 표현이다.

주도권 경쟁 역시 한국의 창조 신화에 공통적으로 존재하는 신화소이다. 이 세상을 다스리는 주도권을 차지하기 위해 두 신이 싸움을 벌이는 것이 그 내용이며, 함흥 지역의 『김쌍돌이본』과 『강춘옥본』은 경쟁의 주체, 경쟁의 과정, 경쟁의 결과 등에 있어 상당히 유사하다. 그 내용은 다음과 같다.

『김쌍돌이본』:

1) 미륵이 인간 세계를 창조한 후 세상을 다스렸는데 이 시절은 태평성대였다.
2) 이때 석가가 나타나 세상을 자신에게 내어달라고 요구한다.
3) 미륵은 석가에게 내기를 제안하고 이기는 자가 세상을 차지하기로 한다. 두 번의 내기에서 모두 미륵이 이긴다.
4) 석가는 잠자는 사이 모란꽃 피우기 내기를 제안한다.
5) 석가는 미륵의 무릎에 핀 꽃을 꺾어다가 자기 무릎에 꽂는 부정한 방법을 통해 내기에서 승리한다.

고구려 장천 1호분 천장에 그려진 해와 달과 북두칠성

6) 미륵은 잠에서 깨어난 후 석가의 비열한 행위를 알고 석가의 세상이 되면 온갖 혼란과 악이 성행하게 될 것이라는 예언을 한다.

7) 인간의 세상은 석가가 다스리게 되었고 모든 악이 들끓게 된다.

위의 요약문에서 알 수 있듯이, 경쟁의 주체는 미륵과 석가인데 세상을 지배한 자는 미륵이다. 한편 미륵이 지배하던 태평한 세상에서 그 권력을 찬탈하고자 하는 석가는 부정적인 인물로 그려진다. 『김쌍돌이본』의 경우 두 번의 내기에서는 미륵이 승리한다. 그러자 내기에서 진 석가가 다시 내기를 제안하고 결국은 승리함으로써 이 세상을 차지하게 되는 것이다. 그러나 그의 승리는 정당한 것이 아니라 속임수를 쓴 결과이기에, 그 결과는 부정적인 것이어서 이 세상에는 온갖 혼란과 악이 들끓게 된다.

주도권 경쟁의 신화소를 통해 우리는 고대 사회에서 통치자에게 요구되는 자질을 엿볼 수 있다. 즉 통치자는 유능할 뿐 아니라 덕이 있어야 하며, 통치권을 차지하는 방식은 정당해야 한다. 통치자가 부정한 존재이면 이 세상에는 악이 만연하기 때문이다. 또한 통치자의 유능함이란 용맹이나 힘이 아니라 지혜이다. 여기에서 우리는 무武보다 문文을 중시했던 우리 민족의 사고를 엿볼 수 있다.[16]

3. 인도의 창조 신화

다양한 사상과 신앙의 결합, 인도 신화

오랜 역사를 가진 인도는 다양한 종족의 언어와 관습을 가진 나라이다. 그러나 80% 이상의 인도인이 힌두교도라는 사실이 말해주듯이 인도 문화의 주류는 힌두교 문화이다. 힌두교와 힌두 문화는 고대에 인도로 유입된 아리안족[17]의 신들과 드라비다족의 토착신들이 뒤섞이면서 형성된 문화이다. 즉 아리안족의 유목민적·가부장적 문화와 토착민들의 농경 문화가 융합해 형성된 종교·문화이다.

인도와 스리랑카 지역에 퍼져 있던 토착민인 드라비다족은 인도의 원주민들과 기원전 4000년에서 기원전 2500년까지 인도로 들어온 것으로 보이는 원시 드라비다족이 결합된 것이다. 많은 고고학적 발견들은 그들이 농업과

---

16 같은 책, pp. 242-245 참조.

17 아리안족Aryan : 150년 전 역사학자들과 비교언어학자들의 연구를 통해 인도-아리안 어족은 대략 기원전 2000년경 카스피해와 흑해 사이의 초원 지대로부터 대규모로 확산되어나간 인도-유럽어족의 한 갈래라는 사실이 밝혀졌다. 아리안이란 '고귀하다'라는 의미로, 그들 스스로 그렇게 명했다. 이러한 대규모 인도-유럽어족의 확산은 서쪽으로는 영국, 아일랜드, 독일, 그리스, 이탈리아에 이르렀으며, 동쪽으로는 이란에까지 이르렀다. 인도-아리안 어족이 인더스강 근처에 도착한 시기는 기원전 1500년경으로 알려져 있다. 아리안족의 지배에 결정적인 역할을 한 것은 철제 도구의 사용이다.
초기 아리안족에 대한 기록은 브라만들에 의해 구전되어왔다. 그들의 후계자들은 산스크리트어로 이루어진 신성한 송가를 암기했다. 이것은 후에 '베다'라고 불리는 지식의 책에 기록되었는데, 그중 가장 중요시되는 것이 『리그 베다』이다.

| **힌두 사원의 조각상** 10세기, 인도 카주라호

사냥에 기초한 문화를 형성했을 뿐 아니라 메소포타미아의 여러 지역들과 육상 및 해상 교역도 하고 있었음을 보여준다. 기본적으로 농업 민족이었던 드라비다족은 다산과 관련된 신들을 숭배했다. 특히 남근 숭배와 어머니 여신 숭배는 메소포타미아의 신 숭배와 유사한 점을 드러낸다. 한편 그들의 뱀 숭배를 비롯한 동물 숭배는 불교와 힌두교의 환생 관념에 영향을 미쳤다.[18] 드라비다족의 신앙은 아리안족의 계속적인 침입에도 불구하고 살아남아 힌두교 최초의 숭배 이미지들과 함께 다시 나타난다. 인도의 사원들은 포옹하는 남녀 한 쌍의 이미지로 장식되어 있는 경우가 많은데, 이는 원시 인도인들의 생식과 다산에 관한 숭배를 나타내며, 여성의 관능적인 행동 원리가 우주를 떠받치는 원동력이 되고 있음을 보여준다.

반면 기원전 20세기경 새로운 목초지를 찾던 아리안족의 일부가 인도의

18 베로니카 이온스, 『인도 신화』, 임웅 옮김, 범우사, 2004, pp. 22-25 참조.

서북부(지금의 파키스탄 북서쪽)로 이주했다. 그들은 자신들의 종교를 가지고 왔지만, 그들의 신앙과 신화는 점차 인도의 상황에 적응해가면서 토착민들의 문화를 흡수하고 힌두교를 발전시켰다. 기원전 10세기에 완성된 것으로 보이는 찬가 모음집 『베다』에 나오는 천둥과 뇌우의 신 인드라Indra,[19] 우주의 질서를 보호하는 신 바루나Varuna, 만물의 생명 유지에 필요한 액체, 환각성 있는 식물을 인격화시킨 소마Soma, 태양신 수르야Surya, 하늘의 신 디야우스Dyaus, 땅의 신 프리티비Prithivi, 바람의 신 바유Vayu, 폭풍의 신 마루트Marut, 불의 신 아그니Agni, 죽음의 신 야마Yama, 새벽의 신 우샤스Ushas 등은 자연현상을 신격화시킨 것이다. 그들은 인간이나 동물의 형태로 나타난다.

죽음의 신 야마

아리안족이 인도에 정착함에 따라 토착민들과의 접촉이 활발해졌고, 기원전 3세기(인도 2대 서사시인 『라마야나*Rāmāyama*』와 『마하바라타*Mahābhārata*』 형성기)에서 기원후 3세기 사이에 힌두교의 종합화가 이루어지면서 고대 『베다』의 신들이 사라지고 새로운 신들이 등장한다. 그 대표적인 신들이 바로 힌두교의 삼신인 브라흐마Brahma, 비슈누Vishnu, 쉬바Shiva이다.

인도 신화에서 신과 인간의 관계는 어떠하며, 죽음의 의미는 무엇인가? 인도 신화에서 신은 인간을 초월한 전지전능한 존재가 아니다. 신과 인간 사이에는 절대적 차이가 존재하지 않으며, 인간도 고행을 통해 신의 경지에 이를 수 있다. 그러나 신은 항상 이러한 인간의 노력을 좌절시킨다. 영원히 죽지 않는 신과 죽을 수밖에 없는 인간, 그리고 악마 사이의 대립과 싸움, 그것이 인도 신화의 내용이다. 이 속에서 인도인들은 인간이 감내할 수밖에 없는 운

19 그리스의 최고신 제우스가 천둥과 번개의 신이고 중국의 최고신 황제가 벼락의 신이듯이, 인도 최고의 자연신 역시 천둥과 번개의 신인 인드라라는 사실은 매우 흥미롭다.

명을 자각하게 되며, 이것은 '카르마karma(업)'라고 하는 인도 고유의 사상으로 발전하게 된다. 이 세계는 카르마에 의해 지속되며 그 속에서 우주는 창조, 유지, 파괴의 과정을 되풀이하고, 인간 역시 영원히 계속되는 생의 반복(윤회 사상)을 겪게 된다는 것이 인도인들의 생각이다.[20]

그러나 인도인들은 카르마에 의한 운명으로부터 벗어날 수 있는 가능성을 추구한다. 그리고 그것은 '모크샤moksha(해탈)'라는 독특한 사상으로 나타난다. 해탈 사상에 의해 인도인들은 희망을 발견하게 되었으며, 해탈을 통해 깨달음을 얻은 인간은 신의 경지에 이를 수 있게 된다. 불교의 창시자인 붓다의 가르침은 바로 이러한 인도 사상을 드러내주는 한 예이다.

인도 신화의 또 다른 주제는 '다르마dharma'이다. 다르마는 개인이 지켜야 할 종교적·사회적 의무인 동시에 사회와 우주의 질서를 유지시키는 의무를 의미한다. 인도의 고유 풍습인 카스트 제도[21]에서는 바로 이 다르마가 절대적인 덕목이다.

다양한 신앙과 사상들이 변화되면서 융합된 것이 힌두교이기에 힌두교와 힌두 신화는 헤아릴 수 없을 만큼 다양한 신적 존재들로 구성되어 있다. 힌두 경전에 등장하는 신의 수는 무려 3억 3천이 넘는다고 한다. 그러나 이 수많은 신들은 결국 하나의 신이 다양한 형태로 나타난 것에 불과하다. 즉 힌두교는

---

20 기독교의 직선적 시간관에 따르면 우주는 창조의 시점으로부터 존재하기 시작하여 종말이라는 시점에서 끝나며, 종말 이후 우주는 존재하지 않는다. 그러나 인도 사상에 따르면 생은 반복되며, 따라서 그들의 시간관은 순환적 시간관이다.

21 카스트 제도는 후기 서사 시대 또는 브라만 시대인 기원전 800-기원전 550년에 최초로 생겨났다. 브라만 계급은 자신들이 암송했던 신성한 『베다』의 구전들을 보존하는 유일한 존재인 동시에 경배 의식과 희생제의를 관장하는, 신과 인간 사이의 중개자로서의 지위를 가지고 있었다. 왕과 전사들로 구성된 크샤트리아 계급은 행정의 의무와 국가 영토의 방위 내지는 확대를 위한 전쟁 수호의 의무, 더불어 외부 세계와의 동맹을 체결하고 국가를 통치하는 의무를 부여받았다. 농민, 수공업자 등의 생산자들로 이루어진 바이샤 계급은 경제생활을 담당했다. 반면 이발, 청소 등의 서비스업에 종사하는 사람들은 수드라 계급에 속하며, 두 번 태어나지 않기에 최하층 계급이다. 이들은 종교적 가르침을 전수받을 수 없고 종교적 의상을 입을 수도 없다. 노예, 걸인 등의 불가촉천민은 네 개의 계급에 속하지 않는다. 그 밖에 부족신을 모시는 드라비다족 원주민들이 있다.

'일원론적 다신 신앙'이라고 볼 수 있다.[22]

인도의 창조 신화

인도 신화에는 기독교적 전통에서와 같은 '무無'로부터의 창조의 개념은 없으며, 창조는 창조주 자신의 자기 분화로부터 일어난다. 즉 창조 행위란 전에 없던 새로운 것을 만드는 것이 아니라 자기 자신 속에 이미 내재하고 있던 어떤 것을 내놓는 것에 불과하다. 예를 들어 반쪽은 남성이고 반쪽은 여성인 중성적 존재 하리하라Harihara(비슈누 신과 쉬바 신의 결합 상태)라는 신의 모습은 우주의 모든 상대적 존재를 자신 속에 지니고 있음을 상징적으로 보여준다. 우주의 창조는 중성적 존재가 여성의 형태를 자신으로부터 분리시키면서 시작된다. 남성이 된 창조주는 자신에게서 나온 여성과 짝이 되어 신들과 인간들과 동물들을 차례차례 만들어낸다.[23] 고대 힌두 문헌인 『베다』에 나오는 프라자파티Prajapati의 창조[24]와 브라흐마와 사라스와티Saraswati의 신화가 그 예이다.

한편 인도의 창조 신화는 삶과 죽음, 그리고 부활이라는 세 가지 개념에 부합하여 우주의 창조, 유지, 파괴의 기능을 담당하는 세 신으로 구성되어 있다. 그들이 바로 브라흐마, 비슈누, 쉬바이다. 여기에서 우리가 짚고 넘어가야 할 것은 인도 신화에서의 세 신을 각기 다른 존재로 보아서는 안 된다는 사실이다. 힌두 사상에 의하면 하나의 근원적인 실재가 존재하는데, 그 실재는 인격적 측면과 비인격적 측면을 동시에 지니고 있다. 이 근원적 실재가 우주의 창조, 유지, 파괴의 기능을 담당하기 위해 지니고 있는 인격적인 측면을 기능면에서 세 가지로 분화시켜 드러낸 것이 힌두교의 삼신인 브라흐마(창조), 비

---

22 류경희, 『인도 신화의 계보』, 살림, 2003, p. 5.

23 김형준 엮음, 『이야기 인도 신화』, 청아출판사, 1994, p. 14.

24 프라자파티는 산스크리트어로 모든 피조물의 신이라는 뜻으로 고대 인도 『베다』 시대의 창조주 가운데 하나이다. 프라자파티는 고행을 통해 자신을 먼저 만들어낸 후 우주와 모든 생명체를 만들었다고 한다. 또한 다른 것들을 창조할 때 그를 도와준 여성은 새벽을 상징하는 우샤스라고도 하고, 우샤스는 그의 딸이라고도 한다.

브라흐마에게 절하는 고행자
인도 세밀화

슈누(유지), 쉬바(파괴)이다.[25] 즉 이들 세 신은 실제로는 동일한 하나의 절대적인 존재인 것이다.

브라흐마

창조자 브라흐마는 초기 우주 창조 신화(초기 불교 경전과 『마하바라타』)에서는 중요한 신으로 등장하지만 6세기 이후 그에 대한 숭배는 점점 쇠퇴한다. 그 이유에 대해서는 여러 학설이 있지만 많은 학자들은 일단 창조가 이루어지고 나면 창조 자체는 더 이상 큰 의미가 없게 되기 때문에 유지의 신과 파괴의 신의 중요성이 더욱 부각된 것이라고 주장한다. 실제로 힌두교의 종파는 비슈누파와 쉬바파 둘로 크게 나뉘는 경향이 있다.

신화에서 묘사되는 브라흐마는 네 개의 머리,[26] 두 다리와 발, 네 팔과 손,

---

25 류경희, 앞의 책, p. 11.

26 원래 브라흐마는 하나의 머리만을 가지고 있었지만 네 개를 더 얻었으며, 나중에 하나를 잃었다고 한다.

그리고 수염을 가진 어른의 모습이다. 네 개의 머리는 네 개의 카스트를 상징한다고 한다. 브라흐마는 우주의 황금알에서 부화되었다고도 하고, 비슈누의 배꼽에서 솟아난 연꽃으로부터 태어났다고도 한다. 때때로 그는 스스로 창조되었다고도 전해진다. 이처럼 브라흐마의 창조 이야기는 다양하게 나타난다.

학문·음악·예술의 신 사라스와티

한편 『푸라나*Pura-na*』[27]의 한 신화에 의하면 브라흐마가 낮에 우주를 창조했는데, 이 우주는 43억 2천만 년간 지속된다. 이 기간이 지나면 밤이 되고 브라흐마가 잠자리에 들게 되면, 이 세계는 물에 의해 파괴되어 전 우주가 그의 몸에 흡수되고 우주는 이런 잠재적 상태로 43억 2천만 년 동안 존재하게 된다. 이러한 우주의 생성과 해체의 과정은 브라흐마의 생애가 끝날 때까지 계속되며, 이 기간이 지나고 나면 우주는 다섯 요소, 즉 물, 불, 공기, 바람, 흙으로 해체된다. 이처럼 우주는 생성과 해체의 과정을 끊임없이 반복하는 것으로 묘사되며, 이는 힌두 신화의 순환적 우주관을 나타낸다.[28]

사라스와티는 브라흐마의 아내이다. 그녀는 사비트리Savitri, 사라스바티Sarasvati, 가야트리Gayatri, 바치Vach, 사타루파Satarupa, 브라마니Brahmani 등으로도 불린다.[29] 사라스와티는 『베다』에서는 강의 여신으로서 정화와 풍요의 신으로 나타나지만, 이후 언어를 창조한 말과 학문, 그리고 문화의 여신이 된다. 현재는 지혜, 학문, 춤, 그리고 음악과 예술의 여신으로 숭배된다. 그녀의 형상은 팔이 둘 혹은 넷이고, 학문과 연관된 책(『베다』)과 염주를 들고 있다. 현악기인 비나를 연주하는 모습을 하고 있기도 하다. 그녀는 흔히 연꽃이나 백

27 『베다』, 『브라흐마나*Brahmana*』, 『우파니샤드*Upanishad*』, 『마하바라타』, 『라마야나』 등과 함께 인도의 신화, 전설, 계보 등을 백과사전식으로 모아놓은 작품. 신들의 세계와 우주의 창조, 인간과 문화에 대한 신화가 담겨 있다.

28 같은 책, pp. 20-21 참조.

29 베로니카 이온스, 앞의 책, p. 98.

조 위에 앉아 있다.

브라흐마는 자신의 몸으로부터 사라스와티를 만들었는데, 너무도 아름다운 그녀를 보고는 사랑에 빠지게 되었다. 브라흐마의 눈길에 부끄러움을 느낀 사라스와티가 그를 피해 그의 오른쪽으로 돌자, 그녀를 보려고 두 번째 머리가 생겨났다. 사라스와티가 다시 그의 눈길을 피하려고 왼쪽과 뒤로 돌자 브라흐마는 차례로 세 번째, 네 번째 머리를 만들었다. 마침내 그녀가 그를 피해 하늘로 도망치려 하자 그녀를 바라보고자 다섯 번째 머리가 솟아나왔다. 그러고 나서 그는 자신의 딸을 향해 말했다. "인간과 신과 악마 등 모든 종류의 생명체를 만들자." 이 말을 듣고 하늘에서 사라스와티가 내려왔고 브라흐마는 그녀를 아내로 삼아 100신 년[30]을 살았다. 그 시기 끝에 인류의 조상인 마누Manu[31]가 태어났다.[32] 브라흐마의 성적 욕망에서 볼 수 있듯이 인도 신화에서 생식은 삶의 중요한 에너지이며, 신들의 성적 행위를 묘사하는 수많은 그림과 조각상들에서 그들이 생식 행위에 부여한 중요성을 짐작할 수 있다.

비슈누

비슈누는 고대 『베다』 시기에는 그리 중요한 신이 아니었다. 그러나 『마하바라타』와 『푸라나』 시기에 이르러 상당한 권위를 얻게 되고, 세상과 우주를 유지 · 지속 · 보존시키는 중요한 신으로 나타난다.[33] 특히 대중적인 몇몇 신들은 그의 아바타avatar · 化身[34]의 형태로 비슈누 신앙에 흡수된다. 유지의 신인 비슈누는 자비와 자애의 화신이자 우주의 질서인 다르마를 보존하고 유지하는 중요한 역할을 한다.[35] 그림이나 조각상에서 비슈누는 흔히 네 손에 고동, 원

30 1신 년은 태양력의 360년에 상당한다.

31 마누는 인간이라는 뜻으로 영어의 man과 관계가 있다. 『푸라나』에 의하면 대홍수가 지나간 뒤에 마누만이 살아남아 인류의 시조가 되었다고 한다.

32 류경희, 앞의 책, p. 25.

33 같은 책, p. 29.

34 비슈누에게는 마츠야Matsya, 쿠르마Kurma, 바라하Varaha, 나라싱하Narasinha, 바마나Vamana, 파라수라마Parasurama, 라마찬드라(혹은 람)Ramachandra, 크리슈나Krishna, 부다Buddha, 칼키Kalki 등 열 개의 화신이 존재한다.

반, 연꽃, 곤봉을 들고 서 있는 모습으로 묘사된다. 고동은 우주를 구성하는 다섯 요소의 근원이자 생명의 근원을 의미하며, 원반은 우주의 질서를 위협하는 악마들의 머리를 베는 무기를 나타낸다. 연꽃은 정결함과 평화와 아름다움과 생식을, 그리고 곤봉은 원초적 지식을 상징한다.

한편 『바라하 푸라나*Varaha Purana*』에 묘사된 비슈누와 브라흐마의 창조 이야기는 다분히 비슈누를 중심으로 한 것이어서 이것이 비슈누 신을 추종하는 자들의 신화임을 알 수 있게 한다. 그 내용을 보면 다음과 같다.

"최고의 신 나라얀Narayan[36]이 우주를 창조하려는 생각을 품었다. 그리고 창조 후에 그것을 보호할 필요가 있다고 생각했다. 하지만 무형의 영적인 존재가 행위를 하는 것은 가능하지 않으므로 스스로의 본질에서 형상이 있는 존재를 낳아 세상을 보호해야겠다고 생각했다. 그래서 나라얀은 스스로의 실체에서 신성한 형상을 만들어냈다. 그리고 그에게 다음과 같은 축복을 내렸다. "당신은 모든 사물을 짜는 자이다. 오, 비슈누여! 당신은 언제나 삼계의 방어자이고, 모든 이들에게서 숭상을 받는 자이며, 전지하고 강력한 자이다. 당신은 브라흐마와 신들의 소망을 언제나 달성시켜준다." 그리하여 비슈누는 자신의 목적에 대해 명상하면서 신비스러운 잠에 잠겼다."

유지·보존의 신 비슈누 9세기 초, 석조상

한편 인도인들의 순환적 우주관에 따라 우주의 한 주기와 다음 주기 사이에는 휴지기가 있는데 이때 우주의 모든 것들은 신의 몸으로 흡수된다고 한다. 바로 이 휴지기에 비슈누는 바다 위에 똬리를 틀고 있는 뱀(쉐샤Shesha) 위에서 잠을 자고, 쉐샤는 1천 개의 머리를 넓게 펴서 비슈누의 머리를 보호

35 베로니카 이온스, 앞의 책, p. 113.
36 우주의 근원적 실재인 나라얀은 비슈누의 다른 이름으로, 물을 거처로 지닌 자라는 의미이다.

명상에 잠긴 비슈누 18세기, 인도 세밀화
그의 배꼽에서 연꽃이 피어나고 그 연꽃에서 창조의 신 브라흐마가 나왔다.

했다. 이 잠재적인 해체의 상태가 끝난 후 비슈누는 깨어났고, 그의 배꼽에서 연꽃이 자라 그 안에서 창조주 브라흐마가 나타났다. 그리고 브라흐마에 의해 우주가 창조되었다.[37]

비슈누가 물이 있는 곳에서 휴식을 취하는 것은 물이 곧 생명을 상징하기 때문이다. 한편 뱀은 세계의 기원이나 창조와 관련되는 경우가 많은데, 여기에서 뱀은 원초적 물질이나 존재를 의미한다. 뱀 위에 비슈누가 누워 있는 모습으로부터 뱀은 우주를 떠받치고 있는 에너지이자 우주의 실체로 해석될 수 있으며, 쉐샤가 '무한함', '영원성'을 의미하는 아난타Ananta로도 불린다는 점에서 뱀의 영원성이 강조되고 있음을 알 수 있다.

비슈누와 락슈미
11세기, 카주라호의 조각상

비슈누와 관련된 유명한 신화로 대양을 휘저어 불멸의 생명액을 얻는 이야기가 있다. 이 이야기에서는 신들이 생명수를 얻기 위해 악마와 협력하는 모습을 보여주는데, 이러한 일화는 선과 악에 대한 인도인들의 사상을 나타낸다. 즉 인도 사상에서 선과 악은 우주를 구성하는 두 세력을 상징하며, 이 두 힘은 기능적으로 구분될 뿐 본질적으로는 같은 개념이다.[38]

비슈누의 아내는 락슈미Lakshmi인데 인도에서 가장 인기 있는 여신들 중 하나이다. 남편 비슈누와 돈독한 사랑을 나누는 것으로 널리 알려져 있는 락슈미는 정숙함, 덕성, 미를 나타내며, 부와 풍요를 가져다주는 신으로 추앙된다. 특히 후기 서사 시기(4세기) 이후에는 성장과 풍요의 여신보다는 남편을 섬기는 전형적인 힌두의 아내로 상징되며, 비슈누의 화신의 형태에 맞추어 여러 여신의 모습으로 환생하여 그를 도와서 세계 질서 유지에 힘쓰기도

37 류경희, 앞의 책, p. 32.
38 같은 책, p. 36.

부와 풍요의 여신 락슈미

한다. 비슈누의 일곱 번째 화신인 람의 부인 시타Sita, 그의 여덟 번째 화신인 크리슈나의 부인 라다Radha 등은 락슈미의 대표적인 화신이다.

락슈미의 주 기능은 부와 풍요를 가져다주는 것이기에, 모든 힌두인들이 락슈미를 숭배하지만 특히 상인 계층이 주요 숭배 대상으로 삼고 있다. 연꽃 위에 앉아 있는 고운 피부의 여인으로 나타나는 락슈미는 두 개 혹은 네 개의 팔을 지니고 있는데, 팔이 둘인 경우 양손에 부를 상징하는 연꽃을 들고 있고, 팔이 넷인 경우에는 양손에는 연꽃을 들고, 아래로 편 손으로는 금화를 뿌리고 있다.

쉬바

우주의 모든 생명체는 일정한 기간 동안 존재한 후 반드시 소멸하게 마련이다. 만일 그들이 죽지 않는다면 이 우주는 새로운 모습으로 생성될 수 없다. 모든 생성은 소멸을 전제로 한 것이며 소멸은 창조를 위한 과정인 것이다. 따라서 인도인들에게 죽음은 생명의 끝을 의미하지 않는다. 그것은 다른 생명으로의 재탄생을 위한 하나의 과정에 불과한 것이며, 바로 이러한 사고방식이 인도의 윤회 사상을 낳게 했다.

끝없이 되풀이되는 우주의 창조와 유지, 해체의 과정에서 쉬바는 소멸을 위한 파괴와 해체의 기능을 담당한다. 그러나 인도인들에게 죽음은 새로운 형태의 삶으로의 전환을 의미한다는 점을 감안할 때, 쉬바는 파괴의 신인 동시에 창조의 신이기도 하다. 그는 두렵고 무서운 존재이지만 자비를 함께 보유하고 있으며, 파괴적인 그의 임무에도 불구하고 행복 혹은 길조를 의미하기도 한다. 그의 이마에 있는 세 번째 눈은 마음의 눈, 신의 눈을 상징하며, 항상 감겨 있는 이 눈은 그가 파괴를 행하고자 할 때 떠져서 강렬한 불길을 내뿜는다.

그런데 쉬바는 주로 링가Linga라는 남성 성기를 상징하는 돌기둥으로 나타난다. 이는 쉬바가 파괴의 신일 뿐 아니라 재창조와 재생산의 능력을 가진 신임을 보여준다. 이러한 양면성으로 인해 쉬바는 대중들로부터 널리 사랑받고 있다. 링가는 항상 여성 성기를 상징하는 연꽃 위에 얹힌 모습으로 나타나는데 이것은 밀교적인 의미에서의 성적 결합을 의미하지만, 단순한 의미의 성적 결합이 아니라 인도 사상의 핵심인 해탈을 상징하기도 한다.[39]

쉬바-나타라자

링가와 더불어 쉬바의 대표적인 상징은 춤의 왕인 나타라자Nataraja이다. 그는 네 개의 팔과 두 개의 다리를 지니고 역동적인 춤동작을 하는 형상으로 나타난다. 그의 우주적 춤은 그의 창조·유지·파괴 행위를 상징한다. 나타라자는 위쪽 오른손에 들고 있는 작은북의 일정한 리듬에 따라 춤을 춤으로써 우주를 창조하고 균형을 유지한다. 위쪽 왼손에는 세계를 파괴하는 불꽃을 들고 있는데, 그 불꽃은 궁극적으로 세계가 파괴된 후 우주의 물로 꺼지게 된다. 이처럼 북을 잡고 있는 손과 불을 잡고 있는 손은 창조력과 파괴력의 균형을 이룬다.[40]

쉬바의 아내로는 사티, 파르바티, 안자나Anjana, 강가Ganga, 두르가Durga, 칼리Kali 등이 있다. 사티나 파르바티는 남편에게 순종하는 여신들이다. 사티는 아버지가 쉬바를 모욕하는 것에 분노하여 희생제의 불에 몸을 던져 자신을 희생시켰고,[41] 헌신적인 아내 파르바티는 사티의 화신이다.

반면 두르가와 칼리는 쉬바의 아내이지만 그 자체로 독립적인 여신이기

39 김형준 엮음, 앞의 책, p. 221.

40 류경희, 앞의 책, p. 61-62 참조.

41 인도의 과부 생화장제인 사티의 기원을 여기서 찾기도 한다.

두르가 19세기, 인도 세밀화

칼리 1800-1825년, 인도 세밀화

도 하다. 이들은 무한한 창조력과 우주를 유지하는 힘을 가진 동시에 무시무시한 파괴력을 지닌 존재이다. 남신에게 헌신적인 쉬바의 부인 사티나 파르바티, 비슈누의 부인 락슈미, 브라흐마의 부인 사라스와티 등이 아름답고 자애로운 존재로 인식되는 반면, 쉬바의 부인이면서도 독자성이 강한 두르가나 칼리의 경우에는 도전적이고 파괴적인 성격이 강조된다.

두르가는 인도의 여신들 중 가장 숭배되는 여신인데, 우주의 안정을 위해 악마들을 물리치는 존재로서 수많은 손으로 무기를 들고 사자 위에 앉아 있는 모습으로 묘사된다. 그녀는 남신들이 퇴치하지 못하는 악마가 우주를 위협할 때 여신이 지닌 고유한 힘으로 악마를 물리친다. 이때 많은 여성 보조자를 창조하는데 그 대표적인 여신이 바로 칼리이다. 두르가는 악마로 표현되는 모든 부정적인 것을 파괴하는 여신이며, 전통적인 힌두 여성의 이미지와는 커다란 차이를 보인다. 그런 이유에서 현대 인도의 여성주의 운동은 그녀를 여성주의의 상징으로 사용한다.

칼리는 두르가의 무섭고 맹렬한 측면이 강조된 여신으로, 특히 인도 동부 지역에서 널리 숭배되어왔다. 독립적인 신이지만 쉬바와 관련되어 나타나기도 하는데, 이때 그녀는 쉬바가 파괴적인 행동을 하도록 자극하는 역할을 수행한다.

칼리의 외모는 그녀의 무시무시한 속성을 드러내기에 충분하다. 그녀는 네 개의 팔을 가진 검은 피부의 여성으로 나타나며, 쉬바처럼 이마에 세 번째 눈이 박혀 있다. 그녀는 한 발을 누워 있는 쉬바의 가슴에, 다른 한 발은 그의 허벅지에 두고 서 있다. 그녀의 목에는 악마들을 살해한 후 그들의 머리로 만든 목걸이가 걸려 있으며, 허리에는 악마들의 손으로 만든 허리띠를 차고 있다. 때때로 아이들의 시체로 만든 귀걸이를 하고 있기도 하다. 네 손 중 하나는 축복을 표시하고 있으며, 다른 손들은 각각 굽은 칼, 악마의 머리, 무기들을 들고 있다.

4. 메소포타미아의 창조 신화

메소포타미아 신화의 세 가지 형태

| 지구라트 우르 Ur, 기원전 2100년경

메소포타미아의 신화를 살펴보기 위해서는 고대 근동 지역의 초기 문명에 대한 이해가 선행되어야 한다. 티그리스-유프라테스강 유역에는 기원전 4000년경부터 수메르인들이 정착하고 있었으며, 그들은 산악 지대로부터 메소포타미아 북동쪽의 삼각주 지역으로 이주해온 것으로 추정된다.

수메르인들은 설형문자를 사용했는데, 이 문자는

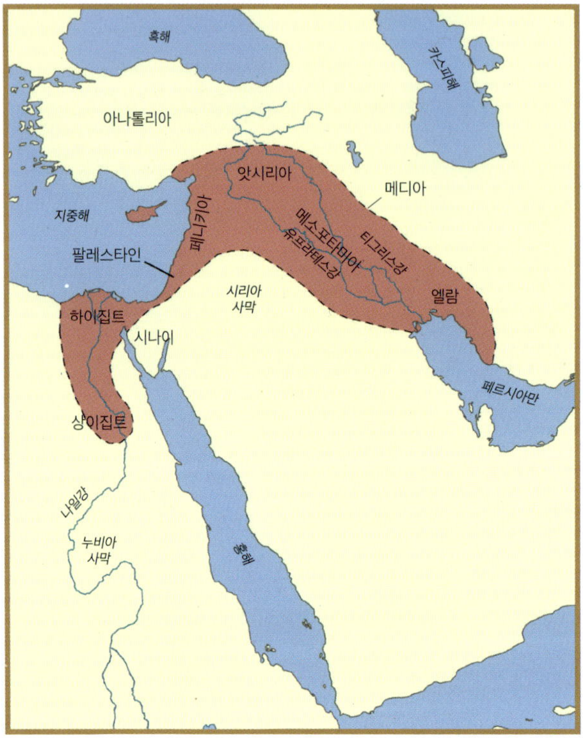

| 메소포타미아 지역 지도

언어학적으로 교착어이지만 그 어원은 알 수가 없다. 그들은 또한 '지구라트Ziggurat'라고 하는 신비한 신전탑을 세우기도 했다. 수메르 사회는 농경에 기초를 두었으며, 풍부한 제의, 율법, 문학, 그리고 신화를 만들어낸 문명 사회였다.

수메르인들은 셈족의 침략에 의해 서서히 정복되었다. 그러나 셈족은 문화적으로 우수했던 수메르인들의 문화를 받아들였다. 언어의 경우 설형문자로 된 사본을 받아들이긴 했으나 그 언어 체계를 그대로 수용하지는 않았다. 셈족의 언어는 아카디아어로 셈족 어군의 중요한 한 갈래이다. 아무르Amurru 혹은 아모리Amorri라는 고대인들에 의한 또 다른 침략으로 셈족은 아모리 왕조가 지배하는 바빌론 왕국을 세웠고, 그로써 수메르, 아카드 지역의 패권은 바빌론으로 옮겨졌다. 아모리 왕조의 최초의 왕이 등극한 시기는 기원전 2200년경이다. 그 후 약 500년이 지나 또 다른 셈족이 티그리스 강 상류 지역을 침략하고 바빌론 왕국을 정복하여 앗시리아 제국을 세운다.

이와 같은 역사적 배경으로 인해 메소포타미아 신화는 서로 내용이 다른 수메르, 바빌론, 앗시리아, 세 형태의 신화로 이루어지며, 메소포타미아의 신화를 이해하기 위해서는 이 세 가지 신화의 공통점과 차이점을 살펴보아야 한다. 그런데 앗시리아의 경우 독창적인 신화를 찾아보기는 힘들다. 앗시리아의 문헌들은 대부분 바빌론 신화의 내용을 그들의 관점에 따라 약간 변형했을 뿐이어서 앗시리아와 바빌론 신화의 내용은 대부분 일치하는 경우가 많다. 수메르 신화와 바빌론 신화에는 공통적으로 세 가지 기본 신화가 전해지는데 그것은 저승세계의 이야기, 창조 신화, 홍수 신화이다.[42] 이 장에서는 수메르와 바빌론의 창조 신화를 중심으로 메소포타미아의 우주질서 확립 과정을 살펴볼 것이다.

수메르의 창조 신화

수메르의 경우 체계를 갖춘 제의 문서는 존재하지 않는다. 그러나 불완전한 상태로나마 발견된 토판 문서들의 기록들을 가지고 학자들은 수메르 창조 신화의 내용을 재구성했다.

고대 창조 신화에서 완전한 무로부터의 창조는 없다. 창조란 혼돈으로부터 질서로 나아감을 의미한다. 토판에는 바다라는 뜻을 가진 여신 남무Nammu가 등장한다. 그런데 남무, 즉 바다가 어떻게 생겨났는지에 대한 설명은 없다. 바다는 원래 혼돈의 상태 그대로 있었던 것이기 때문이다. 바다의 여신 남무로부터 하늘의 신인 안An과 땅의 여신 키Ki가 잉태되고, 다시 이들로부터 바람의 신 엔릴Enlil이 태어난다. 엔릴은 하늘과 땅을 가르고 우주를 만들었다. 엔

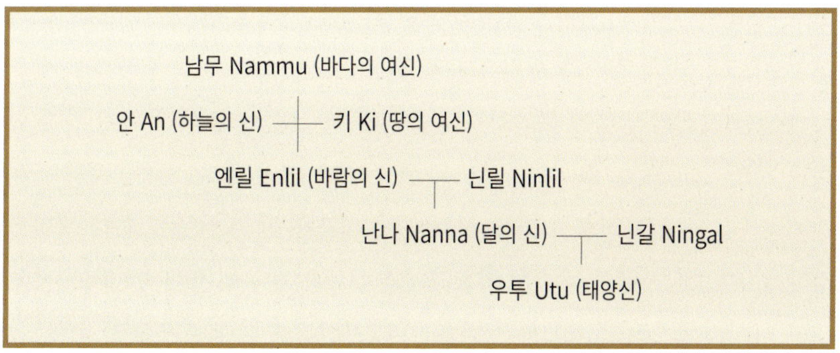

42 사무엘 헨리 후크, 『중동 신화』, 박화중 옮김, 범우사, 2001, pp. 35-38 참조.

설형문자 점토판
수메르 언어인 설형문자 점토판으로, 여기에는 엔릴, 닌릴, 난나, 우투 등 신들의 이름이 오래된 순서대로 적혀 있다.

릴은 물가에서 뱃놀이를 하던 여신 닌릴Ninlil에게 반하여 그녀를 강간했고 그로 인해 저승세계로 추방된다. 이미 엔릴의 자식을 잉태한 닌릴도 그를 따라 저승세계로 향한다. 그들은 이승의 빛을 보지 못한 채 캄캄한 저승세계에서 달의 신 난나Nanna를 낳는다. 엔릴은 닌릴의 몸에서 자신과 닌릴, 그리고 난나를 대신할 세 명의 아이를 낳아 저승에 바치고는 이승으로 돌아온다. 그리고 난나는 닌갈Ningal과 결합하여 태양신 우투Utu를 낳는다.

수메르 신화의 특징 중 하나는 태양신 우투가 달의 신 난나와 그의 아내 닌갈 사이에서 태어난다는 것이다. 이는 농경사회였던 수메르에서는 달이 태양보다 중요시되었음을 의미한다. 그러나 세월이 지나면서 달은 태양에게 최고의 자리를 물려주게 되고, 그리스 신화를 비롯한 대부분의 신화에서 달은 여성으로 묘사된다.[43]

수메르인들은 난나가 쿠파quffah라는 일종의 배를 타고 밤하늘을 여행한다고 생각했다. 또한 난나가 밤하늘을 항해할 때 하늘의 별들이 그 뒤를 따른다고 믿었다. 엔릴은 하늘과 땅을 가른 후 하늘의 일은 난나와 우투에게 맡기고, 우주를 형성하는 별과 행성들의 운행 역시 신들이 주관하도록 했다. 그러고 나서 그는 땅의 질서가 세워지도록 했다.

엔릴은 자신의 명령에 복종할 신들을 만들고, 그들에게 대지 위에 각종 식물과 가축, 그리고 농기구를 만들도록 했다. 가축의 신 라하르Lahar, 곡물의 여신 아쉬난Ashnan은 엔릴이 만든 신들이다. 그들은 높은 신들을 위해 곡물을 경작해야 했다. 그런데 대지는 기름졌지만 신들은 게을러 일은 안 하고, 포도주만 마시며 늘 술에 취해 서로 싸우는 등 자신들의 임무를 소홀히 했다. 그

43 같은 책, p. 52.

리하여 신들은 자신들을 대신해 노동을 해줄 인간을 창조했다.[44]

수메르 신화의 신들은 바빌론 신화에서 다른 이름으로 등장하는 경우가 많다. 예를 들어 수메르의 하늘 신 안은 아누Anu로, 지혜의 신 엔키Enki는 에아Ea로, 달의 신 난나는 신Sin으로 불린다. 물론 이들 신의 성격은 동일하다. 이제 바빌론의 창조 신화를 살펴보자.

바빌론의 창조 신화

바빌론의 창조 신화는 『에누마 엘리쉬*Enuma Elish*』라는 토판으로 된 제의의식 문집 안에 기록되어 있는데, 바빌론의 대규모 국가 행사인 신년 축제에서 시 또는 송가로 그 내용이 암송되었다. 신년 축제의 의식을 거행하는 사제들은 주술적인 힘을 현세의 삶 속에 구현하고자 『에누마 엘리쉬』를 암송했다. 일곱 개의 토판, 총 1,100행으로 이루어져 있는 이 웅장한 서사시는 메소포타미아의 우주관에 대한 많은 자료를 제공해준다. 저작 연대는 확실하지 않으나, 바빌론이 아카드의 여러 도시국가 가운데 주도권을 쥐고 있었던 시기를 고려할 때 기원전 2000년경 저작된 것으로 추정할 수 있다. 『에누마 엘리쉬』에 담겨 있는 바빌론 창조 신화의 내용은 다음과 같다.

제1토판은 태초의 우주 상태에 대해 언급하고 있다. 즉 태초에는 하늘과 땅도 분리되어 있지 않았으며, 들판도 갈대밭도 신들도 존재하지 않았다. 오직 지하의 담수에 내재하는 태고의 아버지 압수Apsu와 바다의 염수에 내재하는 어머니 티아마트만이 하나로 엉켜 있었다. 이 두 신이 결합하여 라흐무Lahmu와 라하무Lahamu를 만들었다. 바빌론 창조 신화를 살펴보면 우주의 기원을 자연현상의 변화로 파악하고자 했던 메소포타미아인들의 사고를 엿볼 수 있다. 메소포타미아는 티그리스강과 유프라테스강에 의해 밀려온 침적토가 쌓여 형성된 땅이다. 강과 하천의 물(압수)이 바다(티아마트)로 흘러들어감

44 같은 책, pp. 52-54 참조.

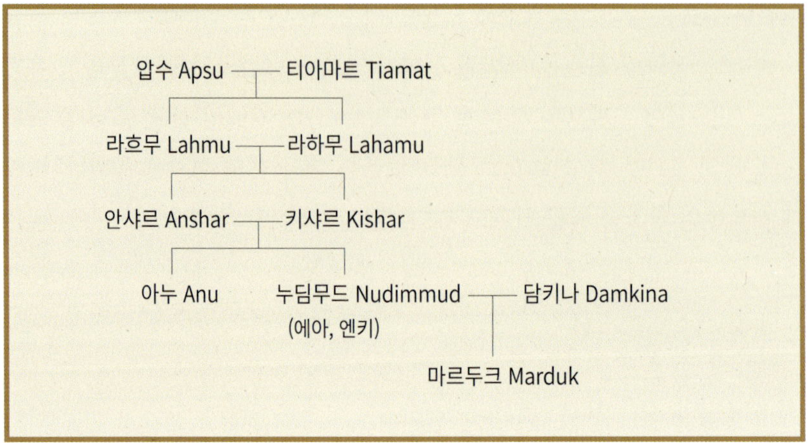

으로써 새로운 땅(라흐무와 라하무)이 만들어졌다면, 이는 페르시아만에 생성된 침적토를 상징하는 것일 것이다.[45] 다시 이 두 신이 결합한 결과 안샤르Anshar와 키샤르Kishar가 생겨났는데 안샤르는 하늘의 둥근 가장자리(하늘로부터 내려온 지평선)를, 키샤르는 땅의 둥근 가장자리(땅으로부터 올라온 지평선)를 가리킨다. 안샤르와 키샤르는 하늘의 신 아누,[46] 그리고 땅과 물의 신 누딤무드Nudimmud를 낳는다. 누딤무드는 수메르어로는 엔키, 아카디아어로는 에아라고 하며, 지혜의 신이다. 바빌론 신화 최고의 영웅인 마르두크는 에아의 몸에서 탄생한다.

이제 바빌론의 창조 신화에 나타난 우주 질서 확립의 과정을 살펴보도록 하자. 신들의 탄생으로 인해 바빌론의 우주 질서는 위협을 받게 된다. 오래된 신들인 압수와 티아마트는 움직임이나 활동을 싫어했다. 그러나 새로 태어난 활동적인 젊은 신들은 티아마트의 배를 휘저으며 소란을 피웠다. 압수와 티아마트는 젊은 신들의 소란 때문에 도저히 편히 쉴 수가 없었다. 티아마트는

45 이는 로만 야콥슨Roman Jakobson을 비롯한 많은 신화학자들의 공통된 견해이다. 같은 책, p. 88 참조.

46 '아누'는 수메르어로 하늘을 뜻한다. 우주의 창조는 하늘인 '안'과 땅인 '키'가 분리됨으로써 이루어진다.

그들의 응석을 받아줬지만, 압수는 그것을 견디지 못하고 시종 뭄무Mummu[47]와 함께 이들을 없애버릴 것을 논의한다. 티아마트는 반대했지만,[48] 그럼에도 불구하고 압수는 뭄무의 부추김에 의해 젊은 신들을 살해할 계획을 세운다. 이 음모의 소식을 눈치 챈 젊은 신들은 두려움에 떨며 어찌할 바를 모르고 있었다. 그러나 지혜의 신 에아는 이에 대한 대비책을 세우고 그것을 실행에 옮긴다. 그는 주문에 의해 압수와 뭄무를 잠들게 한 후, 압수로부터 왕관과 광채를 빼앗았다. 그러고는 압수의 시신 위에 자신의 승리를 기념하는 궁전을 지어 그것을 에-압수라 불렀다. 이들의 싸움은 움직임과 활동을 좋아하는 새로운 세력과 휴식하려는 구세력 간의 갈등을 나타낸다.

이 궁전에서 에아는 배우자 담키나Damkina와의 사이에서 마르두크[49]를 낳았다. 그는 잘생겼을 뿐 아니라 엄청난 힘을 소유한 완벽한 존재였다. 아누는 그에게 장난감으로 바람을 만들어주면서 가지고 놀도록 했다. 그는 네 개의 바람과 파도를 일으켜 티아마트를 흔들었다. 티아마트는 휘저어졌고 밤낮으로 쉴 수 없었다. 오래된 신들은 압수가 죽을 때 방관만 하고 있었던 티아마트를 비난하면서 불평했다. 이들의 추궁에 티아마트는 마르두크를 없애기 위해 무시무시한 괴물들로 구성된 군대를 만들어 두 번째 남편인 킹구Kingu를 총사령관으로 임명하고 '운명의 서판'[50]을 수여함으로써 그에게 모든 권위를 부여한다. 여기까지의

물병을 든 티아마트 기원전 2040-기원전 1870년, 앗시리아 조각상

47 모체, 틀이라는 뜻.

48 티아마트는 악을 쓰면서 다음과 같이 말한다. "어떻게 우리가 우리 스스로 만들어낸 것들을 파멸시킬 수 있겠어요?"; 배철현, "『에누마 엘리쉬』: 마르두크 신과 바빌론 시에 대한 찬양시", 『세계의 창조신화』, 동방미디어, 2001, p. 67.

49 수메르어로 아마르·우투Amar·Utu이며, 이는 황소·태양이라는 뜻이다.

50 우주를 관장하는 최고의 권력을 상징하는 서판으로 신들이 회의에서 내린 결정이 기록되어 있다.

마르두크와 그의 시종 기원전 10세기, 석비 조각

내용이 제1토판에 담긴 내용이다.

제2토판은 티아마트의 공격에 대비하기 위해 신전 회의를 열고 있는 젊은 신들의 모습을 기록하고 있다. 안샤르는 다가올 전쟁을 걱정하며 고민하다가 예전에 그랬던 것처럼 이번에도 에아가 티아마트와 맞서 싸워야 한다고 생각했다. 그러나 에아는 티아마트가 무서워 도망치고 만다. 그 뒤를 이어 안샤르는 하늘의 신 아누를 협상자로 보내지만 그 역시 티아마트를 보자마자 벌벌 떨면서 도망친다. 안샤르는 새롭게 떠오르는 영웅 마르두크를 생각했다. 마르두크는 자신에게 신전회의의 전권을 준다는 조건으로 티아마트에 맞서 싸울 것을 수락한다. 여기서 신들이 마르두크에게 부여한 것은 '온 우주를 다스릴 수 있는 왕권'이다. 이제 그의 권력은 절대적인 것이 된다.[51]

세 번째 토판은 마르두크에게 모든 신들의 권위를 공식적으로 부여하는

51 사무엘 헨리 후크, 앞의 책, p. 91.

성대한 예식의 장면을 담고 있다.

네 번째 토판에서 신들은 마르두크에게 절대 권력을 부여한 후, 과연 그가 티아마트를 물리칠 힘을 가지고 있는지를 시험한다. 그들은 하늘의 별자리를 앞에 놓고 그것의 해체와 축조를 마르두크에게 명령한다. 마르두크는 말로써 성좌가 없어지게 한 후 다시 그것이 나타나게 함으로써 자신의 신비한 능력을 보여준다. 신들은 이에 만족하여 "마르두크는 우리의 왕이시다."라고 외치며 그를 찬양한다. 마르두크는 활과 화살, 철퇴, 번개, 그리고 티아마트를 잡는 그물로 무장했으며, 그의 몸은 타오르는 불꽃으로 가득 찼다. 폭풍들은 그의 뒤를 따랐다. 마르두크는 티아마트와 맞서 당당히 싸웠다. 그는 우선 그물을 던져 그녀를 사로잡았고, 그녀의 얼굴에 바람을 보냈다. 티아마트는 그것을 삼키려 입을 벌렸지만 마르두크는 더욱더 강력한 바람을 일으켜 그녀가 입을 다물지 못하게 했다. 마르두크는 꼼짝 못 하게 된 티아마트를 향해 화살을 날려 심장을 잘랐다. 티아마트가 살해되자 그녀의 편에 있던 추종자들과 괴물들은 달아났다. 마르두크는 그물을 던져 그들을 모두 생포한 후, 킹구로부터 운명의 서판을 빼앗는다. 마르두크에 의한 티아마트 살해는 모권에 대한 부권의 승리를 상징한다.

그 후 마르두크는 티아마트의 몸으로 우주를 만든다. 우선 티아마트의 몸을 반으로 갈라 그 몸의 반쪽은 하늘의 궁창을 삼고, 나머지 반쪽으로 바닥을 덮어 물이 새어나가지 않도록 함으로써 땅의 기초를 삼았다. 또한 마르두크는 티아마트의 머리 위에 산을 쌓고, 그녀의 눈을 뚫어 유프라테스강과 티그리스강의 물줄기를 만들었으며, 그녀의 유방 위에도 산을 쌓은 후 그것을 뚫어 산으로부터 티그리스강으로 강물이 흐르게 했다. 그녀의 꼬리는 하늘로 올려 보내 은하수가 되게 했고, 그녀의 가랑이는 하늘을 받치도록 했다. 그러고 나서 마르두크는 에아가 에-압수를 지었듯이, 에샤라Esharra 신전을 세우고 신들을 그곳에 살게 했다.

다섯 번째 토판은 많이 부서져 있어 그 내용을 파악하기에 어려움이 있지만, 대략 우주 생성의 이야기를 담고 있다. 우선 마르두크는 달력을 정비하여

바벨탑 작자 미상, 1587년경
성경에도 언급되는 '바벨탑'은 마르두크의 신전이 위치한 거대한 지구라트였다.

달의 변화에 따라 시간과 계절을 정했으며, 북극성을 배치하고 달과 태양의 운행을 관장했다. 우주가 생성되고 역법이 완성된 후 마르두크는 집으로 돌아와 운명의 서판을 아누에게 선물하고 그가 생포한 신들을 조상들 앞에 줄지어 지나가게 했다. 그의 조상들은 매우 기뻐하면서 이제 평화와 안정의 상태가 도래했음을 알림과 더불어 마르두크를 공식적인 왕으로 인정했다.

여섯 번째 토판은 인간의 창조를 이야기한다. 마르두크는 신들에게 노동의 부담을 덜어주기 위해 인간을 창조하기로 결정한 후, 킹구를 죽여 그가 흘린 피를 가지고 인간을 만들었다. 인간이 창조됨으로써 신들은 노동의 부담으로부터 해방되었고, 인간은 신들의 하인이 되어 제사를 지내고 신들에게 음식물을 바치게 되었다. 신들은 이 모든 일을 행한 마르두크에게 감사의 마음을 전하기 위해 사원을 지었는데 그것이 바로 바빌론 도시에 있는 에상길라

Esangila 신전이다.[52]

마르두크 신의 등극으로 인해 우주의 질서가 확립되고 절기와 시간이 정해지며 천체의 모습이 확립되는 내용과 함께 인간의 창조 이야기가 담겨 있는 『에누마 엘리쉬』는 군주정치 제도의 확립이라는 정치적 의미를 지닌다.[53] 유목민 중심의 부족 형태로부터 농경 중심의 정착 문화로 변화하는 과정에서 절대권력은 불가피하게 요구되었던 것이다.

5. 이집트의 창조 신화

나일강의 유산, 이집트 신화

모든 인류 문명이 강을 중심으로 시작되었듯이 이집트 문명도 나일강으로부터 비롯된다. 나일강은 국토의 대부분이 사막인 이집트의 유일한 교통로이자 수원지였으며, 지중해로 흘러가면서 강 하구에 삼각주를 형성하여 그곳에서 일찍부터 농경과 목축이 가능하게 했다. 나일강의 가장 큰 특징은 범람이다. 고대 이집트는 나일강의 범람 여부에 따라 1년을 세 계절로 구분했는데, 범람의 계절인 아케트Akhet는 7월부터 9월까지이며, 성장의 계절인 페레트Peret는 9-10월, 가뭄의 계절 쉐무Shemu는 3-4월에 해당한다. 범람의 시기에 나일강변에는 비옥한 퇴적토가 쌓이고, 물이 빠지는 9-10월에는 파종을 한다. 그리고 건조한 3-4월에는 추수를 한다. 물이 불어나는 범람기는 농한기로서 피라미드 공사가 바로 이때 시행되었다. 매년 반복되는 강의 범람은 이집트인들로 하여금 강을 관리할 필요성을 절실히 느끼게 했으며 이를 위해서는 중앙집권적인 강력한 통치력이 요구되었다. 이 때문에 이집트에서는 주변

52 같은 책, pp. 91-94 참조.
53 같은 책, p. 97.

고대 이집트 지도

국가들보다 훨씬 앞서 통일국가가 형성될 수 있었고, 이와 더불어 강력한 힘을 가진 왕권에 의한 찬란한 문화가 꽃필 수 있었다.

나일강의 이러한 특성은 이집트인의 삶뿐만 아니라 신화의 형성에도 지대한 영향을 끼쳤다. 정치와 종교를 분리하지 않았던 이집트에서 왕은 신으로 숭배되었다. 즉 이집트의 왕 파라오는 신의 임명을 받은 자로서, 단순한 신의 대리자가 아니라 바로 신 그 자체였다. 살아 있는 동안에는 하늘의 신인 호루스Horus였고, 죽은 뒤에는 죽은 자의 신인 오시리스Osiris가 되었다.[54]

이집트 신화의 주축을 이루는 것은 오시리스 신화인데, 그는 죽은 왕들의 화신인 동시에 곡물의 신이며 죽음과 부활의 신이다. 그는 수확기 때 죽고 곡식의 배아와 더불어 다시 살아나는 것으로 믿어졌으며, 또한 저승에서는 죽은 자의 영혼의 운명을 결정하는 심판자로 간주되었다. 매년 나일강에서 발생하는 홍수로 인해 이집트인들이 죽음에 대해 지녔던 각별한 인식이 거대한 피라미드와 미라의 제작, 그리고 죽음과 부활을 상징하는 오시리스에 대한 제의에도 반영되었다고 볼 수 있을 것이다.

한편 오시리스 제의와 더불어 이보다 더 오랜 역사를 가졌을 것으로 추측되는 것은 이집트 최고의 신인 태양신 라Ra에 대한 제의이다. 사막 한가운데 위치한 이집트에서 태양은 가장 중요한 신성이다. 태양이 하는 역할이 다양한 만큼 태양신의 이름도 다양하게 전해지는데, 떠오르는 태양은 자신의 앞에 있는 태양을 굴리는 모습을 한 풍뎅이 형상의 케프리Khepri이고, 저녁의 태양은 아툼Atum이다. 송골매 형상의 호루스Horus 역시 근본적으로는 태양신의 속성을 지닌다. 그러나 시간이 흐르면서 라 신화는 오시리스 신화와 서로 영향을 주고받으며 밀접한 관련을 맺기 시작했고, 점차 두 신화가 정교하게 융합되면서 발전하게 된다.[55]

---

54 이집트 신화는 인류 역사상 가장 오래된 문헌에 속하는 『피라미드 문서*Pyramid Text*』의 기록에 의해 전해지는데, 『피라미드 문서』는 파라오가 죽은 후에 사후세계에서 안전하게 신으로 변할 수 있기 위한 주문이다. 가장 초기 문헌으로서의 이 문서는 기원전 3000년경 중반까지 거슬러 올라간다.

55 같은 책, pp. 129-133 참조.

이집트의 창조 신화

모든 이집트 신화의 근저에는 나일강의 범람, 그리고 강물이 빠지고 난 후 남은 침전토 위에 작열하는 태양의 위력을 경험했던 이집트인들의 세계관이 짙게 깔려 있다.[56] 창조 신화도 마찬가지이다. 고대 이집트인들은 태초의 우주는 눈Nun이라고 하는 원초적 대양으로 채워져 있었다고 생각했다. 그리스 신화의 카오스와 비슷한 개념의 눈은 이처럼 바다에 비유되기도 했지만, 아마도 범람한 나일강물에서 연유했을 것이다.

이집트에서 세계의 창조는 주로 태양신 아툼 혹은 라에 의해 이루어지는데, 강렬한 햇빛이 내리쬐는 더운 지역에 사는 이집트인들에게 태양이 생명의 원동력으로 여겨진 것이라 볼 수 있다. 그런데 태양신을 비롯한 이집트의 신들은 원시의 대양 눈으로부터 솟아난 땅인 '원시 언덕'에서 태어난 것으로 되어 있다. 이 원시 언덕은 나일강이 범람하여 생긴 기름진 땅을 의미하는 것으로서, 여기서 우리는 이집트인들의 사고의 기저에 흐르는 나일강의 존재감을 다시 한번 확인하게 된다.[57]

기원전 3000년에 이미 강을 중심으로 남북으로 길게 뻗은 통일국가를 형성했음에도 불구하고 이집트의 창조 신화는 종교적 · 정치적 중심지인 여러 도시에서 다양한 신들의 계보를 바탕으로 형성되었다. 이 장에서 우리는 고대 이집트의 대표적인 도시였던 헬리오폴리스Heliopolis, 멤피스Memphis, 헤르모폴리스Hermopolis의 창조 신화에 나타난 신들의 계보를 살펴볼 것이다.

헬리오폴리스의 창조 신화 : 구신계

'태양의 도시'라는 의미를 지닌 헬리오폴리스의 종교에 대해서는 분명한 자료가 남아 있지 않다. 헬리오폴리스의 창조에 관한 내용은 제5왕조 파라오

---

56 같은 책, p. 147.

57 김성, "이집트 창조 신화의 지리적 배경", 『세계의 창조신화』, 신화아카데미 지음, 동방미디어, 2001, pp. 42-46 참조.

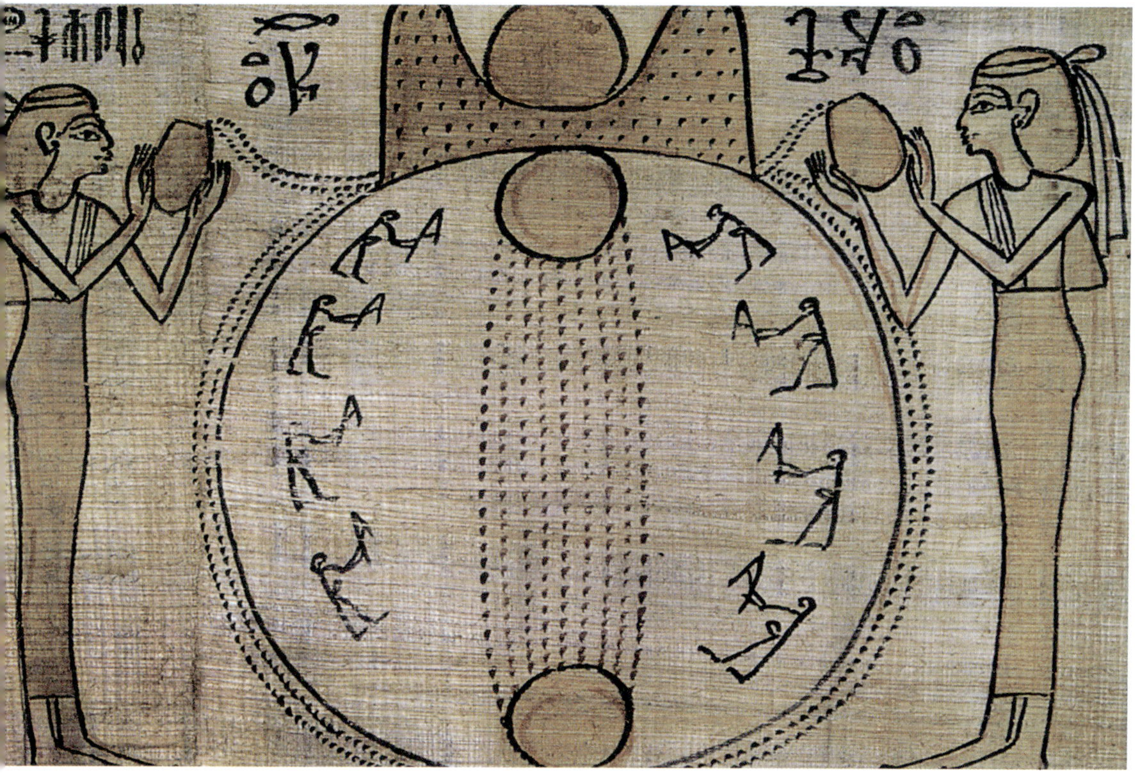

세상의 창조 기원전 11-기원전 10세기, 『사자의 서*Book of the Dead*』에서

인 우나스Unas(재위 기원전 2500년경)의 피라미드 내부 벽에 새겨진 『피라미드 문서』에서 언급한 내용에 근거하여 추정한 것이다.

태초에 암흑 상태의 무한한 바다, 태초의 물을 상징하는 눈에서 아툼이 탄생하는 사건은 헬리오폴리스 창조 신화의 시작이다. 아툼은 태초의 물에서 솟아올라 천지를 창조함으로써 헬리오폴리스 최고의 신으로 자리 잡게 된다. 아툼이 태초의 물 위로 솟아오르는 것은 나일강의 범람 이후 여러 개의 언덕들이 형성되는 것을 연상시킨다. 그러나 『피라미드 문서』 시대에 아툼은 태양신 라와 동일시되기도 했다. 따라서 그의 탄생은 어둠으로부터 빛이 도래한 것으로 해석되었다.

아툼은 '자신을 창조하는 사람'이었다. 아툼의 창조 행위는 『피라미드 문서』에 두 가지 내용으로 나타난다. 우선 아툼은 자위 행위를 통해 공기의 신인 슈Shu와 습기의 신인 테프누트Tefnut를 탄생시켰다. 당시 이집트인들은 그러한 방법을 이상하게 생각하지 않았다. 아툼은 위대한 양성인으로, 혹은 강력한 창조력을 가진 위대한 인물로 표현된다.

또 다른 설명에 의하면 아툼은 슈를 뱉어내고 테프누트를 토해냈다. 슈라는 이름은 '재채기하다', '침을 뱉다'라는 뜻을 함축하고 있으며, 테프누트의 '테프tef' 또한 '침을 뱉다'라는 의미라고 한다. 이처럼 고대 이집트인들은 슈와 테프누트의 탄생에 관하여 유사한 발음을 가진 단어로부터 행위를 연상했던 것이다.

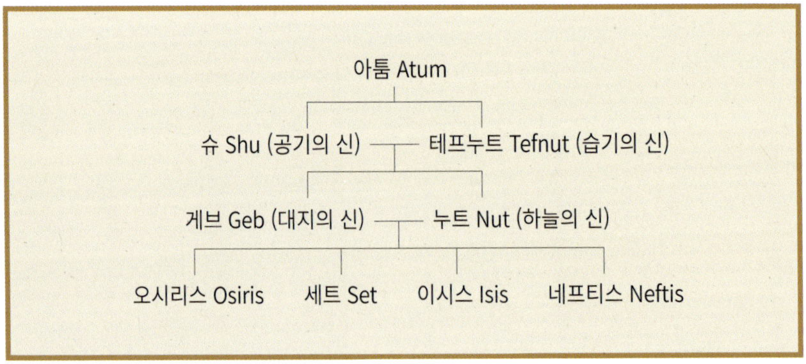

게브와 누트: 하늘과 땅의 분리
기원전 1069-기원전 945년, 『사자의 서』에서

헬리오폴리스의 구신계ennead 체계는 기원전 2300년경에 기록된 제6왕조 파라오 메르네라Mernera와 우세르카라Userkara의 피라미드 비문에 최초로 등장한다. 슈와 테프누트는 각각 공기와 습기를 상징하며, 이들은 대지를 상징하는 게브Geb와 하늘을 상징하는 누트Nut의 부모가 된다. 그리고 누트는 게브의 누이이자 아내가 된다. 여타의 신화와 달리 이집트 신화에서는 하늘의 신 누트가 여성으로 표현된다. 이는 태양의 운동에 대한 고유한 해석에서 연유한다. 즉 태양은 저녁에 죽고 아침에 탄생하며, 하늘은 바로 이러한 태양을 삼켰다가 아침에 다시 탄생시키는 일종의 자궁과 같은 것이고, 따라서 그것은 여성일 수밖에 없다는 것이다.[58]

58 같은 책, p. 32.

한편 땅의 신 게브와 하늘의 여신 누트는 오시리스, 이시스Isis, 세트Set, 네프티스Neftis 등의 네 자녀를 낳는데, 이로써 태양신 아툼의 창조 신화에 오시리스 신화가 접목된다.

멤피스의 창조 신화

기원전 3000년경 상이집트의 나르메르Narmer(또는 메네스Menes)는 하이집트를 정복하여 제1통일왕조를 세우고 그 수도를 멤피스로 정한다. '백색 성벽'으로 알려진 멤피스는 현재의 카이로에서 20km 떨어진 나일강 서안에 위치하고 있으며, 헬리오폴리스 같은 오래된 도시들과 그리 멀지 않은 곳에 있었다. 당시 이집트에는 이미 태양신 아툼을 중심으로 한 헬리오폴리스 신화가 정착되어 있었다. 그러나 통일왕조의 지배자들은 멤피스라는 새로운 도시가 정치적으로뿐 아니라 종교적으로도 다른 도시들보다 우월함을 증명해야 했으며, 그러기 위해서는 멤피스를 중심으로 하는 새로운 신학의 정립이 절실히 요구되었다.

우리에게 전해지는 멤피스 신화는 제25왕조의 왕 샤바카Shabaka(재위 기원전 712-기원전 698)가 발견한 파피루스 문서에 기록된 내용에 근거한다. 이 문서에는 그전까지 알려지지 않았던 창조 신화가 기록되어 있었다. 샤바카는 이 문서를 영원히 보존하기 위하여 돌판에 그 내용을 새길 것을 명령했고, 그 돌판은 1800년대 초 사카라 지역에서 발견되었다.

샤바카 석비는 멤피스 최고의 신인 프타Pta가 모든 신들을 태어나게 한 이집트 최고의 창조신임을 분명히 밝히고 있다. 그러나 그것이 설득력을 얻으려면 전통적인 헬리오폴리스의 신성과의 관계가 정립되어야 했을 것이다. 따라서 멤피스 신학은 아툼을 낳은 아버지인 눈, 어머니 나우네트Naunet와 프타를 동일시하면서, 다시 말해서 전통적인 창조신인 아툼의 부모와 프타를 동일시함으로써 아툼과의 관계에서의 프타의 우월성을 강조한다.

프타는 구신계의 심장이자 혀이며, 그의 창조 행위는 말씀을 통해 이루어진다. 그리고 이러한 행위는 아툼이 자위 행위와 입으로 뱉어냄을 통해 신들을 탄생시킨 것과 비교된다. 프타의 창조 행위는 심장, 즉 마음에 물질을 품고, 혀, 즉 말로 인해 이루어진 것으로서, 물질적이 아닌 정신적인 것이었으며 이는 요한복음에 나오는 로고스 창조론을 연상시킨다.[59]

프타 기원전 12세기, 호렘헤브 Horemheb 왕의 무덤 벽화

헤르모폴리스의 창조 신화

중이집트에 위치한 헤르모폴리스 창조 신화는 네 쌍의 남신과 여신으로 이루어진 팔신계, 즉 오그도아드Ogdoad로 구성된다. 헤르모폴리스의 여덟 신은 혼돈의 물을 상징하는 눈과 나우네트, 무궁함과 창공을 상징하는 후Huh와 하우헤트Hauhet, 어둠을 상징하는 쿠크kuk와 카우케트Kauket, 그리고 보이지 않는 것 또는 공기를 상징하는 아문Amun과 아마우네트Amaunet이다. 이 여덟 신은 함께 천지를 창조한 후, 죽어서 지하세계로 내려가 새로운 삶을 살았다. 그러나 이들은 지하세계에 나일강이 흐르게 하고 태양이 떠오르게 함으로써 창조 행위를 계속했고, 죽은 후에도 권력을 유지했다.

헤르모폴리스 팔신계의 남신들은 개구리의 얼굴로, 여신들은 뱀의 얼굴로 묘사된다. 이처럼 헤르모폴리스의 창조신들은 나일강변의 늪지대에 서식하는 파충류에 비유된다. 아마도 고대 이집트인들은 나일강의 홍수 이후 형성된 진흙 속에서 뱀이나 개구리 같은 파충류가 스스로 태어난다고 믿었던 것 같다.

헤르모폴리스에는 팔신계의 창조 신화와 더불어 여기서 파생된 네 개의 창조 신화가 존재한다. 첫 번째 창조 신화에 의하면 천상의 기러기가 알을 낳

---

59 같은 책, p. 35.

았고, 그 알에서 천지의 창조자인 라가 탄생했다. 두 번째 변형 신화 역시 난생설에 기초하지만 지혜의 신인 토트Thoth가 알을 낳았고 그로부터 라가 태어났다는 것이 첫 번째 신화와 다른 점이다. 세 번째 변형 신화는 물에서 발생한 창조 신화로서, 물 위의 연꽃이 활짝 필 때 그 꽃받침 안에서 신성한 아이 라가 태어났다는 내용이다. 네 번째 변형 신화 역시 물 위의 연꽃으로부터 시작된다. 연꽃이 열릴 때 그 속에서 풍뎅이가 나왔으며, 그 풍뎅이가 소년으로 변해 흘린 눈물이 인류가 되었다는 것이다.[60]

이처럼 헤르모폴리스는 이집트의 태양신 라를 태초의 창조적 존재로 여겼으며, 난생설로 라를 탄생시켰다. 한편 연꽃은 물에서 서식할 뿐 아니라 아침에 태양이 뜨면 열렸다가 저녁에 태양이 지면 닫히는 식물이다. 따라서 연꽃은 쉽게 태초의 물, 그리고 태양신 숭배와 연결될 수 있었다.[61]

태양신 라 이집트 제19왕조, 메디네트 하부 신전 부조

60 베로니카 이온스, 앞의 책, p. 70.
61 김성, 앞의 책, p. 37.

6. 그리스 로마의 창조 신화

인간을 위한, 인간에 의한, 그리스 로마 신화

그리스 신화와 그 전통을 받아들인 로마 신화는 여타 문화가 가지고 있는 신화와는 아주 다른 양상을 보인다. 원시인이 공포를 느끼는 미지의 위협적인 세계의 산물로서 괴물의 횡포라든가 마법과 같은 요소가 이 두 신화에서는 최소한으로 발견된다. 물론 고르고네스Gorgones라든가 외눈박이 괴물 키클롭스Kyklops, 반인반마半人半馬 켄타우로스Kentauros 등의 괴물이 있기는 하지만 이들은 모두 영웅들의 용맹을 증명하기 위하여 제거되는 대상으로 존재한다.

그리스 로마 신화의 주요한 열두 신은 헤파이스토스Hephaistos를 제외하고는 모두 아름다운 인간의 모습을 하고 있다. 물론 헤라Hera를 묘사할 때 '암소의 얼굴'을 가진 신이라 하고, 번개와 벼락을 관장하는 제우스Zeus도 본연의 모습으로 나타나면 그 광휘에 평범한 인간은 타죽고 만다는 등의 예를 보면, 그들의 전신은 길들여지지 않은 동물적 혹은 우주적 힘이었음을 알 수 있다. 그러나 우리가 알고 있는 그리스 신화의 세계는 인간의 아름다움과 용맹함과 위대함에 대한 자신감이 확립된 세계라고 할 수 있다.[62] 이것은 그리스 로마 신화가 호메로스의 『일리아드』나 『오디세이』, 헤시오도스Hesiodos의 『신통기*Theogony*』, 오비디우스Ovidius의 『변신 이야기*Metamorphosis*』, 소포클레스Sophocles, 아이스킬로스Aeschylos, 에우리피데스Euripides의 비극과 아리스토파네스Aristophanes의 희극, 헤로도토스Herodotos와 플라톤Platon의 산문, 베르길리우스Vergilius의 『아에네이스*Aeneis*』 등의 고전 작품을 원전으로 하고 있기 때문이다. 즉 그리스 로마 신화는 원시적 신화가 아니고, 기원전 10세기 이후 문명이 상당한 발전 단계에 이르렀을 때 인간을 중심으로 하는 입장에서 정리된 것이다.

---

62 에디스 해밀턴, 『해밀턴 신화집』, 서미석 옮김, 현대지성사, 1999, pp. 16-18 참조.

그리스 로마의 창조 신화

성서의 창조설과는 달리 그리스의 창조 신화에서 우주는 창조된 것이 아니고 스스로 존재하는 것이다. 신들이 출현하기 이전, 시원을 알 수 없는 과거에 카오스가 존재했다. 이 무정형의 세계에 '닉스Nyx'와 '에레보스Erebus'라는 두 자손이 탄생했다. '닉스'는 밤을 의미하며, '에레보스'는 죽음이 거주하는 측정할 수 없는 심연을 말한다. 이 어둡고 공허하고 고요하며 끝없는 우주에 모든 생명의 근원인 에로스Eros가 처음 탄생한다. 검은 날개를 가진 닉스가 에레보스의 품속에 알을 낳았고, 시간이 흘러 에로스가 탄생한 것이다. 에로스의 탄생과 함께 아름다움과 질서가 혼돈을 몰아냈으며, '에로스'로부터 '빛'과 그 동반자인 '낮'이 생성되었다.

우라노스를 거세하는 크로노스
조르조 바사리, 1560년

그 후에 아름답고 광활한 '대지'가 생겨났고, 대지는 별이 반짝이는 '하늘'을 낳았다. 아직 인간은 생겨나기 전이었지만, 닉스나 에레보스와 마찬가지로 '대지(가이아Gaia)'와 '하늘(우라노스Ouranos)'은 부부로서 결합하여 자손들을 낳았다. 그 자손들 중 셋은 백 개의 손과 오십 개의 머리를 가졌으며, 또 다른 셋은 키클롭스들로서 바퀴같이 큰 눈이 이마 한가운데 박혀 있는 거인이었다. 나머지는 거대하고 힘센 티탄Titan들로서, 그중 몇몇은 자비로운 성품을 지니고 있어 후에 창조된 인간들을 파멸로부터 구하기도 한다.

한편 우라노스는 자손 중에 백 개의 손과 오십 개의 머리를 가진 괴물들을 미워하여 그들을 땅속에 가두었다. 가이아는 이에 대해 분노했으며, 티탄 중 크로노스Cronus가 어머니의 한을 풀어주었다. 그는 몰래 숨어 기다리다가 아버지의 성기를 잘라 상처를 입혔는데, 이 피로부터 일종의 거인족인 기간테스Gigantes가 생겼으며, 또한 분노의 여신들인 에리니에스Erinyes가 생겨났다. 이 여신들의 머리카락은 온통 꿈틀거리는 뱀들로 이루어져, 피눈물을 쏟으며 죄 지은 자들을 쫓아가 벌하는데, 이들은 다른 괴물들이 지상에서 사라진 후에도 죄라는 것이 남아 있는 한 끝까지 존재했다.

그 후에 크로노스는 자신의 자매인 레아Rhea와 함께 오랫동안 세상을 다스렸다. 그는 자신이 아버지의 통치권을 빼앗았듯이 자신의 아들들 중 하나가 자신을 권좌에서 몰아낼 것임을 알게 되어, 아내인 레아가 낳는 아이들을 차례로 삼켜버렸다. 그러나 여섯 번째 아이를 낳았을 때 레아는 더 이상 남편의 횡포를 방치할 수 없어 크로노스에게 기저귀로 싼 큰 돌을 삼키게 하고, 아이는 크레타섬으로 빼돌려 몰래 키웠다. 그 여섯 번째 아이가 바로 제우스였는데, 성년이 된 제우스는 할머니 가이아의 도움을 받아 크로노스가 삼켰던 돌과 다섯 형제들을 모두 토해내게 했다.

그 후에 크로노스는 자기 형제들인 티탄들의 도움을 받아 제우스와 그의 다섯 형제들과 패권 다툼을 했으나 패하고 말았다. 제우스는 우라노스가 땅속에 가두었던 손이 백 개인 괴물들을 풀어주어 그들의 도움을 받았다. 또한 현명한 프로메테우스Prometheus가 제우스의 편에서 도운 것도 제우스 쪽으로 대세를 기울게 하는 데 큰 몫을 했다. 제우스는 정복된 티탄들을 깊은 땅속에 결박했다. 그중 아틀라스Atlas는 땅속에 갇히는 대신, 하늘을 떠받치는 기둥을 어깨에 메는 고통스러운 형벌을 받게 되었다. 그는 이 짐을 지고서 구름과 어둠에 쌓인 밤과 낮의 합류점에서 있게 되었다고 한다.

티폰과 싸우는 제우스 기원전 550년경, 그리스 항아리

티탄들이 정복된 후에도 가이아는 티폰Typhon이라는 괴물을 낳았는데, 그는 머리가 백 개이고 아가리에서는 죽음의 소리가 나며, 눈에서는 불을 뿜었다. 제우스는 이 괴물을 번개로 제압했다. 그 후에도 기간테스들이 반란을 일으켰으나, 제우스는 아들인 헤라클레스Heracles의 도움을 받아 이들을 무찌르고, 가장 깊은 지하의 세계인 타르타로스

에 던져버렸다. 그리하여 천상의 힘이 땅의 힘에 대하여 완전히 승리했으며, 제우스는 최고의 신으로 군림하게 되었다.

이러한 신들을 상상해낸 그리스인들은 세계가 어떤 모습을 하고 있다고 생각했을까? 그리스인들이 생각한 지구는 둥근 원판과 같이 생겼고, 이것은 지중해와 흑해에 의하여 둘로 균등하게 나뉘어 있었다. 그리고 땅의 주변에는 거대한 강 오케안Ocean이 흐르고 있었다. 오케안의 피안에는 구름과 어둠으로 싸인 미지의 땅이 있는데, 이곳에는 사람들이 본 적 없는 키메리안Cimmerians이라 불리는 신비로운 종족이 살고 있다고 믿었다. 아주 북쪽, 북풍의 거주지보다도 더 북쪽에는 히페르보레안Hyperborean들이 사는 축복받은 땅이 있었는데, 몇 안 되는 영웅들만이 이곳에 가보았다고 한다. 이곳에서 멀지 않은 곳에 시신詩神·Muse들이 살고 있었고, 그들의 거처는 춤과 음악 소리가 끊이지 않는 즐거운 곳이었다. 남쪽에는 에티오피아인들이 살고 있었는데, 신들은 이들을 사랑하여 이들의 즐거운 연회에 참석했다. 그리고 죽은 자들 가운데, 어떠한 죄도 짓지 않은 축복받은 영혼들이 사는 세계 역시 오케안의 피안에 있었다. 이곳은 겨울도 눈도 비바람도 없고, 오케안에서 불어오는 서풍만이 죽은 자들의 혼을 스쳐 가는 곳이었다.[63]

그리스인이 생각한 지구 모양

그리스 신화의 인간 창조에 대해서는 몇 가지 설이 있다. 첫 번째 설에 의하면 세계의 모양이 만들어지자 신들은 프로메테우스와 그의 형제 에피메테우스Epimetheus에게 인간의 창조를 맡겼다. '먼저 생각한다'라는 뜻의 이름을 가진 프로메테우스는 현명했으나, '뒤에 생각한다'는 뜻의 이름을 가진 에피메테우스는 충동적이고 현명하지 못했다. 에피메테우스는 인간을 만들기 전에

63 같은 책, pp. 93-94 참조.

모든 훌륭한 자질들을 동물들에게 부여했다. 그래서 힘이나 재빠름, 용기, 지략, 모피, 깃털, 날개, 딱딱한 껍질 등 스스로를 보호할 수 있는 특징들은 모두 동물들에게 나누어주었고, 인간에게는 줄 것이 없었다. 그래서 에피메테우스는 프로메테우스에게 도움을 청했다. 프로메테우스는 인간을 신과 같이 고귀하게 직립할 수 있도록 만들고, 태양에게 가서 불씨를 가져다 인간에게 주어 자연으로부터 스스로를 보호할 수 있게 했으며, 도구를 만들 수 있도록 해주었다.

두 번째 설에 의하면 인간은 황금족, 은족, 놋쇠족, 영웅족, 철족 이렇게 다섯 번에 걸쳐 새로이 창조되었다고 한다. 이 설은 전체적으로 인간의 역사를 완벽성으로부터 타락해가는 과정으로 그리고 있다. 현재 살고 있는 종족은 철족이라고 한다. 철족은 악한 시대에 살고 있으며, 그들의 본성도 악한 면이 많다. 그래서 그들은 노동과 슬픔으로부터 자유로운 적이 없다. 세대가 거듭될수록 그들은 점점 악해져서 언젠가 제우스가 그들을 멸망시킬 것이며, 이를 방지할 수 있는 유일한 길은 일반 백성들이 압제적 통치자들을 누르는 것이다. 이 설은 헤시오도스의 『신통기』에 기록된 내용으로서, 농부였던 헤시오도스가 권력에 억눌리는 자의 시각에서 쓴 것이다.

프로메테우스
페테르 파울 루벤스, 1636년

여자의 창조 과정에 대해서도 몇 가지 설이 있다. 그러나 인류가 처음 창조되었을 때는 여자가 없었고, 인류는 여자가 없는 동안 행복하게 살았다는 점은 여러 창조설의 공통된 부분이다. 행복하고 완벽에 가까운 종족이었던 황금족이 살던 시기에는 여자가 없었고, 신들이 인간을 불행하게 만들기 위하여 여자를 창조했다는 것이다.

프로메테우스는 인간에게 불을 가져다

주었을 뿐 아니라, 인간들이 제우스의 제사에 동물을 바칠 때 살코기는 내장으로 덮어 인간이 가지고, 기름기로 그럴듯하게 포장한 뼈를 신에게 바치도록 하는 수법을 가르쳐주었다. 그리하여 제우스는 판도라Pandora라는 여인을 만들어 인간들에게 보냄으로써 인간을 벌하고자 했다. 판도라는 보기에 아름다웠고, 수줍은 소녀와 같은 모습에 신들이 준 온갖 선물로 화사하게 치장을 하고 있었다. 이 첫 번째 여인으로부터 후세의 여인들이 나왔는데, 그들은 남자들에게는 재앙이며, 악한 본성을 가졌다고 한다.

판도라 존 윌리엄 워터하우스, 1895년

우리가 보통 판도라와 연관하여 알고 있는 신화는 두 번째 신화이다. 이 신화는 여성이 문제가 되는 것은 그 악한 본성 때문이 아니고 호기심 때문이라 주장한다. 신들은 그녀에게 온갖 재앙이 들어 있는 상자를 주고는, 그것을 절대 열어서는 안 된다고 당부한 후 에피메테우스에게 보냈다. 제우스가 보내는 어떤 것도 받아서는 안 된다는 프로메테우스의 경고를 무시하고 에피메테우스는 아름다운 판도라를 취했다. 판도라는 여성 특유의 호기심으로 상자의 뚜껑을 열었으며, 그 안에서 슬픔과 재앙 등이 쏟아져 나왔다. 겁이 난 판도라가 급히 상자를 닫았을 때 상자에 마지막으로 남은 것은 희망이었고, 이로써 인간은 불행 가운데서도 희망을 가지고 살아가게 되었다.

이로써 인간은 신의 권위를 넘보아서는 안 된다는 것을 배웠으며, 이것은 프로메테우스도 마찬가지였다. 제우스는 다른 티탄들과의 싸움에서 프로메테우스가 도움을 주었다는 사실을 잊고, 그를 코카서스의 바위산에 사슬로 결박하고는 매일 독수리가 와서 종일 그의 몸을 찢어 간을 먹게 하고, 다음날이면 또다시 새살이 돋아나 같은 고통을 겪게 하는 형벌을 내렸다. 그러나 수세대가 지난 후에 제우스의 개심으로 프로메테우스는 결박에서 풀려나게 된다. 그리하여 인간의 구원자이자 옹호자는 신들의 질시 앞에 일시 굴복하는 듯했으나, 최종적으로는 역경에 굴하지 않는 영웅의 모습으로 제시된다.

7. 게르만의 창조 신화

어둡고 슬픈 투쟁의 세계, 게르만 신화

게르만 신화[64]는 흑해로부터 중부 유럽과 스칸디나비아, 그리고 아이슬란드와 그린란드까지 전파되었던 신화로서, 기독교가 전파되기 이전 이 지역의 토착 종교와 신화를 의미한다. 4세기경 유럽 대륙은 기독교로 개종되어 거의 모든 토착 종교가 사라졌지만, 노르웨이·덴마크 등의 스칸디나비아 국가들은 상대적으로 늦은 시기인 10세기경에야 개종되었기 때문에 게르만 민족의 종교와 신화가 많이 남아 있다. 특히 아이슬란드는 지리적인 특수성으로 인해 게르만 시문학이 가장 오랫동안 그 명맥을 유지할 수 있었던 곳이다.

게르만 신화는 원래 구전으로 전해졌다. 스칼드skald라는 음유시인들이 영웅을 노래하면서 전사들의 사기를 북돋우곤 했는데, 남아 있는 게르만 영웅전설 중 가장 오래된 필사본으로는 800년경의 작품으로 추정되는 고고지古高地 독일어의 『힐데브란트의 노래*Hildebrantslied*』와 고대 영어로 쓰인 『베오울프*Beowulf*』를 들 수 있다. 우리에게 가장 많이 알려진 니벨룽Nibelungen과 빌란트Wieland의 전설 등 초기 영웅들의 노래는 아이슬란드에서 발견된 에다Edda나

64 게르만 신화와 북유럽 신화는 거의 유사한 체계를 가지고 있으므로 앞으로의 서술에서는 특히 구별되는 특징이 있는 경우를 제외하고는 게르만 신화로 통일하여 언급하기로 한다.

사가Saga에 수록되어 있다. 게르만 신화 중 가장 방대한 자료는 1220년 아이슬란드의 시인이자 역사가였던 스노리 스튀를뤼손Snorri Sturluson이 젊은이들에게 고시古詩의 감상과 작시법을 지도하기 위해 쓴 일종의 시학이라 할 수 있는 『산문 에다*Prose Edda*』 혹은 『스노리 에다*Snorra Edda*』이다.[65] 독일의 경우 19세기 초, 독일 민족주의가 강조되던 시기에 게르만 신화에 대한 관심이 고조되어 『에다』가 번역되었고, 이에 영감을 받은 바그너Wagner는 오페라 <니벨룽의 반지Der Ring des Nibelungen>를 탄생시킨다.

게르만 신화는 거칠고 어둡고 회의적이며 투쟁이 일상화되어 있다. 늘 계속되는 영웅들의 전쟁은 역동성을 느끼게도 하지만, 이미 '신들의 황혼(라그나뢰크Ragnarök)'이라 불리는 몰락이 예고되어 있기에 절망적이고 비극적이다. 이는 아마도 태양빛을 볼 수 없는 지리적인 요소와 더불어 춥고 을씨년스러운 기후의 영향 때문일 것이다.

게르만의 창조 신화

태초에 우주에는 하늘도 땅도, 신도 인간도, 바다도 풀도 존재하지 않았다. 다만 북쪽에는 추위와 어둠이, 남쪽에는 열기와 밝음이 있을 뿐이었다. 니플하임Niflheim이라 불리는 북쪽의 얼음 지역은 으스스하고 안개가 자욱했다. 한편 무스펠하임Muspelheim이라 불리는 남쪽은 불꽃이 타오르고 있었고, 그 불꽃이 사방으로 흩날려 따뜻했다. 그리고 그 사이에 기눙가가프라고 하는 거대한 심연이 있었다.

남쪽의 따뜻한 바람으로 인해 얼음과 서리가 녹아내리면서 떨어지는 물방울들은 하나의 생명체를 만들었고, 그것이 바로 이미르이다. 이 힘센 거인은 남자인 동시에 여자인 양성적 존재였다. 사람의 모습을 한 이미르는 잠을 자

65 이후 1643년 그 원전으로 추정되는 사본이 발견됨에 따라 스노리의 에다를 『산문 에다』, 『신 에다』 혹은 『스노리 에다』로, 원전은 『구 에다』로 구분하여 부르게 되었다.

아우둠라의 젖을 먹는 이미르 니콜라이 아브라함 아빌가르, 1790년

면서 땀을 흘리기 시작했는데, 이때 그의 왼쪽 겨드랑이 밑에서 한 남자와 한 여자가 자랐고, 한쪽 발은 딸을, 다른 쪽 발은 아들을 낳았다. 이렇게 태어난 남녀가 거인들의 시조가 되었으며, 모든 거인들은 그의 후예이다. 이미르는 줄기차게 녹아내리는 얼음에서 떨어지는 서리로부터 태어난 아우둠라Audumla라는 암소의 젖을 먹고 힘센 거인으로 성장했다.

아우둠라가 소금기 섞인 얼음을 사흘 동안 핥아먹자 그 속에서 아름다운 남자 부리Buri가 나왔는데, 부리는 보르Bor라는 아들을 두었고, 보르는 거인족 여인 베스틀라Bestla와 결혼하여 오딘과 빌리Vili, 베Ve, 이렇게 세 아들을 낳았다. 오딘과 그의 형제들은 힘이 장사였고 머리가 총명했다. 그런데 이미르의 몸이 비대해지면서 점점 많은 공간을 차지하게 되자 젊은 신들은 이미르를 죽였다. 이때 이미르가 흘린 엄청난 양의 피로 인해 홍수가 났고, 젊은 신들은 거인족을 그 홍수 속에 빠져 죽게 했다. 교활한 거인 베르겔미르Bergelmir와 그의 아내만이 살아남아 서리거인들의 종족을 번식시켰고, 그들은 신들에 대한 증오심을 키웠다.

이미르의 시체로부터 세계가 만들어졌다. 그의 살은 육지가 되었고 그의 피는 물과 바다가 되었다. 그의 머리로는 하늘이 만들어졌고 머리의 네 귀퉁이가 대지의 끝과 만나는 네 지점에는 난쟁이가 한 명씩 배치되었다. 젊은 신들은 이미르의 다리로는 산을, 그의 턱뼈와 이로는 돌들을 만들었다. 그의 머리카락에서 나무들이 생겨났고 그의 뇌에서 구름이 만들어졌다.

이미르를 죽인 후 신들은 중간 세계인 미트가르트Midgard를 만들고 두 개의 나뭇조각으로 그곳에 거주할 최초의 인간인 남자와 여자를 창조했다. 또한 인간들을 바깥 세계로부터 보호하기 위해 이미르의 속눈썹을 뽑아 미트가르트 둘레에 장벽을 쳤다. 이 바깥 세계는 우트가르트Utgard라 불린다. 그곳은 얼음으로 뒤덮여 있으며, 아무도 들어갈 수 없는 원시림과 늪지대로 형성되어 있어 신도 인간도 살 수 없는 곳이었다. 신들은 베르겔미르의 후손인 거인족들을 그곳에 살게 했다.

신들은 인간의 세계인 미트가르트의 한가운데에 그들의 세계인 아스가르트Asgard를 세우고 산 위에는 하늘을 향해 우뚝 선 요새도 지었다. 그리고 생과 사의 세계를 뚫고 자라는 거대한 물푸레나무 이그드라실Yggdrasil[66]이 우주를 지탱하게 했다. 이그드라실은 온 세상으로 그 뿌리를 뻗고 있다. 첫 번째 뿌리 아래인 니플하임에는 헬Hel[67]이 살고 있으며,

| 이그드라실

---

66 우주를 뚫고 솟아 있어 우주수宇宙樹라고도 한다. 거창하게 자라 잔가지는 신들의 세계인 아스가르트를 뒤덮었으며, 세 줄기의 거대한 뿌리가 있어, 그중 하나는 거인의 나라 니플하임으로, 또 하나는 인간 세계인 미트가르트로, 그리고 마지막 하나는 신들의 세계 아스가르트로 뻗어 있다.

67 뒤에서 볼 거인의 후예 로키가 거인 여자와의 사이에서 낳은 딸.

애시르 신들의 시조 오딘 20세기, 막스 코흐 그림의 석판화

두 번째 뿌리 아래인 요툰하임Jötunheim에는 서리거인들이, 세 번째 뿌리 아래인 미트가르트에는 인간들이 살고 있었다. 뿌리들 중 하나는 신들의 세계인 아스가르트까지 뻗어 올라간다는 말도 있다.

뿌리들 곁에는 나무에 물을 공급하는 샘들이 있다. 아스가르트 쪽의 뿌리 곁에는 하얀 물이 나오는 샘인 우르트Urd의 샘이 있는데, 이 샘은 너무도 신성해서 아무도 그 물을 마시려 들지 않았다. 운명의 여신들인 세 명의 노르네Nornen가 그 샘을 지키고 있다. 인간들의 수명과 운명을 할당해주는 이들은 우르트(과거), 베르단디Verdandi(현재), 스쿨트Skuld(미래)이다. 매일 신들은 떨리는 무지개 다리를 건너와 샘 옆에 앉아 인간들의 행위를 판결한다. 요툰하임 쪽에 있는 샘은 미미르Mimir의 샘으로서 지혜와 기지가 숨겨져 있으며, 현인 미미르가 지키고 있다. 니플하임 쪽의 샘은 니드회크르Nidhöggr(어둠)라는 뱀을 먹여 살린다. 이 뱀과 그 동족들이 헬의 집인 니플하임 아래에 있는 이그드라실의 뿌리를 쉴 새 없이 갉아먹고 있어 언젠가는 이그드라실이 죽고 우주는 무너져 내릴 것이다. 아스가르트와 마찬가지로 이그드라실 역시 멸망할 운명에 처해 있다.[68]

아스가르트에 거주하는 애시르Æsir 신들은 오딘의 혈통을 이은 신족이다. 오딘과 대지의 여신인 요르트Jörd의 아들 토르Thor, 오딘과 프리크Frigg의 아들

68 같은 책, pp. 473-474 참조.

발더Balder, 그리고 다른 후손들이 애시르 신족에 속한다. 애시르 신들은 미트가르트와 아스가르트를 연결하는 다리를 건축하여 인간과 친교를 나누고 인간들이 행복하게 살도록 했으며, 룬Rune 문자를 가르쳤고, 들판에는 곡식이 풍부하게 자라게 했다.

아스가르트의 서쪽에 있는 알프하임Alfheim에는 요정Alf들이 살고 있었다. 그들은 신들에게 말벗이 되었고 인간들에게도 호의적이었다. 또한 이미르의 몸에 기생한 구더기들에 인간의 모습과 지능을 주어 흙과 자갈 속에서 살도록 했는데, 그들은 슈바르츠알프Schwartzalf라 부르는 난쟁이들이었다. 그들은 손재주가 좋은 수공장들이었으며 특히 장신구와 도구, 그리고 무기를 제작하는 대장장이들이었다. 신들은 그들에게 슈바르츠알프하임Schwartzalfheim이라는 거주지를 만들어주었다.

신들과 인간들의 행복과 평화는 오딘이 로키Loki라는 거인의 후예를 아스가르트에 받아들임으로써 깨지고 만다. 애시르 신족은 아스가르트에 대가족처럼 몰려 살면서 전쟁을 주관하고 세상을 통치하고 있었다. 오딘과 프리크 사이에서 난 아름답고 고귀한 발더가 죽음을 맞으며 이 세상은 거인들의 파괴적인 세력으로 위험에 처한다. 발더의 죽음을 교사한 것은 로키였다. 오딘은 다가올 위험을 알고 있지만 그것이 언제인지는 몰랐으며, 애시르 신들의 노력에도 불구하고 세계의 멸망은 오고야 만다. 신들의 황혼 혹은 신들의 몰락인 '라그나뢰크Ragnarøkkr'가 바로 그것이다.

이처럼 거인의 후예 로키는 평화를 깨뜨리는 파괴자이지만, 원래 신들과 거인들이 명백히 구분되었던 것은 아니다. 오딘의 어머니도 거인족이듯이, 즉 신들 안에 존재하는 거인적인 속성은 결코 사라지지 않은 채 훗날 그들에게 화로 작용한 것이다.[69]

---

69 라이너 테츠너, 『게르만 신화와 전설』, 성금숙 옮김, 범우사, 2002, pp. 15-28 참조.

2장 영웅의 모험과 귀환

신들의 이야기, 신화에는 우리 자신의 모습을 되비추는 무수한 영웅들이 출현한다. 영웅이란 신이 아닌 뛰어난 인간이다. 그러나 완전한 경지를 추구하는 것은 모든 인간의 소망이므로 사실 영웅신화는 평범한 우리 자신의 삶을 반영하는 이야기일 수도 있다. 그렇기에 영웅들의 이야기는 인간과 신의 관계 혹은 우주 속에서의 인간 존재의 의미, 정체성과 가치관 등의 문화적 의미를 함축하고 있다. 세계를 몇 가지 문화권으로 나누었을 때 이들 다양한 문화권에 등장하는 모든 영웅들은 각기 다른 시대, 다른 공간 속에서 각자의 궤적을 따라 모험을 하며 이러한 모든 것들을 이야기해준다. 학자들은 영웅신화의 의미를 해석하는 데에 프로이트나 융의 심리학적 관점을 원용하여 영웅이 집을 떠나 모험과 탐색을 하고 귀환하는 과정을 인간이 태어나서 성장하며 자아를 형성해나가는 과정으로 설명한다. 이와는 달리 영웅을 한 개인이 아니라 사회적 총체로 간주하여, 영웅의 행적은 한 사회의 특징을 집약적으로 표현한다고 보는 관점도 있다.

에게해 주변에서부터 아드리아해 주변, 발칸반도와 서우크라이나 지방에 이르는 지역에는 우리에게 가장 잘 알려진 그리스 로마 신화와 게르만 신화

쿠훌린의 죽음 존 윈지-베이트먼, 20세기

의 영웅들이 등장한다. 고대 유럽 신화의 핵심이라 할 수 있는 그리스 신화에는 페르세우스 · 헤라클레스 · 테세우스 · 이아손이, 고대 세계의 중심 도시로서 갖가지 신화 전설을 계승한 로마 신화에는 건국의 영웅 로물루스가 있다. 게르만 신화에는 오딘과 토르가 있고, 아일랜드의 서사시에는 영웅 브란 · 오이신 · 쿠훌린 등이 등장한다. 또한 대서양을 건너 아메리카 신화에는 잉카 왕조의 창건자 만코 파칵, 파타고니아 인디언 부족의 전설적인 영웅 엘-랄, 아이티의 부두교 전사 오궁 등이 있다. '살아 있는 화석'이라 부를 정도로 원시 문화의 유산이 풍부하게 남아 있는 오스트레일리아를 비롯하여 폴리네시아, 멜라네시아 등을 포함하는 오세아니아 지역의 신화에는 문화 영웅 마우이·올로파트·토-카비나나 등이 있다. 각 부족의 독자적인 전통과 언어 속에서 매우 다양한 신화 유산을 보유하고 있는 아프리카 신화에서는 서아프리카 문화 영웅 아난시, 남아프리카 부시먼족의 추에 등이 대표적인 영웅이다. 서아시아에는 불사를 찾아 죽음의 바다를 건넜던 수메르 신화의 길가메쉬, 중앙아시아와 남아시아에는 마하비라가 있다. 몽골과 중국, 한국을 포함하는 동아시아에서는 치우·예·오쿠니누시·주몽 등이 대표적인 영웅들이다.

그런데 이 수많은 영웅들의 탐색 과정을 따라가다 보면 그들의 행적이 어느 정도 일정한 패턴을 그리고 있음을 발견하게 된다. 일찍이 조지프 캠벨 Joseph Campbell과 같은 신화학자는 그리스 로마 신화는 물론 서아시아의 수메르 신화에서부터 중국의 예, 기독교의 예수에 이르기까지 동서양의 모든 영웅 신화를 아우르며 그 가운데에서 뚜렷이 드러나는 한 가지 얼굴, 즉 공통의 패턴을 도출하고 있다. 영웅의 탄생으로부터 그가 성공에 도달하기까지의 과정을 출발 → 입문 → 귀환의 도식으로 설명한 것이 그것이다. 실제로 세계의 영웅 신화들은 대체로 이 도식에 부합되는 듯하다.

뒤에서 살펴볼 동서양의 대표적 영웅 신화인 헤라클레스 신화와 예 신화는 모두 출발 → 입문 → 귀환이라는 영웅의 탐색 과정을 충실히 따르고 있다. 또한 그 가운데 흔히 추출될 수 있는 공통된 모티프들, 즉 신으로부터의 부름, 비범한 자질, 시련들, 기적적인 과업의 달성 등도 잘 보여준다. 예를 들어 헤라클레스에게 과업 수행을 명령한 것은 에우리토스였지만 실제로 그렇게 하도록 조장한 것은 헤라 여신이었고, 예에게 지상의 과제를 부여한 것도 천제인 제준이었으므로 두 영웅은 신의 부름을 받았다고 할 수 있다. 게다가 헤라클레스와 예는 둘 다 활쏘기의 명수였으며, 보통의 인간은 대적할 수도 없는 괴물·괴수를 제압해버리는 그들의 능력은 기적적인 과업을 달성한 것이자 비범한 자질을 보여주는 것이다. 두 영웅의 행적은 아내의 배신, 비극적인 종말까지도 일치한다. 그러나 이러한 개괄적인 관찰에서 한 걸음 더 들어가 좀 더 면밀히 두 신화의 내용을 살펴보면 단일한 패턴에 끼워 맞출 수 없는 차이점들이 발견된다. 먼저 어린 시절에 대한 언급이 완전히 생략된 예와는 달리 헤라클레스는 부모가 누구이며, 어떻게 태어났고 어린 시절에 어떤 신기한 사건이 있었는지가 상세하게 묘사되어 있다.[1] 또한 헤라클레스는 비극적인 죽음 이후에 신들의 동정을 받아 올림포스 신의 지위에 올랐으나, 반대로 예는 인간들의 숭배를 받아 귀신의 우두머리 신으로 거듭나게 된다. 두 신화가 공통점에도 불구하고 지니는 이러한 차이는 동서양의 세계관, 인간관, 신관 등이 서로 다른 데에 기인한다 할 것이다. 이제 동서양 영웅 신화의 공통점과 차이점을 생각하며 그 내용을 살펴보기로 하자.

술잔에 그려진 활 쏘는 예
당나라 시대

1. 동양의 영웅 신화

중국의 전쟁 영웅 치우와 천하 명궁 예

치우

중국은 천하를 동·서·남·북·중의 다섯 방향으로 나누어 태호太昊, 소호

1 헤라클레스뿐 아니라 대부분의 서구 신화 속 영웅들은 탄생부터 어린 시절까지의 이야기가 자세히 전해진다. 예를 들어 같은 그리스 신화의 영웅 테세우스도 아테네의 왕 아이게우스와 아이트라 사이에서 태어났다고 명시되어 있고, 아일랜드의 문화 영웅 쿠훌린은 그가 탄생하기 전에 암망아지가 쌍둥이를 낳았으며 그는 태양신 루가 잉태시켰다고 되어 있다.

小昊, 염제炎帝, 전욱顓頊, 황제黃帝의 다섯 신이 지배했다. 이들 가운데 최고 권력자는 곤륜산昆崙山에 거처하면서 천하를 다스린 중앙의 황제로, 그의 권위는 치열한 투쟁의 결과였다. 그는 우선 염제와의 싸움에서 이김으로써 신들의 세계에서 패권을 차지했고, 그 후 치우蚩尤의 도전을 물리친 후에 최고신의 자리를 차지할 수 있었던 것이다.

염제는 염炎이라는 글자에서도 알 수 있듯이 불의 신이다. 『회남자』에서 염제는 남방의 불의 작용을 지배하는 신으로 규정되고 있다. 그는 또한 신농神農이라고도 불리는데, 이는 그가 불의 신인 동시에 농업의 신임을 말해준다. 염제는 황제가 부상하기 전 이 세상을 지배했으나 황제의 도전을 받고 그에게 패한 후 최고신의 자리를 황제에게 내주었다.

치우는 염제의 자손이다. 그는 중국 산둥성 일대의 구려九黎라는 신족神族의 우두머리였다. 그에게는 72명(혹은 81명)의 형제가 있었다는 기록이 전해질 만큼 형제가 많았다. 치우의 형상에 대해서는 여러 가지 설이 있다. 구리로 된 머리에 쇠로 된 이마를 하고 있으며, 사람의 몸과 소의 발굽에 네 개의 눈과 여섯 개의 손을 가졌다고도 하고, 귀밑털이 칼날과 같고 머리에는 뿔이 돋았다고 하기도 한다. 치우는 또한 무기 제작 능력을 가지고 있었다. 치우 일족의 이러한 능력은 그들이 고대 중국의 변방에 살았던 대장장이 집단이 아닌가 하는 생각을 낳게 한다. 고대에는 무당이 대장장이를 겸했다. 불을 다루어 금속을 정련하는 기술은 무당이 가진 특별한 능력이었기 때문이다.

치우는 염제의 원수를 갚고 잃어버린 동방 신족의 패권을 되찾기 위하여 탁록涿鹿에서 전쟁을 시작한다. 치우의 군대는 그의 72명 혹은 81명의 형제들과, 바람의 신 풍백風伯, 비의 신 우사雨師, 거인 과보夸父, 도깨비 부류인 이매魑魅와 망량罔兩 등으로 구성되었으며 그 기세가 하늘을 찌를 듯했다. 황제 측 병사들은 호랑이, 표범, 곰, 독수리, 솔개, 매 등의 맹수·맹금들과 응룡應龍, 그리고 황제의 딸인 가뭄의 여신 발魃 등이었다.

무기로 무장한 치우 형제들과 도깨비 군단의 위세에 겁을 먹은 황제군들은 아홉 번의 전투에서 패배했다. 그러나 마지막 전투에서 치우는 황제군에

인간화된 모습의 염제 요나라 때 작자 미상의 「채약도採藥圖」
염제가 약초를 캐서 돌아오는 모습을 그린 것으로 머리 위로 약초를 감별하는 채찍이 보인다.

게 패하고 만다. 그 일진일퇴의 전투 상황을 살펴보자면, 먼저 치우는 도깨비 군단의 혼 빼기 작전으로 황제군을 공격했다. 도깨비 군단은 신음소리 같은 이상한 소리를 내서 황제군을 홀렸다. 황제는 이에 대항하기 위하여 호각을 크게 불어 용의 울음소리를 내게 했다. 이번에는 도깨비 군단이 혼비백산하여 도망쳤다. 황제는 호각 외에도 신기한 북을 만들어 군대의 사기를 돋우고 치우군의 기를 꺾어놓았다. 황제가 만든 이 북은 동해의 섬에 사는 소같이 생기고 외다리를 한, 그리고 이상한 천둥소리를 내는 기夔라는 괴물을 잡아 그가죽을 벗겨 만든 것이다. 또한 뇌택雷澤이라는 호숫가에 사는 용의 몸에 사람의 머리를 한 괴물 뇌수雷獸를 잡아 그 뼈를 뽑아 북채를 만들었다고 한다. 천둥소리를 내는 북과 북채의 요란한 소리에 당황한 치우군은 갈팡질팡하다가 황제군에게 당하고 말았다.

전력을 재정비한 치우는 안개작전을 폈다. 그는 비바람을 불러오고 안개를 일으키는 술법을 부려 사흘 동안 짙은 안개가 황제군을 에워싸게 했다. 방향을 잃어버린 황제군이 혼란에 빠져 있을 때, 황제의 신하 풍후風后가 지남거指南車라고 하는 수레를 만들어 방향을 파악하고 안개 속에서 빠져나올 수 있었다. 지남거 위에는 나무로 만든 신상이 있었는데 이 신상의 손가락은 항상 남쪽을 향하게 되어 있었으므로 어떠한 상황에서도 방향을 파악할 수 있었던 것이다. 안개의 포위망을 뚫고 나온 황제는 응룡을 시켜 물로 공격을 시도하려고 했지만, 바람의 신인 풍백과 비의 신인 우사가 치우의 편이었으므로 그 계획은 성공하지 못한다. 풍백과 우사는 응룡이 모아두었던 물을 끌어와, 자신들의 무기인 비와 바람을 불러 순식간에 황제의 진영을 물바다로 만들었다. 황제의 병사들은 또다시 수세에 몰리게 되었다. 이에 황제는 가뭄의 여신인 자신의 딸 발에게 도움을 청한다. 가뭄의 여신 발이 나타나자 전세가 역전되었다. 비도 바람도 그녀의 열에 의해 모두 사라져버리고 황제군은 드디어 치우군을 제압하게 되었다.

치우 산둥성 이난沂南의 한나라 화석상에서

용감했던 치우군의 용사들은 하나둘씩 죽고 치우만이 살아남아 마지막 순간까지 혼자 싸웠으나 결국 황제군에게 잡히고 만다. 황제는 탁록에서 그를 죽였다. 이때 그가 도망칠까봐 손과 발을 형틀에 채운 채 즉각 처형했을 뿐 아니라, 목숨이 완전히 끊어진 후 그의 머리와 몸을 산둥성의 두 곳에 따로 묻었다고 하니, 치우에 대한 적개심과 두려움이 얼마나 큰 것이었는지를 알 수 있다. 치우가 죽고 난 후 신족은 죽거나 변방으로 쫓겨간다.

붉은 악마 응원단의 상징인 치우

한漢나라에 이르러 황제와 치우의 전쟁 신화는 중국 민족의 정통성과 권위를 밑받침하는 신화의 역할을 한다. 중국 한민족의 조상인 황제가 야만족 치우를 물리침으로써 문명국이 성립하게 되었다는 것이다. 그러나 치우는 전쟁의 신으로 부활한다. 고조高祖 유방劉邦은 항우項羽와의 전쟁을 앞두고 치우에게 극진히 제사를 올렸다는 기록이 있다. 치우는 또한 무서운 괴물의 모습으로 청동기에 새겨져 귀신이나 악귀를 쫓는 역할을 하기도 했다.

치우는 동방 지역의 존재였기에 동이계東夷系 종족인 우리 민족에게 매우 친숙한 존재이다. 단군 신화에 풍백, 우사가 등장한다는 것이 그러한 사실을 뒷받침한다. 또한 조선시대에 지어진 『동국세시기東國歲時記』[2]에는 궁중이나 양반의 집에서 치우의 이름과 형상을 쓴 부적을 붙여 질병을 물리칠 것을 기원했다고 하는 기록이 있다. 우리나라 붉은 악마 축구응원단의 상징이 도깨비 형상인 치우의 모습이라는 사실은 결코 우연이 아니다.

예

예羿는 뛰어난 활솜씨로 가뭄을 퇴치한 영웅이다. 고대인들에게 가뭄은 늘 두려움의 대상이었다. 고대인들은 흔히 가뭄을 태양과 관련된 재앙으로 보았으며, 태양 속에 살고 있는 새나 짐승이 재앙의 원인이라고 생각했다. 따

2 조선 정조 때의 학자인 홍석모洪錫謨가 당시 풍속을 정리하고 설명한 책으로, 1년간의 세시풍속을 월별로 기록하고 단오, 추석 등은 별도로 항목을 정하여 설명하고 있어 한국의 민속과 민간신앙을 연구하는 데 중요한 자료이다.

라서 재앙을 없애기 위해서는 활과 화살로 그 동물을 쏘아 죽여야 했다.

온 백성이 태평성대를 노래했다는 요堯 임금 시절의 어느 날 열 개의 태양이 동시에 나타나 초목이 타고 시들어버렸다. 이에 천제인 제준帝俊의 명을 받은 예가 해결사로 나섰다. 그는 열 개 중 아홉 개의 태양을 명중시켰고, 그 태양 속의 까마귀가 모두 죽어 그 몸체가 땅에 떨어졌다.[3]

사실 그 열 개의 태양은 동방 천제 제준과 그의 아내 희화羲和의 아들들이었다. 그들은 동방 바다 밖 양곡湯谷이라는 곳에 살았다. 그곳의 바닷물은 펄펄 끓는 듯이 뜨거웠는데 열 개의 태양들이 그곳에서 목욕을 했기 때문이라고 전해진다. 그들은 그 바닷물 한가운데에 있는 부상扶桑이라고 하는 큰 나무에서 살았다. 그들은 돌아가면서 하나씩 하늘에 떠올랐으며 그들이 하늘로 나아갈 때는 어머니 희화가 수레로 데려다주었다. 그들은 어머니가 데려다주는 정해진 노선과 질서에 따라 순서대로 하늘로 나갔고 따라서 사람들은 늘 하나의 태양만을 볼 수 있었던 것이다. 그것은 그들의 부모가 정한 규칙이었다. 그런데 수천만 년 동안 늘 이렇게 순서에 따라 규칙적으로 동일한 노선을 반복하는 것에 싫증을 내기 시작한 이들은 어느 날 부상 나무 위에서 회의를 했고, 그 결과 한 가지 결정을 하게 되었다. 즉 어머니의 수레를 타지 않고 동시에 함께 하늘로 나가기로 한 것이다. 다음날 아침 열 개의 태양이 동시에 떠올라 대지를 비추니, 날씨는 불같이 뜨거워졌고 극심한 가뭄으로 곡식은 다 타버리고 풀과 나무도 시들어 먹을 것이 조금도 남지 않게 되었다. 뿐만 아니라 맹수들이 불타는 산림이나 뜨거운 물속에서 뛰쳐나와 인간들을 괴롭혔다.

요 임금은 매일같이 천제에게 기도하고 호소했다. 천제인 제준은 자식들의 심술궂은 장난을 멈추게 하고자 활의 명수인 예라는 천신을 인간 세상으로 내려보냈다.

예는 하늘나라의 여신인 아내 항아嫦娥와 함께 인간 세상으로 내려갔다. 예

---

3 『회남자』「본경훈本經訓」,「예문유취」권 1 참조.

는 천제의 명령과 백성들의 부탁에 따라 어려운 일들을 하나하나 처리해나갔다. 우선 그가 해야 할 일은 열 개의 태양을 제거하는 일이었다. 그는 태양들의 짓거리가 미웠고 백성들이 가엾었다. 그래서 그는 열 개의 태양이 천제의 아들들이라는 사실을 잊은 채 그들을 모조리 없애버려야겠다고 생각했다. 예가 하늘을 향해 화살을 쏘자 하늘의 불덩어리들이 차례대로 터지고 온 하늘은 불꽃 투성이가 되었으며 태양은 하나씩 추락했다. 그런데 떨어진 태양을 보니 그것은 세 발 달린 까마귀, 곧 태양의 정령 삼족오三足烏였다. 문득 요 임금은 태양이 인간에게 필요한 존재라는 사실에 생각이 미치자 급히 사람을 보내 예의 화살통에 꽂힌 화살 중 하나를 몰래 뽑아오게 했다. 그리하여 하늘에는 하나의 태양이 남게 되었다.

해를 쏘는 예 『천문도天問圖』에서

태양으로 인한 재앙을 없앤 후 예는 사람을 잡아먹는 괴수 알유猰貐를 처치하고, 주화疇華라는 남쪽 들녘에서 끌 모양의 이빨을 가진 괴물 착치鑿齒를 쏘아 죽인 다음 북방의 흉수凶水로 가서 구영九嬰을 없앴다. 구영은 머리가 아홉 개 달린 불의 괴물이었다. 그리고 동방에 있는 청구青邱의 연못에서 백성들을 괴롭히던 대풍大風이라는 사나운 새를 제거했으며, 남방의 동정호洞庭湖에 사는 큰 구렁이인 파사巴蛇와 상림桑林에 사는 거대한 산돼지 봉희封狶를 차례로 제거했다.

태양의 정령 삼족오 후난성 창사長沙 마왕퇴馬王堆의 한나라 비단 그림

이렇게 일곱 가지 재앙을 없애자 천하 만민이 모두 기뻐하며 그의 공덕에 감사했고, 요 임금과 그의 백성들은 예를 위대한 영웅으로 떠받들게 되었다. 예의 영웅적 행위 이후의 사적에 대해서는 자료가 빈약하여 단정적으로 말할 수 없지만 아들을 잃은 노여움으로 예를 미워하게 된 천제가 그에게서 신의 자격을 박탈한 후 지상으로 추방했다는 설이 지배적이다.

예의 아내 항아도 천상의 여신이었으나 추방되어 예와 함께 인간으로 격하되었다. 인간들을 위해 나쁜 것들을 물리치고 큰 공을 세웠으나 천제에게서 버림을 받은 억울함, 그리고 인간으로 전락한 것에 대해 불만을 품은 아내 항아의 책망 등은 그에게 견디기 어려운 것이었다. 그래서 그는 집에서 나와 유랑생활을 하게 되었다. 그의 유일한 위안은 가신家臣들과 함께 달리는 수레를 타고 들판으로 나가거나 사냥을 하는 일뿐이었다. 어느 날 예는 서쪽 멀리 곤륜산으로 가서 그곳의 여신 서왕모西王母로부터 불사약을 얻어와 아내에게 맡겼다. 아내 항아는 그가 없는 사이에 몰래 그 약을 혼자서 삼키고 하늘로 올라가고자 했으나 갑자기 몸이 두꺼비로 변하게 되었고, 창피한 나머지 달로 숨어버렸다.

예는 아내의 배신으로 결국 천상에 이르지 못하고 지상에 남아 방황하다가 제자인 방몽逄蒙에게 죽임을 당한다. 활쏘기의 일인자가 되고 싶었던 봉몽이 스승 예를 복숭아 몽둥이로 때려 죽인 것이다. 그가 죽은 후 백성들은 그의 공덕을 기려 그를 종포신宗布神으로 섬기고 제사를 올렸다. 종포신은 귀신들의 우두머리로 천하의 모든 귀신들을 통솔했으며, 사악한 귀신이 사람을 해치지 못하게 했다. 이렇게 예는 살아 있을 때에는 백성을 위해 재앙을 물리쳤고, 죽어서도 그들을 위해 일했던 것이다. 오늘날 제사상에는 복숭아를 올리지 않는데, 이것은 귀신의 우두머리인 예가 복숭아 몽둥이에 맞아 죽어 그것을 두려워하기 때문이라고 한다. 귀신의 우두머리가 무서워하니 복숭아를 놓으면 조상 귀신들이 못 오신다고 생각해서이다. 지금도 무속에서는 귀신을 쫓을 때 복숭아나무 가지를 사용한다.

한국의 건국 영웅, 주몽

한국의 영웅 신화로는 고구려의 건국 신화인 주몽朱蒙 신화를 대표적으로 들 수 있다. 주몽 신화는 광개토대왕 비문을 비롯하여 『삼국사기』, 『삼국유사』 등 한국의 문헌과 중국의 역사서에 두루 전하고 있다. 우선 광개토대왕 비문에 기록된 주몽 신화의 내용을 살펴보자.

> 옛날 시조 추모 왕이 기업을 창건하셨다. 북부여에서 나오셨다. 천제의 아들이시고 어머니는 하백의 딸이다. 알을 가르고 세상에 하강하여 나면서부터 성스러움이 계시었다. 수레를 타고 순행하여 남으로 내려올 제 길이 부여의 엄니대수를 지나게 되었는데 왕이 나루에 임하여 말하되 "저는 황천의 아들이고 어머니는 하백의 따님인 추모 왕이오니 저를 위하여 갈대를 이어주시고 거북을 띄워주소서."라고 했다. 이 소리에 응하여 즉시 갈대가 이어지고 거북이 떠올랐다. 그런 후에 건너가게 되었다. 비류곡 홀본 서쪽 산성 위에 도읍을 세웠다. 세속의 왕위를 즐겨하지 않고 황룡을 보내어 내려가 왕을 맞이하여 오게 하시었다. 왕은 홀본 동쪽 언덕에서 용의 머리를 밟고 승천하셨다.[4]

4 일연一然, 『증보 삼국유사增補 三國遺事』, 최남선 편, 민중서관, 1958, 부록 pp. 3-4.

수렵도 고구려 무용총의 고분벽화

한편 중국 역사서에서 고구려 신화는 서기 554년에 쓰인 『위서魏書』에 나타나는데, 여기에서는 물의 신인 하백의 딸이 햇빛을 받아 알을 잉태했으며, 그 알로부터 주몽이 태어났다고 되어 있다.[5] 고구려 건국 신화 자료 중에서 가장 내용이 풍부한 자료는 이규보의 『동국이상국집東國李相國集』에 수록된 「동명왕東明王」편에 주석문으로 인용된 『구삼국사舊三國史』의 기록이다. 그 내용을 보면, 천제의 아들 해모수解慕漱가 부여에 와서 놀다가 하백의 딸 유화와 결혼하고자 하백이 제시한 시험을 모두 통과하여 유화와 결혼에 이른다. 그러나 그가 유화를 버리고 달아난 후 유화는 햇빛을 받고 임신을 했으며 그 알에서 주몽이 탄생한다. 알에서 나온 주몽은 태어난 지 한 달도 못 되어 말을 했고 활을 잘 쏘았다. 부여에서는 활 잘 쏘는 사람을 주몽이라 했다. 주몽의

5 역사서보다 더 오랜, 주몽 신화에 대한 기록은 한대漢代의 문인 왕충王充의 『논형論衡』「길험吉驗」편에 보인다.

재능이 뛰어나자 이를 염려한 금와金蛙 왕은 그에게 말을 기르게 했는데, 그는 준마는 잘 먹이지 않아 말라가게 했으며 나머지 말들은 모두 잘 먹여 살찌게 했다. 왕은 모든 말이 살찐 것을 보고 기뻐하면서 마른 말을 주몽에게 주었다. 주몽의 재주를 시기한 왕의 아들들과 신하들이 그를 죽이려 하자 주몽의 어머니는 아들에게 부여를 떠날 것을 권했다. 그리하여 주몽은 남쪽으로 도망가게 되었고, 도중에 물을 만나 건너려고 했으나 건널 배가 없었다. 추격하는 부여 병사들이 닥칠 것이 두려워진 주몽은 하늘을 가리키며 "나는 천제의 손자요 하백의 외손자로서 지금 난을 피해 여기 이르렀으니 급히 주교舟橋를 보내주소서."라고 말한 후 활로써 물을 쳤다. 그러자 물 위로 물고기와 자라들이 떠올라 다리를 만들어 주몽이 건널 수 있었다. 주몽이 물을 건너자 물고기와 자라들이 흩어져 추격하던 병사들은 건너지 못했다. 주몽은 비류와의 활쏘기 대결에서 그를 이긴 후 왕으로 추대되었으며, 비류국의 북을 취함으로써 국가의 오래됨을 과시했고, 흰 사슴을 잡아 주술을 행해 말하면서 홍수를 저지하는 등 영웅으로서의 능력을 과시했다.

앞의 내용을 보면 주몽은 전형적인 영웅의 요건을 갖추고 있음을 알 수 있다. 우선 주몽은 고귀한 혈통을 지녔으며, 하백의 딸 유화가 햇빛을 받고 잉태한 것으로 되어 있는 동시에 햇빛의 의인화인 해모수의 아들로도 나타난다. 즉 주몽은 부계 혈통으로는 태양신의 자손이며, 모계 쪽으로 보면 수신인 것이다. 둘째, 그는 보통 사람과 달리 비정상적으로 출생했다. 그는 햇빛을 받아 잉태되었고, 알에서 태어났다. 이러한 난생화소는 농경 문화에서 나타나는 신화소이다. 셋째, 그는 다른 영웅들과 마찬가지로 시련과 극복의 과정을 거친다. 주몽은 알에서 태어나서 마구에 넣어지기도 하고 산이나 들에 버려지기도 한다. 그러나 그는 소나 말의 도움으로 살아나기

동명왕릉 평양시 역포구 용산리

도 하고 새들의 보호를 받기도 한다. 넷째, 영웅은 뛰어난 능력을 소지한 자여야 하는데, 주몽은 활을 잘 쏘고, 말을 잘 기르고 잘 다루는 능력도 가지고 있었다. 무엇보다도 신과의 교통 능력은 그의 신성성을 돋보이게 하는 가장 중요한 능력이다. 부여를 탈출하여 도망할 적에 물에 이르러 다리를 만들게 한 능력이나, 큰 비가 왔을 때 주술로서 홍수를 다스린 능력을 주몽은 가지고 있었던 것이다.[6]

이렇게 주몽은 유목 집단의 영웅성을 돋보이게 하는 활쏘기, 말 다루기 등의 능력뿐 아니라, 농경 사회에서 사제자司祭者가 가지는 기후 조절의 능력까지 갖춘 영웅의 전형이다. 특히 주몽이 활쏘기에 탁월한 능력을 지니고 있다는 사실은 그가 음과 양의 완벽한 조화를 이룰 줄 아는 영웅임을 시사한다.

2. 중동의 영웅 신화

세계 최초의 영웅, 길가메쉬

중동 지방에 전해 내려온 길가메쉬Gilgamesh 이야기는 세계 최초의 영웅 서사라 할 수 있다. 이 이야기는 기원전 2700년경 메소포타미아의 한 도시인 우룩Uruk을 다스리던 왕 길가메쉬로부터 유래한다. 그의 이야기는 기원전 2000년경부터 설형문자인 수메르 문자로 기록되기 시작했다. 수메르 문자는 메소포타미아 지방에서 가장 초기에 사용하던 문자이다. 이 작품은 중동 지방에서 새로운 알파벳을 사용하게 된 후 무슨 이유에서인지 새로운 문자로 기록되지 않았다. 그러다가 호메로스가 활동했던 시기보다 8세기 앞선 기원전 1600년경에 바빌로니아의 신-레키-운닌니Sin-lequi-unninni가 구전되어오던 이야기들의 번역본들을 취사선택하여 형태를 갖춘 이야기로 만들었다. 이 서

6 서대석, 앞의 책, pp. 86-90 참조.

사시는 계속 발전하여 앗시리아 제국의 위대한 왕이었던 아슈르바니팔Ashurbanipal(재위 기원전 668-기원전 627) 시대에 이르러서는 안정된 형태로 정착되었다. 니너바Ninevah에 위치했던 아슈르바니팔 왕궁 도서관의 폐허에서 발견된 아슈르바니팔 판본은 최초로 발견된 종합 판본으로서 현재 표준 판본으로 사용되는데, 이는 열두 개의 진흙판 위에 아카디아어로 기록한 것이다. 아카디아어는 바빌로니아와 앗시리아에서 사용되던 주요 언어 중의 하나로 셈어 계통의 언어이다. 다음에서 소개하는 이야기는 열두 토판 중 열한 개의 토판에 기록된 이야기를 종합한 것이다. 열두 토판 중 제일 먼저 발견된 것은 1872년에 발견된 「우트나피쉬팀Utnapishtim의 홍수」 이야기였으며, 그 후에 발견된 토판들에 길가메쉬 서사의 흩어진 부분들이 기록되어 서사의 대부분이 복원되었으나 아직 완전한 형태를 갖추지 못했다. 열두 번째 토판에는 '길가메쉬와 지하세계'의 이야기가 있는데, 이 이야기가 선행하는 토판들과 어떻게 연결되는지가 분명치 않아 보통 이것을 이야기의 부록으로 취급한다.

설형문자 토판
길가메쉬 서사시 중에서 가장 유명한 열한 번째 설형문자 토판

이 서사시는 전설적 인물인 길가메쉬의 업적을 서술하고 있지만, 여기서 강조되는 것은 그의 모험이 아니고, 모험 후에 얻은 지혜와 서사적 여행이 끝난 후에 구축한 기념물이다. 길가메쉬는 인간인 아버지에게서 태어났지만 처음부터 신들로부터 강인한 힘과 용기와 아름다움을 부여받은 신에 가까운 인물이다. 서사시의 서문은 길가메쉬 자신이 자기 이야기를 써서 우룩의 성벽에 새겨넣음으로써 모든 사람이 읽도록 했음을 암시하고 있다.

길가메쉬는 많은 능력을 갖추었으나 포악하고 거만한 왕이었다. 우룩의 백성들은 그의 압제에 대하여 수메르의 신들에게 불평했다. 신들은 엔키두

Enkidu라는 길가메쉬의 분신을 만들어 길가메쉬를 견제하게 했다. 길가메쉬가 인간성과 신성의 중간에 위치하는 인물이라면 엔키두는 인간성과 동물성의 중간에 위치하는 존재이다. 그는 야생동물들에 의해 양육되어 그들과 같이 생활하며 날것을 먹고 지냈다. 사냥꾼들이 놓은 덫을 파괴하고 함정을 메워 인간 사회를 위협했다. 보다 못한 사냥꾼들은 창녀를 이용하여 그를 유인한 후 인간 사회의 울타리 안으로 끌어들였다. 처음에 그는 여자와 관계를 하고, 다음에는 요리된 음식을 먹고 의복을 입으며 다른 인간들처럼 몸에 기름을 발랐다. 창녀는 그를 데리고 우룩으로 갔으며, 그는 자신에게 운명 지어진 대로 길가메쉬를 만나게 된다. 길가메쉬는 꿈을 통하여 엔키두가 오리라는 것을 알고 있었다. 처음에는 서로 적대감을 가지고 싸우던 그들은 친구가 되기로 한다. 서로에게서 자기들이 찾고 있던 대등한 위치의 친구를 발견하게 된 것이다. 친구를 만나게 된 길가메쉬는 넘치는 힘을 지금까지보다 긍정적인 활동에 쏟아붓게 된다.

훔바바 기원전 2000년경, 부조

길가메쉬는 널리 명성을 얻게 되었지만, 엔키두는 문명화되어 약해지고 혼란스러워졌다. 이에 길가메쉬는 엔키두가 기력을 회복하게 하기 위해 그에게 모험을 제안한다. 그것은 생자生者들의 나라에 있는 삼나무 숲에 가서 그곳에 있는 무서운 거인 훔바바Humbaba를 살해하는 계획이다. 이 모험의 위험성을 잘 알고 있는 엔키두는 처음에는 반대하다가 결국엔 모험을 감행하기로 동의한다. 그들은 태양신 샤마쉬Shamash의 도움을 받아 모험에 성공한다. 그러나 훔바바가 특별히 우룩을 위협하는 존재도 아니었으므로 이 승리의 의미는 불분명하다. 훔바바는 죽기 전에 길가메쉬와 엔키두를 저주한다. 바람과 폭풍의 신인 엔릴도 자신의 피보호자인 훔바바의 죽음에 화가 나서 길가메쉬와 엔키두를 저주하고, 훔바바의 소유였던 일곱 가지 보물들을 다른 자들에게 나누어준다.

그들의 두 번째 모험은 그들이 원한 것이 아니었으며, 모험에 성공하긴 하지만 그 결과도 첫 번째 경우와 마찬가지로 애매하다.

하늘의 황소를 처치하는 길가메쉬와 엔키두 기원전 600년경, 원통형 인장

사랑의 여신 이쉬타르Ishtar는 길가메쉬의 늠름한 모습을 보고 그에게 구애한다. 그러나 길가메쉬는 그녀의 연인들이 모두 그녀에게 버림받고 역경에 처해 있음을 지적하면서 그녀의 사랑을 거절한다. 화가 난 이쉬타르는 하늘의 황소를 우룩의 백성들에게 보내서 파괴를 자행하게 한다. 길가메쉬와 엔키두는 하늘의 황소를 죽여야 했고, 그에 대한 이쉬타르의 보복으로 엔키두는 서서히 병들어 죽는 운명에 처하게 된다.

친구를 잃은 길가메쉬는 인간 생명의 무상함을 느끼고 크나큰 절망과 슬픔 속에서 번민하다가 영생을 찾아 길을 떠난다. 당시에 유일하게 영생을 누리고 있는 인간은 대홍수에서 살아남은 우트나피쉬팀뿐이었다. 길가메쉬는 영생의 비밀을 알아내기 위해 그의 거주지인 딜문Dilmun으로 그를 찾아간다. 산길을 지키는 사자들을 물리치고, 어두운 굴을 지나 낙원과 같은 곳에 도달한 길가메쉬는 마침내 우트나피쉬팀을 만나, 그가 홍수에서 살아난 사연을 듣는다.[7] 영생의 비밀을 묻는 길가메쉬에게 우트나피쉬팀은 우선 그가 영생

---

7 이 일화에서 우리는 성서에 나오는 홍수 이야기가 이스라엘 민족 고유의 이야기가 아니고 중동 지방에 존재하는 여러 홍수 이야기들 가운데 하나임을 알 수 있다.

을 얻을 자격이 있는지 보기 위해 엿새 낮과 이레 밤을 깨어 있을 수 있는지 시험해보라고 하지만, 길가메쉬는 이 시험에 실패한다.

실패하고 떠나가는 길가메쉬에게 우트나피쉬팀은 아내의 동정어린 충고에 따라 영원한 젊음을 주는 수중식물의 존재를 알려주고, 길가메쉬는 물속에 들어가 이것을 채취해간다. 우룩으로 돌아가는 길에 길가메쉬는 샘에서 목욕을 하게 되는데, 이때 샘에 살던 뱀이 식물의 달콤한 향기를 맡고 나와 이것을 채가버린다. 그 후 뱀은 허물을 벗고 새로운 몸으로 거듭나는 능력을 가지게 된다. 영원한 젊음을 뱀에게 빼앗긴 길가메쉬는 빈손으로 우룩으로 돌아온다. 그의 유일한 위안은 그의 공적들이 서사시를 통하여 후세에 알려질 것이라는 점이다.

사자를 처치한 길가메쉬 기원전 722-기원전 705년, 부조

길가메쉬 이야기는 신과 인간의 관계, 문명과 자연의 관계, 우정의 깊이, 그리고 예술의 영원함 등 삶의 조건과 신비를 탐색하고 있다. 아무리 신에 가까운 영웅이라 하더라도 신이 아닌 인간은 영생이나 무병 같은 신만이 지니는 특권에 결코 도달할 수 없다. 또한 인간은 자연과 구별되는 존재로서 야생의 삶 속에 방치되었다고 하더라도 결국 문명과 인간 공동체 속으로 들어오게 되어 있다. 그리고 인간은 누구나 자신과 대등한 관계에 있는 친구를 필요로 하며, 대등한 자와의 우정만이 인간을 폭군이 아닌 진정한 인간으로 만들 수 있다. 그러나 이렇게 소중한 인간과 인간의 관계도 영원할 수는 없으며, 신들은 인간을 미워하고 인간의 행복을 빼앗아간다. 영웅적 행위도, 인간들끼리의 관계도 결코 영원할 수 없다. 인간이 영생을 얻을 수 있는 유일한 길은 영웅적 행위와 우정에 대한 기억을 예술 속에 남겨 후세에게 전달하는 길뿐이다. 이처럼 길가메쉬 이야기는 단순한 무용담을 넘어서 오늘

날까지도 인류가 안고 있는 삶과 죽음의 고통이라는 근본적인 문제들에 대한 깊이 있는 통찰을 제공한다.[8]

이집트 왕권의 수호자, 호루스

호루스는 세트에게 살해당한 아버지 오시리스의 복수를 하고 왕권을 지킨 이집트의 영웅이다. 호루스와 세트의 싸움은 제20왕조 람세스 5세Ramesses(재위 기원전 1147-기원전 1143) 시대에 기록된 체스터 비티Chester Beatty 파피루스 1권에 처음으로 등장하며, 프톨레마이오스 시대에 건설된 에드푸Edfu의 호루스 신전 벽 부조에는 호루스의 승리 장면이 담겨 있다. 또한 샤바카 석비에는 호루스가 이집트의 합법적인 왕이라고 선포하는 장면이 나온다.

헬리오폴리스의 신화에서 태양신 아툼으로부터 공기의 신 슈, 습기의 신 테프누트가 탄생하며, 이들로부터 다시 땅의 신 게브, 하늘의 신 누트가 탄생한다. 이들은 또한 두 명의 아들과 두 명의 딸을 낳는다. 첫 번째 아들 오시리스는 최고의 신인 아툼으로부터 지상의 통치권을 이양받은 권력의 계승자이다. 즉 오시리스는 자연현상을 상징하는 신들의 세계가 아닌 인간 세계에서 최고의 통치권자이다. 그러나 오시리스는 세트의 계략으로 살해당한 후 14등분으로 절단되어 각각 다른 장소에 매장된다. 남편의 시체를 찾아 헤매던 그의 아내 이시스는 시신의 토막들을 모아 마법을 행함으로써 그의 생명을 소생시키지만, 부활한 오시리스는 이승에 머물지 않고 저승세계의 왕이 된다.

이시스의 마법으로 오시리스의 몸에서 잉태된 호루스는 자신이 왕위를 계승하는 것이 정당하다고 주장하면서 세트와 대결을 벌인다. 왕의 죽음 이후 왕위가 아들에게로 갈 것인가, 동생에게로 갈 것인가, 그것이 문제였다. 신들은 양편으로 나뉘어 논쟁을 벌인다. 이는 고대 이집트에서 왕이 일찍 죽을 경

---

8 Maynard Mack (ed.), "The Epic of Gilgamesh", *The Norton Anthology of World Masterpieces*, Vol. I. 6th Ed., W. W. Norton & Company, 1992, pp. 11-13.

오시리스
뒤에는 이시스와 넵티스Nepthys 여신이 서 있다.

우 종종 발생하는 정치적 분쟁의 모습을 보여준다. 이 논쟁에서 구신계의 신들은 오시리스의 아내인 이시스의 편을 든다. 하지만 악의 신 세트는 구신계의 신들을 협박하고, 이에 두려움을 느낀 신들은 이시스를 배제한 채 판결을 내려야 한다는 세트의 주장에 동의한다. 그들은 판결을 위해 나일강 한가운데에 있는 섬으로 가기로 하고, 세트는 뱃사공에게 여자는 절대 태우지 말 것을 명령한다. 그러나 이시스는 못생긴 노파로 변신한 후 뱃사공에게 황금반지를 뇌물로 주고 섬에 이른다. 섬에 도착한 그녀는 다시 아름다운 여인으로 변장하고 세트에게 접근하여 그를 유혹한 후, 왕권이 동생이 아닌 아들에게 있음을 주장한다. 그러고 나서 그녀는 원래의 모습으로 돌아와 신들 앞에 선다. 이시스의 주장에 동의한 구신계의 신들은 호루스에게 상이집트를 상징하는 흰 왕관을 씌워줌으로써 그를 왕으로 인정한다. 이에 분노한 세트는 호루스에게 결투를 신청한다. 하마로 변하여 바닷속에서 더 오래 머무는 자가 승리하는 결투였다. 이에 아들이 먼저 떠오를까봐 걱정하던 이시스는 창을 던졌는데 공교롭게도 호루스가 그것을 맞았다. 아들의 비명에 놀란 이시스는 창을 빼낸 후 다시 던져 세트를 맞추었다. 그러나 세트는 누이에게 살려달라고 애원했고, 이시스는 형제의 애원을 뿌리칠 수 없어 창을 거둔다. 그러자 호루스는 화가 나서 칼로 어머니의 머리를 벤다. 그러는 사이 세트는 호루스의 두 눈을 뽑아 땅에 묻는다. 호루스의 두 눈은 하토르Hathor 여신이 영양을 잡아 그 젖을 두 눈에 발라줌으로써 치료된다.

싸움이 계속되자 신들은 그들에게 더 이상 싸우지 말 것을 호소한다. 둘은 이 호소를 받아들이고, 화해의 표시로 세트가 호루스를 자기 집에 초대한다.

호루스와 세트의 대결 12세기, 부조

매 형상의 호루스 신상 이집트 에드푸 신전

하지만 세트는 다시 호루스를 공격하는데, 성적으로 그를 제압해 보이고자 겁탈을 시도한 것이다. 그러나 호루스는 세트의 정액을 손으로 낚아채고, 이때 이시스가 나타나 정액이 묻은 호루스의 손을 잘라서 강물에 던진다. 그런 다음 이시스는 호루스의 성기에 향유를 발라 발기시킨 후 그 정액을 항아리에 담아 가지고 세트의 상추밭에 뿌렸고, 그것을 먹은 세트는 임신하게 된다. 영문을 모르는 세트는 자신이 호루스를 겁탈했다며 왕권이 자신에게 있음을 주장한다. 그러나 호루스는 세트의 정액이 어디 있는지 확인할 것을 제안한다. 그때 세트의 정액이 강물에서 올라오고 호루스의 정액은 세트의 몸속에서 그의 머리를 통해 튀어나온다. 세트가 임신한 사실이 폭로되자 호루스는 승리하게 된다.

격분한 세트는 다시 결투를 신청한다. 돌로 만든 배로 누가 먼저 강을 건너는가 하는 내기였다. 호루스는 머리를 써 나무로 배를 만든 후 겉에만 석고를 발라 돌배로 위장한다. 그렇게 몸체를 가볍게 한 호루스의 배는 강을 건너는 데 성공하지만 세트의 돌로 만든 배는 가라앉고 만다. 또 한번 신들은 호루스의 승리를 확인한다. 화가 난 세트는 하마로 변해 호루스의 배를 공격하고 호루스는 긴 창으로 세트를 찌른다. 둘 사이의 싸움이 끝을 내지 못하자 신들은 오시리스에게 판결을 의뢰하고, 오시리스는 당연히 호루스에게 승리의 왕관을 부여한다. 그 후 세트는 천둥 번개가 되어 사람들을 괴롭혔다고 한다.

호루스와 세트의 대결 장소로 알려진 에드푸에는 호루스 신전이 있다. 룩소르에서 남쪽으로 110km 떨어진 곳으로, 여기서는 해마다 호루스와 세트의 대결을 모티프로 한 축제가 벌어진다. 호수에서 공연되는 연극에서 세트는 하마의 모습으로 나타나며, 호루스는 열 개의 작살을 가지고 하마를 찔러 죽인다. 그리고 이시스는 하마로 변한 세트의 몸 조각들을 신들에게 나누어 준다. 과거 이 연극에서 호루스의 역할은 파라오 혹은 사제가 맡았다. 제의가 끝난 후 하마 케이크를 만들어 한 조각씩 나누어 먹음으로써 연극은 끝난다.

호루스와 세트의 싸움은 상이집트와 하이집트가 통일국가를 형성하는 과정에서 겪은 정치적 갈등을 반영한 것이다. 이집트는 한 줄기의 나일강만이 흐르는 황량한 땅인 상이집트와, 모든 것이 풍요로운 지중해 연안의 하이집트로 양분되며 두 지역은 모든 면에서 현격한 차이를 보인다. 해마다 반복되는 나일강의 범람은 중앙집권적으로 강을 관리할 필요성을 느끼게 했고, 따라서 이집트에는 다른 어떤 국가들보다도 이른 시기인 기원전 4000년에 통일국가가 출현하게 되었다.[9] 척박한 환경에 처해 있었기에 보다 호전적이었던 상이집트는 하이집트를 정복하여 통일왕조를 세운다. 그러나 하이집트는 비록 군사적으로는 열세에 놓여 있었지만 종교·문화적으로는 상이집트를 능가했다. 그들은 하이집트 출신의 호루스가 상이집트 출신의 세트를 물리치는 이야기를 만들어냄으로써 자신들의 군사적 열등감을 문화적 우월감으로 극복하려 했던 것이다.

한편 세트에 대한 호루스의 승리는 이집트의 3천 년 역사에서 왕위 세습의 기본 원칙을 시사해주기도 한다. 즉 왕위는 아들에게 이어져야 하며, 아들의 나이가 어릴 경우 삼촌이 개입하여 섭정을 할 수는 있으나 그럴지라도 결국에는 아들에게 왕권이 돌아가야 한다는 것이다.[10]

9 사무엘 헨리 후크, 앞의 책, p. 130.

10 김성, "호루스의 승리: 이집트 왕권신화의 종교적, 정치적 의미", 『세계의 영웅신화』, 신화아카데미 지음, 동방미디어, 2002, pp. 50-51 참조.

3. 유럽의 영웅 신화

인간과 신의 매개자, 그리스의 영웅들

서양의 영웅 신화는 한두 가지 예로 국한할 수 없는 광범위한 분포를 보인다. 신들의 이야기에서 역경을 이겨낸 신 디오니소스Dionysos나 프로메테우스는 일종의 영웅으로 볼 수 있으며, 트로이 전쟁 이야기에 나오는 오디세우스Odysseus, 아킬레우스Achilleus, 헥토르Hector를 비롯한 수많은 장수들도 모두 영웅의 범주에 속한다. 이아손Iason 같은 모험의 주인공, 그리고 아이네이아스Aeneas 같은 건국 신화의 주인공도 영웅이라 할 수 있다. 그들은 대개 태생이 고귀하고, 뛰어난 힘과 용맹성을 갖추고 있으며 전쟁을 즐긴다. 그중에는 오디세우스처럼 뛰어난 지략과 냉정함을 갖춘 인물도 있고, 아킬레우스처럼 감정을 잘 통제하지 못하는 열정적인 인물도 있다. 또한 헥토르처럼 애국심과 효심, 가족에 대한 사랑과 형제에 대한 우애를 고루 갖춘 인격자도 있다. 그러나 그도 적을 대할 때만은 추호의 자비심도 없는 사나운 전사가 된다.

메두사의 머리를 들고 있는 페르세우스 벤베누토 셀리니, 1550년경

트로이 전쟁 이전에도 페르세우스Perseus, 헤라클레스, 테세우스Theseus 같은 영웅들이 있었으며, 남자 영웅들에 필적하는 용맹과 능력을 지닌 달리기의 명수 아틀란타Atlanta 같은 여걸도 있었다. 페르세우스는 황금 비[雨]가 되어 찾아온 제우스와, 아버지에 의해 청동의 집에 갇혀 있던 다나에Danae 공주 사이에서 태어난 영웅으로서 메두사Medusa라는 괴물을 죽인 공적으로 유명하다. 헤라클레스는 강인한 신체적 힘을 가진 무적의 전사였으며 그에 걸맞는 자신감을 가지고 있었다. 자제력이 부족하여 종종 무모한 행동을 하기

도 했으나, 곧 후회와 속죄로 이것을 보상하는 인간적 면모를 지닌 영웅이었다. 반면 테세우스는 용맹했을 뿐 아니라 지략과 냉철한 판단력을 지닌 현명한 지도자였다. 이와 같은 여러 영웅들 중에서 판이한 성격을 지닌 두 영웅, 테세우스와 헤라클레스의 행적을 좀 더 자세히 살펴보기로 하겠다.

테세우스

테세우스는 아테네의 왕 아이게우스Aegeus의 아들이다. 그는 어린 시절을 어머니의 고향인 남부 그리스에서 보냈다. 하룻밤을 보낸 뒤 임신한 테세우스의 어머니를 떠나며 아이게우스는 구덩이 속에 칼 한 자루와 신발을 넣고 커다란 바위로 그것을 덮었다. 그는 만약 사내아이가 태어나면 혼자 바위를 치우고 그 속의 물건을 꺼낼 수 있을 만큼 튼튼하게 자라면 아테네로 보내 자신의 자식임을 주장하게 해도 좋다고 말했다. 당시 아이게우스에게는 아들이 없었으며, 남쪽 지방의 왕이었던 테세우스의 외할아버지가 아이게우스의 방문을 받은 후 그에게 딸을 들여보내 테세우스를 잉태하게 했던 것이다.

건장한 청년으로 자라난 아이는 바위를 가볍게 들어올려 떠날 때가 되었음을 증명했다. 외할아버지는 배를 만들어주며 해로로 갈 것을 권했으나, 테세우스는 가능한 한 빨리 영웅이 되기 위하여 도적과 강도가 들끓는 육로를 택했다. 그는 길에서 만난 강도들이 다른 사람들을 괴롭히지 못하도록 모두 죽여버렸다. 그가 죽인 강도들 중에는 나그네를 잡아 철제 침대 위에 눕힌 후 침대 길이에 맞춰 키가 짧은 사람은 억지로 잡아 늘리고, 키가 큰 사람은 긴 부분만큼 다리를 잘라내 죽게 했던 악명 높은 강도 프로크루테스Procrutes도 있었다.

테세우스의 모험
기원전 440-기원전 430년, 애틱 장식 그림

테세우스는 아테네에 도착하기 전에

이미 명성이 자자한 영웅이 되어 있었다. 당시 아이게우스는 황금 양털을 찾는 원정의 주인공이자 마녀였던 메데이아Medeia의 영향력 아래 있었다. 마술로 테세우스의 정체를 알아낸 메데이아는 그의 정체가 밝혀지면 자신의 영향력이 줄어들 것이 두려워 아이게우스로 하여금 테세우스를 궁전으로 초대하여 독살하도록 사주했다. 그러나 메데이아가 독이 든 잔을 테세우스에게 건네주는 순간 아이게우스는 테세우스의 칼을 보았으며, 잔을 쳐서 떨어뜨려 그의 목숨을 구했고, 메데이아는 그 길로 아시아로 도망쳤다.

테세우스가 아테네에 오기 전, 당시 그리스 지역의 최강국이었던 크레타의 왕 미노스Minos의 유일한 아들인 안드로게우스Androgeus가 아테네를 방문하던 도중 갑자기 죽는 불상사가 발생했다. 미노스는 아테네로 쳐들어와서 9년마다 일곱 명의 청년과 일곱 명의 처녀를 공물로 보내지 않으면 아테네를 짓밟아버리겠다고 위협했다. 이에 따라 크레타로 보내진 젊은이들은 미노스의 아내 파시파에Pasiphae와 잘생긴 황소 사이에서 태어난 미노타우로스Minotauros라는 괴물의 먹이가 되었다. 미노스는 위대한 건축가이자 발명가인 다이달로스Daidalos를 시켜서 아무도 빠져나올 수 없는 복잡한 미로를 만들고 그 안에 미노타우로스를 가두어놓았는데, 이곳에 한번 들어간 사람은 빠져나오지 못하고 미노타우로스에게 잡아먹혔다. 테세우스는 자신이 공물 중 한 사람으로 가겠다고 자청하며, 자신이 미노타우로스를 죽이는 데 성공하여 돌아올 때는 검은 돛을 흰 돛으로 바꾸어 달고 오겠다고 아이게우스에게 약속했다.

미노타우로스를 죽이는 테세우스
1843년, 청동상

젊은이들이 크레타에 도착하자 미노스의 딸 아리아드네Ariadne가 테세우스를 보고 반하여, 다이달로스에게 미궁에서 빠져나오는 법을 가르쳐달라고 부탁한 후 그 비밀을 테세우스에게 결혼 약속을 조건으로 가르쳐주었다. 미궁에 이른 테세우

스는 아리아드네가 알려준 대로 가지고 간 실뭉치의 한쪽 끝을 문 안쪽에 붙들어 맨 후 실타래를 풀면서 들어갔다. 잠들어 있던 미노타우로스를 만난 테세우스는 그를 맨손으로 때려눕혔고, 그 자리에 떨어져 있던 실타래를 집어 들고 다른 동료들과 함께 미궁을 빠져나와 아리아드네를 데리고 아테네로 향했다. 테세우스 일행은 도중에 낙소스Naxos 섬에 잠시 머무르다가 아리아드네를 그곳에 두고 떠났다. 일설에 의하면 테세우스가 아리아드네를 버렸다고도 하고, 다른 이야기에 의하면 아리아드네를 둔 채 배가 풍랑에 밀려갔다가 돌아와 보니 아리아드네는 죽어 있었다고도 한다. 버려진 아리아드네를 디오니소스가 발견하고 위로해주었다는 이야기도 있다.

테세우스는 아테네로 돌아올 때 원정의 성공적 결과에 도취하여 아버지와 약속한 대로 돛을 교환하는 것을 잊었고, 검은 돛을 본 아버지는 상심하여 해안 절벽에서 바다로 몸을 던져 자살하고 만다. 아이게우스가 몸을 던진 바다는 그의 이름을 따 에게해라고 불리게 되었다. 왕위를 물려받은 테세우스는 현명하면서도 공정하고 민주적인 지도자가 되어 왕권을 포기하고 공화국을 건설했다. 그리하여 아테네는 행복하고 번영하는 도시가 되었다. 그는 테베의 악행을 벌하기 위한 전쟁을 할 때도 전쟁의 목적을 달성한 후에는 보복하지 않았으며, 모든 사람들이 저버린 늙은 오이디푸스를 받아들였고, 일시적 광기로 아내와 자식을 죽인 헤라클레스의 곁을 홀로 지켜주었다.

테세우스는 도전을 좋아하는 영웅이었다. 안전한 해로보다는 육로를 통해 아테네로 가기를 선택한 청년 테세우스의 모습에서 그것을 알 수 있다. 또한 현명함에도 불구하고 그는 하데스Hades의 아내인 페르세포네Persephone를 납치하여 친구의 아내로 삼게 하려는 무모한 계획에 동참할 정도로 모험에 목마른 인물이었다. 모두가 두려워하는 미노타우로스의 소굴로 자원해서 들어가고 적의 딸까지 감화시켜 목적을 이루어내는 그에게서는 지도자적 책임감과 설득력을 볼 수 있다. 또한 그는 공정함과 온정을 지닌 지도자이기도 했는데, 악한 강도들은 가차없이 처벌했으나, 전쟁을 할 때에는 당시의 습관인 야만적 약탈 대신 피해를 최소화하고 목적만 이루는 시대를 앞선 문명성을 발휘했다.[11] 이처럼 약한 자들에게 자비와 보호를 제공하는 그의 모습은 무용담만을 지닌 영웅보다 상당히 발전된 면모를 보여준다.

헤라클레스

헤라클레스는 테세우스와는 다른 성격을 가진 영웅이다. 용기와 힘뿐 아니라 풍부한 지혜를 지니고 있던 테세우스가 통치자로서의 적성을 가지고 있었다면, 헤라클레스는 무적의 힘을 가졌으나 지극히 감성적이고 냉철한 판단력이 결여되어 있으며, 순간의 흥분을 참지 못하는 약점을 지닌 영웅이었다. 그러나 자신의 잘못을 깨닫는 순간 그는 깊이 참회하고 자책하며, 죗값을 치르기 위해 어떤 속죄도 마다하지 않았다. 이와 같은 그의 단순하고도 열정적인 성품은 아테네를 제외한 전 그리스인들의 사랑을 받았다. 반면 아테네인들은 지혜로운 테세우스를 숭배했다.[12]

신화 속의 헤라클레스는 테베의 장군 암피트리온Amphitryon과 그의 아내 알크메네Alcmene 사이에서 태어났다. 그러나 사실상 그는 암피트리온의 모습으로 나타나 알크메네와 잠자리를 같이한 제우스의 아들이었다. 알크메네와 암피트리온에게는 이클레스Icles라는 아들도 있었으며, 헤라클레스는 그와 함께 자라났다. 어느 날 알크메네가 두 아기를 재워놓은 사이 헤라는 두 마리의 커다란 뱀을 보내 연적의 소생인 헤라클레스를 죽이려 했다. 그러나 이클레스의 비명에 놀라 부모가 달려가 보았을 때, 아기 헤라클레스는 죽어 늘어진 뱀을 양손에 한 마리씩 들고서 웃고 있었다. 부모는 그의 비범함을 알게 되었고, 예언자 테이레시아스Teiresias는 그가 전 인류의 영웅이 되리라고 예언했다.

그의 부모는 헤라클레스의 교육에 많은 정성을 기울여 음악, 검도, 씨름, 전차 몰기 등 갖가지 기예를 가르쳤다. 하지만 음악에 영 취미가 없었던 그는

---

11 에디스 해밀턴, 앞의 책, pp. 217-224 참조.

12 같은 책, p. 233.

음악 선생을 현금으로 때려서 숨지게 했다. 이 일을 깊이 후회하여 속죄했으나, 그 후에도 헤라클레스는 이런 일을 수없이 반복했다.

열여덟 살이 되었을 때, 그는 키타이론의 숲에 사는 사자와 홀로 대적하여 그것을 죽였고, 그 가죽을 머리에 쓰고 다녔다. 그다음에는 테베 사람들에게 힘겨운 조공을 요구하는 미니아 사람들Mynians을 정복했다. 이에 대한 감사의 표현으로 테베 사람들은 공주 메가라Megara를 그에게 아내로 주었다. 메가라와 그는 세 아들을 낳고 행복하게 살았다.

뱀을 목 졸라 죽이는 어린 헤라클레스 1세기, 폼페이 베티 저택

그러던 어느 날 헤라가 그에게 광기를 보내어, 그는 광란의 발작 중에 세 아들을 죽이고 그것을 막으려는 아내마저 죽이게 되었다. 제정신이 든 그는 절망하여 스스로 목숨을 끊으려 했으나 이때 친구인 테세우스가 나타나 그를 저지했으며, 아테네로 데리고 가서 자신의 보호 아래 두었다. 생각이 깊은 테세우스의 판단으로는 광증의 발작 중에 일어난 일은 그의 책임일 수 없다는 것이었다. 그러나 헤라클레스는 이런 논리적 판단을 받아들일 수 없었다. 델포이에 신탁을 물으러 갔을 때 그곳의 여사제도 그가 죗값을 치러야 한다고 말했던 것이다. 속죄를 위하여 그는 미케네Mycenae의 왕 에우리스테우스Eurystheus에게 보내졌다.

에우리스테우스는 세상에서 가장 힘든 열두 가지 과제를 헤라클레스에게 주었는데, 이 극단적으로 힘든 과제들의 배경에는 아직도 원한을 풀지 못한 헤라의 입김이 있었다. 헤라클레스의 유명한 열두 가지 사역은 다음과 같다.

헤라클레스의 열두 가지 사역 기원전 550-기원전 510년, 그리스 항아리

1) 네메아Nemea의 사자를 죽이는 것.
2) 레르나Lerna에 가서 머리가 아홉 달린 히드라Hydra를 죽이는 것.
3) 아르테미스가 신성하게 여기는 금뿔이 달린 숫사슴을 생포해오는 것.
4) 에리만토스Erymanthos산에 있는 멧돼지를 포획하는 것.
5) 수천 마리의 가축을 소유한 아우게이아스Augeas의 마구간을 하루만에 청소하는 것.
6) 떼를 지어 달려들어 스팀팔로스Stymphalos 사람들을 괴롭히는 스팀팔리아의 새들을 몰아내는 것.
7) 크레타로 가서 포세이돈Poseidon이 미노스에게 준 아름다운 황소를 데려오는 것.
8) 디오메데스Diomedes 왕의 식인 말을 데려오는 것.
9) 아마존 여왕인 히폴리타Hyppolita의 허리띠를 얻어오는 것.
10) 게리온Geryon의 가축을 데려오는 것.
11) 헤스페리데스Hesperides의 황금사과를 가져오는 것.
12) 가장 어려운 마지막 모험으로, 지옥을 지키는 머리 셋 달린 개 케르베로스Cerberos를 데려오는 것.

열한 번째 사역을 수행하기 위해 황금사과가 어디에 있는지를 물으러 아틀라스에게 가던 중 헤라클레스는 코카서스를 지나게 되었는데, 이때 프로메테우스를 풀어주고 그를 괴롭히는 독수리를 죽였다. 또한 디오메데스의 식인 암말들을 데리러 가던 도중에 그는 테살리의 왕 아드메토스Admetos의 궁전에서 묵게 되었다. 마침 아드메토스는 자기 대신에 목숨을 버린 아내 알케스티스Alkestis의 죽음을 깊이 애도하고 있었다. 그러나 손님에 대한 환대를 지극히 중요한 법도로 여기던 당시 그리스의 풍습을 따라, 그는 헤라클레스가 불편하지 않도록 집안 여자이기는 하나 친척은 아닌 여자가 죽었다고만 말하고, 애도의 소리가 들리지 않는 멀찍한 곳에 그가 묵어갈 거처를 정했다. 헤라클레스는 저녁을 실컷 먹고는 술에 취하여 고성방가를 했는데, 이를 보다 못한 하인들이 그에게 집안에 중대한 상사가 있음을 환기시켰다. 이상한 낌새를 눈치 채고 하인들을 추궁하던 그는 마침내 알케스티스가 죽었음을 알게 되면서 친구의 사려 깊음을 확인하게 된다. 회한에 사로잡힌 그는 알케스티스의 무덤으로 가서 죽음과 씨름하여 알케스티스를 빼앗아온다. 인간으로서는 생각할 수도 없는 죽음과의 싸움이라는 일을 한 치의 망설임도 없이 과감하게 해내는 것은 헤라클레스만이 할 수 있는 일이었다.

헤라클레스는 강의 신 아켈로스Achelos와의 대결에서 이겨 데이아니라

Deianira라는 여자와 한 번 더 결혼하게 된다. 데이아니라는 헤라클레스가 다른 여자와 사랑에 빠지는 것을 경계했고, 이에 그녀는 사랑의 묘약이라고 믿었던 켄타우로스의 피를 옷에 발라서 헤라클레스에게 보낸다. 하지만 그 피는 독약이었고, 이 때문에 헤라클레스는 결국 종말을 맞이하게 된다.

히드라를 퇴치하는 헤라클레스 기원전 5세기초, 그리스 항아리

예전에 켄타우로스가 데이아니라를 어깨에 태우고 강을 건너다 그녀를 희롱한 일이 있는데, 화가 난 헤라클레스가 켄타우로스를 활로 쏘아 죽였고, 켄타우로스는 죽어가면서 데이아니라에게 자신의 피가 남편이 한눈팔지 못하게 하는 사랑의 묘약이 될 것이라고 거짓말을 했다. 데이아니라는 미래를 위하여 그 피를 간직하고 있었고, 헤라클레스가 전리품으로 얻은 아름다운 공주를 집으로 보내자 불안해진 데이아니라가 사랑의 묘약, 즉 켄타우로스의 피를 사용한 것이었다. 아내는 자신의 실수를 깨닫고 자결한다. 그러나 이 독 묻은 옷은 천하장사 헤라클레스의 목숨을 끊지 못한 채 그를 괴롭히기만 했다. 그는 이 괴로움을 끝내기 위하여 부하들에게 장작단을 쌓아 불을 붙이도록 명하고 스스로 그 위에 올라가 죽는다. 하늘로 올라간 그는 헤라와 화해하고 그녀의 딸 헤베Hebe와 결혼하여 천상에서 영원한 행복을 누리게 된다.

헤라클레스는 제우스의 피를 받은 인간이었지만, 신이나 초자연적 힘과 대결하는 것도 서슴치 않는 대담함을 지니고 있었다. 올림포스Olympos의 신들은 땅의 자손들인 기간테스들과의 싸움에서 마지막 승리를 거둘 때에 헤라클레스의 도움을 받아야만 했다. 그는 아폴론Apollon에게도 도전했고, 죽음과도 대결했으며, 제우스가 묶어놓은 프로메테우스를 풀어주는 등 인간으로서의 한계에 겁 없이 도전한 영웅이었다. 그의 행적은 신과 운명의 횡포에 도전하고 싶었던 그리스인들의 욕망을 구현했다고 볼 수 있다.

프로이트Sigmund Freud에 의하면 헤라클레스는 프로메테우스를 극복하는, 프로메테우스와 반대 유형의 영웅이다. 프로메테우스는 인간에게 불을 주었으나 불씨에 소변을 보는 것(즉 불을 물로 제압하는 것)을 금했다. 그러나 헤라클레스는 머리가 여러 개로 불과 같은 형상을 한 히드라를 처치함으로써 불을 제압하지 못하게 한 프로메테우스의 금기를 깬다. 그러나 그는 프로메테우스의 구원자이기도 하다. 프로메테우스는 제우스의 금기를 깨고 불을 훔친 죄로 벌을 받고 있었는네 헤라클레스가 프로메테우스를 괴롭히는 독수리를 죽이고 그를 풀어줌으로써 두 부성적 존재가 부과한 법을 모두 파괴하는 극단적으로 도전적인 모습을 보인다.[13]

게르만의 대표 영웅, 지구르트

게르만 신화에서는 영웅주의와 용맹함이 지고지선의 가치이다. 이 신화에서는 신들조차 불멸이 아니며, 전지전능하지도 않다. 그들은 거인족과 대립하고 있으며, 그들과의 싸움에서 언젠가는 패배하여 라그나뢰크라고 하는 신들의 황혼이 오게 될 것을 알고 있다. 아무것도 보장되어 있지 않은 이러한 세계에서 신이든 인간이든 하나의 존재가 할 수 있는 일은 용맹하고 명예롭게 살다가 종말을 맞이하느냐, 아니면 겁쟁이로 수치스럽게 살다가 죽느냐를 선택하는 것뿐이다. 전장에서 용맹하게 죽은 자들만이 최고신인 오딘의 사자들,

13 Eric Csapo, *Theories of Mythology*, Malden, Oxford, and Carlton: Blackwell, 2005, p. 96.

발퀴레 피터 니콜라이 아르보, 1865년

즉 처녀 전사 발퀴레들Valküren에게 선택되어 천국에 해당하는 발할라walhalla라고 하는 전사들의 집으로 가게 되는데, 죽은 전사들은 이곳에서 다가올 거인족들과의 일전에 대비하여 매일 무예 훈련을 하게 된다. 반면 집 안에서 편안히 죽은 자들은 저승에서 대접받지 못한다. 이처럼 용맹함과 투지는 게르만인들에게 소중한 가치였다.

게르만 신화의 영웅들 중 가장 유명한 인물은 지구르트Sigrud이다. 지구르트는 스칸디나비아 지역 신화에서 불리는 이름이며, 중세 독일의 서사시 「니벨룽의 노래Das Nibelungenlied」에서는 지크프리트Siegfried로 불린다. 여기서는 스칸디나비아 신화의 지그니Signy 이야기와 지구르트 이야기를 중점적으로 살펴본다.

지그니 이야기

지그니 이야기는 『뵐중가 영웅담*Völsunga Saga*』에 나온다. 지그니는 뵐중Völsung의 딸로 지그문트Sigmund의 여동생이었다. 그런데 지그니의 남편이 반역을 일으켜 아버지 뵐중을 죽이고 오빠들을 모두 사로잡았다. 그리고 한 사람씩 늑대에게 잡아먹히도록, 한밤중에 늑대가 잘 다니는 곳에 묶어놓았다. 결국 오빠들이 차례로 죽고 마지막 오빠인 지그문트만 남게 되자, 지그니는 오빠를 몰래 풀어준 뒤 그를 도울 혈육이 필요하다고 생각하고는 그를 유혹해 임신한다. 지그문트는 도피하고, 이렇게 얻은 아들 진피오틀리Sinfjötli가 어머니와 떨어질 만한 나이가 되자 지그니는 아이를 오빠에게 보내어 장성하도록 한다. 그동안 지그니는 복수의 계획을 가슴 깊이 묻은 채 남편과 함께 살며 그의 아이들을 낳는다. 그러던 어느 날 지그문트와 진피오틀리가 불시에 쳐들어와 지그니와 남편이 낳은 아이들을 죽이고 그녀의 남편을 집에 감금한 채 불을 지른다. 지그니는 지그문트 부자에게 죽은 아버지와 형제들을 위해 멋지게 복수했다는 말을 남기고는 타오르는 불길 속으로 뛰어들어 죽는다.[14] 친정에 대한 충성심, 그리고 남편과 이룬 가정에 대한 의무 사이에서 갈등하면서도 양측에 대한 자신의 의무를 비장하게 이행하고 기꺼이 죽음을 맞이하는 지그니의 모습에서 우리는 게르만 신화가 여성에게도 요구하고 있는 영웅적 행위의 규범을 볼 수 있다.

지구르트 이야기

『신 에다』를 쓴 스노리는 지구르트 이야기를 다음과 같이 기록하고 있다. 흐라이트마르Hreidmar라는 농부에게는 파프니르Fafnir, 레긴Regin, 오테르Otter라는 세 아들이 있었다. 하루는 오딘과 함께 여행을 하고 있던 로키가 수달로 변장한, 농부의 셋째 아들 오테르를 우연히 죽이게 된다. 농부는 로키에게 막내아들의 죽음에 대한 보상으로, 수달 가죽을 벗겨 그 안에 금을 가득 채우고 수달의 털끝 하나 보이지 않도록 보물로 그 몸을 덮어줄 것을 요구했다.

로키는 이 요구를 이행하기 위해 보물을 가장 많이 갖고 있는 안드바리Andwari라는 난쟁이를 붙잡아 그에게서 보물을 모두 빼앗았다. 난쟁이는 전부 내주었지만, 보물을 다시 모을 수 있게 해주는 작은 금반지 하나만은 내놓지 않으려 했다. 그러나 로키는 보물이 혹시 부족할까 염려되어 그것마저 빼앗았고, 이에 화가 난 난쟁이는 반지를 가진 사람은 누구든 목숨을 잃게 될 것이라는 저주를 내렸다.

로키가 보물을 가져오자 오딘은 반지를 차지하려 했다. 그러나 가져온 보물을 다 사용하여 털가죽을 덮었지만 수달의 코밑 수염이 밖으로 삐져나왔고, 오딘은 반지를 내줄 수밖에 없었다. 로키는 이때 반지에 얽힌 저주를 농

14 에디스 해밀턴, 앞의 책, pp. 459-460 참조.

부에게 알려주었는데, 그 자리에서 저주가 실현되었다. 농부가 막내아들의 죽음의 대가로 받은 보물을 혼자서 가지려다가 다른 두 아들의 손에 죽임을 당하고 만 것이다.

두 아들 중 파프니르는 크고 힘이 센 데 비해 레긴은 작지만 영리했고 금속 세공의 재주가 뛰어났다. 힘이 센 파프니르는 보물을 동생에게 나누어주지 않고 혼자 차지하고자 동굴을 파고 그곳에 보물을 감춘 후, 아버지에게 물려받은 변신용 투구를 이용하여 용으로 둔갑해 보물을 지켰다. 레긴은 왕실의 대장장이가 되었고 부모를 잃은 지구르트를 양자로 삼아 키웠다. 레긴은 파프니르에게서 보물을 빼앗아달라고 지구르트에게 부탁하며, 그의 죽은 아버지가 남긴 두 동강 난 칼을 다듬어서 그에게 주었다. 파프니르는 아버지에게서 물려받은 투구 덕분에 대적하기 어려운 존재가 되어 있었지만 지구르트는 레긴이 일러준 대로 강으로 가는 길에 구덩이를 파고 숨어 있다가 물을 마시러 가는 파프니르를 검으로 찔렀다.

레긴은 용의 피를 마시고 지구르트에게 용의 심장을 구워달라고 했다. 심장을 불에 굽던 지구르트의 입에 우연히 용의 피가 들어가게 되었고, 지구르트는 갑자기 새들의 말을 이해하게 되었다. 그때 근처 나무에 앉아 있던 박새가 이르길, '레긴이 당신을 죽이고 보물을 독차지하려 하니 레긴의 말을 믿지 말라'고 했다. 그 말을 들은 지구르트는 레긴을 죽인 후, 레긴의 피와 용의 피를 마시고 그 심장을 먹었다.

첫 번째 박새가 지구르트에게 용이 지키던 보물을 기억하라고 충고했다. 두 번째 박새는 지구르트에게 세상에서 가장 아름다운 처녀를 얻으라고 충고했다. 세 번째 박새는 발퀴레인 브륀힐트Brünhild에게 구혼하라고 충고했다. 브륀힐트는 오딘의 뜻을 좇지 않고 전쟁터에서 멋대로 승리자를 골랐던 발퀴레로, 벌을 받아 불의 장벽 안에 갇혀 있었다. 용이 지키던 보물을 차지한 지구르트가 보물을 말에 싣고 그곳을 떠나려 하자 죽어가던 파프니르가 보물을 소유한 사람은 반드시 죽게 될 것이라고 말했다. 그러나 지구르트는 이 말에 개의치 않고 웃으며 브륀힐트를 찾아 떠났다.[15]

| 괴물 파프니르의 심장을 먹는 지구르트
노르웨이 세테스달 힐레스타드 교회의 12-13세기 목각 제단 일부. 레긴이 조는 사이 지구르트는 파프니르의 심장을 구워 먹는다.

| 레긴과 지구르트
지구르트가 부친에게서 물려받은 보검 그람Gram을 레긴과 함께 벼리고 있다. 지구르트는 이 보검으로 파프니르를 죽이게 된다.

게르만의 최고신 오딘은 자신에게 주어진 상황을 타개하기 위하여 신의는 없으나 꾀가 많은 로키의 해결책에 종종 의존하게 되고, 로키의 의심스러운 타협책들은 결국 오딘을 파멸로 몰고 간다. 실수로 농부의 아들을 죽인 것을 보상하기 위하여 난쟁이에게서 무리하게 보물을 빼앗는 과정에서 발생한 반지의 저주도 파멸에 이르는 연결고리가 된다. 그 과정에서 지구르트 같은 영웅도 반지의 저주에 휘말려 파멸하게 된다. 그러나 지구르트는 적어도 의식적으로 불의와 타협하는 일은 없으며, 사랑과 의리와 무용을 정직하게 추구하며 짧고 굵게 살다 간 영웅이다.

지구르트와 브륀힐트 이야기

『구 에다』, 즉 『운문 에다』에서는 지구르트, 브륀힐트, 그리고 구드룬Gudrun

---

15 안인희, 『게르만 신화, 바그너, 히틀러』, 민음사, 2003, pp. 84-87 참조.

의 사랑과 죽음 이야기가 수많은 시들의 주제가 되었다. 여기에 나타난 이들의 사연을 간추리면 다음과 같다.

발퀴레 중 하나였던 브륀힐트는 오딘을 배반한 대가로 '영원히 잠들어 있다가 그녀를 깨우는 첫 번째 남자의 소유가 되리라'는 벌을 받게 된다. 그런데 브륀힐트가 자신을 깨우러 오는 사람은 두려움을 모르는 담대한 마음을 지닌 사람이게 해달라고 간청했으므로 오딘은 이 청만은 들어주기로 하고, 브륀힐트가 누워 있는 침상 주위에 타오르는 불꽃을 둘러놓았다. 지그문트의 아들 지구르트는 용감하게 말을 달려 불길을 뛰어넘어 브륀힐트를 깨웠고, 브륀힐트는 소망대로 용감한 남자의 차지가 되었다. 브륀힐트와 기쁘게 인연을 맺은 며칠 후 지구르트는 모험을 찾아 다시 불길을 뛰어넘어 길을 떠난다.

브륀힐트를 떠난 지구르트는 자신의 의형제인 기우쿵Giukung가 군나르Gunnar 왕의 궁으로 갔다. 그런데 군나르의 어머니인 그림힐트Griemhild는 지구르트가 자신의 딸인 구드룬의 배필이 되기를 원하여 그에게 브륀힐트를 잊게 만드는 마법의 물약을 주었다. 지구르트는 그녀의 바람대로 브륀힐트를 잊고 구드룬과 결혼했다. 그는 자신처럼 용맹하지 못한 군나르가 브륀힐트와 결혼할 수 있도록 그림힐트의 마법의 힘을 빌려 군나르의 모습으로 변장하고 브륀힐트를 찾아갔다. 지구르트는 브륀힐트와 함께 사흘 밤을 보냈지만, 잠자리에 들 때는 항상 둘 사이에 자신의 칼을 놓아두었다. 결국 브륀힐트는 군나르의 모습을 한 지구르트를 따라 기우쿵 가의 궁으로 오게 되고, 지구르트는 브륀힐트 모르게 원래의 모습으로 돌아왔다.

군나르의 궁에서 지구르트가 구드룬의 배필이 된 것을 본 브륀힐트는 그가 자신을 배반했다고 생각하고, 불길을 뚫고 찾아온 두 번째 남자라고 생각한 군나르와 결혼했다. 그런데 우연히 구드룬과 말다툼 끝에 진상을 알게 된 브륀힐트는 복수를 결심한다. 그녀는 남편인 군나르에게 지구르트가 자신과 함께 지낸 사흘 밤 동안 자신의 육체를 소유함으로써 군나르와의 맹세를 깨뜨렸다고 거짓말을 하고, 만일 군나르가 지구르트를 죽이지 않는다면 자신은 그의 곁을 떠나겠다고 협박했다. 지구르트와 의형제인 군나르는 자신의 손으로 직접 지구르트를 죽일 수 없어 막냇동생을 설득하여 지구르트가 잠들어 있을 때 죽이게 했다.

지구르트와 브륀힐트의 장례식
찰스 어니스트 버틀러, 1909년

지구르트가 죽자 브륀힐트는, 지구르트가 군나르와의 맹세를 어기지 않았음을 밝히고 나서 자신의 시신을 지구르트의 시신과 함께 화장해달라는 말을 남기고 자살한다.[16] 가식과 속임수가 설정한 운명을 따라 여생을 살기보다는 자신의 복수와 열정이라는 두 가지 모순된 목표를 동시에 추구하며 파멸을 택하는 여전사의 모습에서 우리는 가혹한 운명과 대결하는 인간의 영웅적 의지를 볼 수 있다.

이와 비슷한 이야기는 1200년경에 지어진 독일 서사시 「니벨룽의 노래」 속에도 담겨 있는데, 이 서사시에서는 신화적 요소가 많이 사라지고 인물들은 각각 다른 봉건국가들의 군주로 설정된다. 즉 지구르트에 해당하는 지크프리트는 네덜란드의 왕자로, 오딘의 시녀이자 여전사였던 브륀힐트는 아이슬란드의 여왕으로 묘사되어 있다. 또한 지크프리트는 브륀힐트를 사랑한 적이 없으며, 군나르 왕에 해당하는 군터의 여동생 크림힐트Kriemhild를 처음부터 사랑한 것으로 되어 있다. 단지 그는 크림힐트를 얻기 위하여 군터를 대신해 브륀힐트와 겨루고 그녀를 제압하는 데 협력한다. 한편 자신을 제압한 인물이 군터라고 생각하고 결혼한 브륀힐트는 진상을 알게 되자 군터와 협력하여 지크프리트에게 복수한다. 그 후 크림힐트는 남편을 죽인 오빠들과 오래 반목하며 종국에는 오빠들과 피의 결전을 치름으로써 양측 모두 파멸하게 된다. 후에 크림힐트는 훈족의 왕인 아틸라Atila와 결혼하지만 이 결혼은 불행하게 끝난다. 지구르트 이야기가 불완전한 신과 영웅적 인간을 대립시키고 있

16 에디스 해밀턴, 앞의 책, pp. 460-463 참조.

다면, 『니벨룽의 노래』는 부와 영향력을 놓고 다툼을 벌이는 세속적인 권력 투쟁의 이야기로 탈바꿈해 있다.[17]

켈트족의 왕 아서 이야기와 성배 전설

아서Arthur 왕은 켈트 신화에서 가장 중요한 영웅이다. 켈트족은 게르만족의 침입 이전에 거의 서유럽 전역에 퍼져 있던 민족으로, 앵글로색슨족이 영국을 정복하기 전에 영국과 아일랜드에 살고 있었다. 하지만 앵글로색슨족의 침입 후 브리튼섬에 거주하던 켈트족은 잉글랜드를 내주고 스코틀랜드와 웨일즈의 산악지대로 밀려났다. 오늘날 대영제국에서 켈트족은 주로 이 지역에 거주하고 있으며, 아일랜드는 켈트족의 국가라 할 수 있다.

켈트 신화는 게르만 신화와 함께 근대 서유럽 국가들의 문화적 배경이 되는 주요 신화이다. 아서 왕과 그의 아내 기네비어Guinevere, 그리고 그의 신하들은 기독교 전파 이전의 켈트 신화에서 이미 그 원형을 찾을 수 있는 인물들이지만, 아서 왕 이야기는 특히 기독교 문화에서 주요한 상징성을 가지는 성배 전설과 결합하여 유럽 중세 기사문학의 독특한 기조를 마련했다. 성배란 예수가 최후의 만찬에서 사용했던 포도주 잔, 혹은 예수가 십자가에 달렸을 때 그의 옆구리를 로마 병정들이 창으로 찔러 생긴 상처로부터 나온 피를 받아낸 잔이라고 한다. 이것은 곧 인류를 구원하기 위해 흘린 예수의 희생의 피를 받았던 잔으로서, 영원한 삶, 풍요, 생명력, 구원 등을 상징한다. 전설에 의하면 예수의 옆구리에서 흘린 피를 받아낸 아리마테아의 요셉Joseph of Arimathea이 이 잔을 유럽으로 가지고 왔다고 한다. 그러나 이것을 보존할 의무를 지닌 그의 후손이 음욕을 품는 바람에 성배는 사라지고, 사람들의 삶은 피폐해졌다. 아서 왕은 자신의 통치 기간 중 나라의 기강이 무너지자 기사들에게 사라진 성배를 다시 찾아올 것을 명하여 국가의 풍요로움을 회복하고자

17 안인희, 앞의 책, pp. 92-98 참조.

했다. 성배 전설은 아직도 서구인들의 상상력에서 중요한 위치를 차지하고 있다. 예를 들어 대중적으로 큰 성공을 거둔 스티븐 스필버그Steven Spielberg 감독의 <인디아나 존스> 시리즈 중 세 번째 작품 <인디아나 존스와 최후의 성전Indiana Jones and the Last Crusade>(1989)을 보면, 작중 인물들은 중세의 기사단들과 마찬가지로 여전히 성배를 찾아 헤매고 있다. 또한 베스트셀러가 되어 영화로까지 만들어진 댄 브라운Dan Brown의 미스터리 소설 『다빈치 코드*The Da Vinci Code*』(2003)에서도 성배가 수수께끼를 풀어가는 중요한 열쇠로 사용되고 있다.

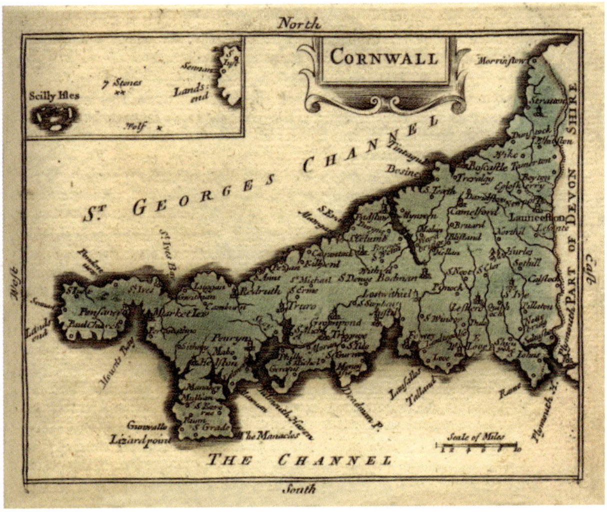

| 콘월 지도

아서 왕은 로마의 지배 체제가 무너지고 앵글로색슨족이 주도권을 장악하기 이전의 영국에서 살았다고 믿어지는 전설적인 켈트족의 왕이다. 그는 브리튼Briton족(예전에 영국 남부를 점유하고 있던 켈트족의 한 분파) 중 실루레스Silures라고 불리는 부족의 왕자로서 근거지는 남부 웨일즈였으며 우서Uther 왕의 아들이었다고 전한다. 우서 왕은 영국의 여러 왕들 위에 군림하는 왕이라는 뜻의 펜드래곤Pendragon이라는 호칭을 가지고 있었다. 그는 500년경에 정복 전쟁을 시작하여, 색슨족을 상대로 열두 번의 승리를 거두고 10년 만에 영국을 평정한 후 아들 아서에게 비교적 안정된 국가를 물려주었다. 그 뒤 아서는 542년 콘월Cornwall 지방의 캄란Camlan에서 자신의 사생아 모드레드Modred와 접전을 벌이고, 그 결과 모드레드는 죽고 아서 왕은 치명상을 입은 채 뱃길로 글래스턴베리Glastonbury로 운반되었다고 한다. 1150년에 발굴된 이곳의 무덤에서 아서의 유골과 칼을 확인했다는 기록이 있다. 그러나 이 주장은 사실 검증할 수가 없다. 브리튼족의 전승에 의하면 아서 왕은 죽은 것이 아니라 상처

를 치료받기 위해 요정들의 나라로 갔으며, 언젠가 브리튼족이 영국의 통치권을 다시 장악할 수 있도록 회생할 것이라고 한다.

아서의 아버지인 우서 왕은 형의 조언자였던 마법사 멀린Merlin의 도움을 받아 카리슬Carlisle로 가서 원탁을 만들고, 여기에 나라의 귀족들을 앉혔다. 이 고귀한 모임에 영입된 사람들은 목숨을 걸고 서로를 도와주고, 가장 위험한 모험을 단독으로 행하며, 필요할 때는 수도사와 같은 은둔생활을 하기도 하지만 부름을 받으면 당장 무장을 하고 나서며, 적을 무찌르기 전에는 밤이 와서 전사들을 갈라놓을 때를 제외하곤 절대 전쟁에서 물러서지 않기로 맹세했다. 이것이 유명한 원탁의 기사들의 모임이다. 이 모임을 결성한 후에 우서 왕은 큰 축제일에 귀족들을 초대했다. 이때 틴타디엘Tintadiel 성의 걸루아Gerlois 공작이 아름다운 부인 이그레인Igraine과 함께 참석했는데, 이그레인에게 반한 우서 왕은 그녀에게 구애하지만 받아들여지지 않고, 이에 우서 왕은 틴타디엘 성에 쳐들어가 걸루아 공작을 제거한 후 이그레인을 아내로 맞이한다. 정식으로 이그레인을 아내로 맞이하기 전에 우서는 멀린의 도움을 받아 공작의 모습으로 변장을 하고 틴타디엘 성으로 들어갔다. 그리고 이그레인과 관계를 맺어 아서를 잉태시켰다.

아서는 이와 같이 온당치 못한 혼외정사의 결과로 탄생했다. 아서가 탄생하자마자 멀린은 아서를 어머니에게서 빼앗아 신분을 감춘 채 멀리 떨어진 귀족의 집에서 성장하게 한다. 훗날 우서 왕이 죽자 왕위 계승에 문제가 생겼다. 캔터베리의 주교는 크리스마스 전야에 신이 왕위 계승에 대하여 어떤 뜻을 가지고 있는지 밝힐 징표를 달라고 기원했다. 이 기원은 그 자리에서 이루어져 교회 문 앞에 기적의 돌이 생기고 거기에는 엑스칼리버Excalibur라는 아름다운 보검이 꽂히게 되었다. 주교는 누구든지 이 돌에서 보검을 뽑을 수 있는 자가 왕이 되리라고 선포했다. 많은 기사들이 전국에서 모여들어 칼을 뽑으려 시도했으나 모두 실패하고, 오순절이 되도록 아무도 성공한 사람이 없었다. 오순절에는 기사들의 무술시합이 있었는데, 아서는 자신을 키워준 귀족의 아들인 케이 경Sir Kay의 수습기사로 이 대회에 참가했다. 케이 경이 시

아서 왕과 엑스칼리버 프랑스의 고사본, 1290년경

합 도중 칼을 부러뜨리게 되자 새 칼을 구하던 아서는 우연히 돌에 꽂힌 보검을 뽑게 되는데, 이는 하늘이 아서를 왕으로 인정했음을 뜻했다. 이 뜻에 따라 아서는 왕위에 올랐다. 이처럼 보검의 획득은 신화와 전설에서 왕의 자격을 확인하는 중요한 장치로 사용된다.

멀린은 라오디간Laodegan 왕의 딸과 아서를 결혼시키기로 계획하고, 아서 왕과 그의 기사들과 함께 라오디간 왕의 카말라이드Carmalide 성을 찾아간다. 그런데 이 성이 때마침 아일랜드 왕인 라이언스Ryence의 공격을 받고 있었고, 아서 왕 일행이 성을 구출함으로써 아서와 기네비어의 결혼은 성사된다.

그 후 아서 왕과 가웨인Gawain, 랜슬롯Lancelot, 트리스트람Tristram을 포함한 원탁의 기사들은 자신들의 맹세를 따라 용맹한 무훈을 많이 남기게 된다. 그러나 용맹과 준수한 외모를 겸비한 완벽에 가까운 기사 랜슬롯이 왕비 기네비어와 사랑에 빠지게 되어 기사들 간의 형제애에 균열이 생기고, 이것은 아서가 이룩한 이상적 공동체가 와해되는 원인이 된다.

한편 왕들의 조언자로서 나라의 운명을 좌우하던 멀린은 정부인 요정 비비안Viviane의 계략에 걸려 자신이 알고 있는 마법의 비밀을 모두 가르쳐주었고, 비비안은 그것을 이용하여 아무도 허물 수 없는 마법의 탑을 세운 후 그곳

| 원탁의 기사들과 성배 『호수의 기사 랜슬롯의 서』에서

에 멀린을 감금해버렸다. 멀린, 비비안 등 아서 왕 이야기 속에 등장하는 마법사들은 기독교화된 이야기 속에 남아 있는 켈트의 드루이드교적 요소들이다.

조언자를 잃게 된 아서 왕은 가웨인 경을 보내어 멀린을 찾아보도록 했다. 가웨인은 브리타니 지방의 브로셀리앙드Brocelliande 숲에서 갇혀 있는 멀린의 목소리만을 겨우 듣게 되는데, 멀린은 왕에게 성배를 찾아야 한다는 말을 전한다. 병들어가고 있는 아서의 왕국을 살릴 수 있는 것은 성배밖에 없었다. 멀린은 또한 이 성배의 탐색에 성공할 수 있는 순결한 기사가 이미 세상에 태어나 있음을 알렸다.

오순절 전야에 카멜롯Camelot성에서 원탁에 둘러앉아 식사를 하던 아서 왕과 그의 기사들은 기적적으로 나타난 성배의 환영을 보고, 이 성배를 찾아 떠날 것을 맹세했다. 그때 한 노인이 어린 기사를 데리고 들어와, 그가 아리마테아의 요셉의 자손인 펠레스 왕의 딸 일레인Elaine과 랜슬롯 사이의 아들임을 밝힌다. 랜슬롯은 가장 소중한 친구이자 자신의 군왕인 아서의 아내 기네비어와의 괴로운 사랑을 피해 아서의 궁을 떠나 있은 적이 있는데, 그때 일레인에게서 이 아들을 얻었던 것이다. 그의 이름은 갈라하드Galahad였다. 그는 아버지처럼 아름다운 용모에 고귀하고 순결한 태도를 지녔으며 무예가 뛰어난 기사였다.

갈라하드를 포함한 많은 기사들은 맹세한 대로 성배를 찾아 떠났다. 랜슬롯은 전사로서는 완벽했으나 기네비어와 사랑을 나눔으로써 순결함을 잃었으므로, 성배의 모습을 꿈에서 보는 것으로 만족해야 했다. 이후 도덕적으로 완벽한 기사 갈라하드만이 배를 타고 가던 도중 성배를 얻게 되고 바그다드 근처에 있는 도시 사라스Sarras에 당도하여 그 기적의 힘을 확인할 수 있었다. 처음에 포로로 잡혔던 그는 성배의 도움으로 그곳의 통치자가 되고, 1년과 하루가 지나고 아리마태아의 요셉의 부름을 받아 승천했다. 그러고 나자 하늘에서 손이 내려와 성배와 창을 가지고 하늘로 사라졌으며, 그 후에는 성배를 본 사람이 없다고 한다.

갈라하드를 동반했던 퍼시발Perceval은 얼마 후에 죽고 보호트Bohort만이 다시 로에그리아Loegria 땅으로 와 카멜롯성에 가서 아서 왕과 그의 신하들 앞에서 자신이 본 경이로운 기적을 이야기해주었다. 그는 랜슬롯에게 세속의 일에 연연해하지 말라는 갈라하드의 말을 전해주었고, 랜슬롯은 아들의 말을 따라 다시는 죄를 짓지 않으리라 맹세했다. 그러나 랜슬롯은 기네비어 왕비를 다시 만나게 되며, 이것이 화근이 되어 아서의 왕국은 궤멸하게 된다. 왕국의 궤멸에 마지막 타격을 가하고 아서의 죽음을 가져온 사건은 아서 왕과 이복누이 모르간 르 페이Morgan le Fay 사이에서 낳은 아들 모드레드의 반란이었다. 그러나 켈트인들은 아서의 죽음이 일시적인 것이며, 때가 되면 성배의 구원의 힘이 나타나듯이 아서 왕이 회생하여 켈트인들을 구원하리라는 믿음을 가지고 있다.[18]

갈라하드 경 아서 휴, 1865-1870년

18 Thomas Bulfinch, *Bulfinch's Mythology*, Dell, 1956, pp. 356-390 참조.

아서의 무덤(기네비어를 떠나는 랜슬롯) 단테 가브리엘 로제티, 1854년

아서는 하늘로부터 엑스칼리버라는 보검을 받아 왕의 자격을 인정받고, 원탁의 기사들이라는 이상적인 지도자 집단의 결성을 통하여 이상국가를 건설하려 노력한다. 그러나 고귀하고 무용이 뛰어난 기사들 역시 도덕적으로 불완전한 인간들의 집단이기 때문에 그 이상은 실현되지 못한다. 성배를 찾아오는 것만이 아서 왕의 불완전한 통치를 보완할 수 있는 길이며, 이 일을 이룰 수 있는 기사는 도덕적으로 순결한 어린 기사 갈라하드뿐이다. 그러나 갈라하드는 성배의 기적을 목격하고 승천할 뿐 성배를 가지고 돌아오지는 못하고, 아서의 왕국은 멸망하게 된다. 여기서 성배는 이 세상에서는 이룰 수 없는 도덕적 완벽함과 구원의 표상으로서, 끝까지 손에 넣을 수 없지만 사람들의 시야에서 사라지지 않으며 그들을 인도하는 구원의 희망이다. 언젠가는 아서 왕이 회생하여 브리튼족의 통치를 복원하리라는 희망에서 우리는 그가 메시아적 존재로 설정된 것을 볼 수 있다. 인간의 원죄, 이승에서의 불완전한 삶, 메시아의 구원, 그리고 구원 후에 오는 영원하고 완전한 삶이라는 기독교의 교리를 켈트족의 영웅 신화와 결합한 독특한 산물인 아서 왕 이야기는, 현대에도 <카멜롯Camelot>(1967), <엑스칼리버Excalibur>(1981), <킹 아더King Arthur>(2004), <킹 아서: 제왕의 검King Arthur: Legend of the Sword>(2017) 등 끊임없이 영화로 재창조되고 있는 살아 있는 전설이다.

3장

재앙과 형벌

동서양의 신화에서 재앙과 형벌이라는 주제는 각기 다르게 나타난다. 동양의 경우 재앙은 대부분 자연재해로 인해 빚어진다. 특히 홍수를 다스린 곤과 우의 이야기나 가뭄을 퇴치한 예의 신화에서 보듯이, 주로 가뭄과 홍수에 대한 신화들이 많다. 그러나 때때로 이러한 자연적 재앙은 신들 간에 벌어진 전쟁의 결과로 나타나기도 한다. 예를 들어 황제의 후예인 전욱과 염제의 자손 공공 간의 전쟁에서 공공이 패배하여 하늘에 커다란 구멍이 생김으로써 백성들이 피해를 입고, 이에 태고의 여신 여와가 나서서 뚫린 구멍을 메웠다고 하는 이야기가 그것이다.

서양의 경우 재앙은 신들이 인간들의 오만방자함과 사악함에 대하여 내리는 형벌로서, 현세에서 내리는 재앙이 있고 내세에서 내리는 재앙이 있다. 또한 재앙은 종종 신들끼리의 갈등에서 빚어지기도 한다. 인간이나 신에게 내려지는 재앙과 형벌은 타당성이 있기도 하지만 때로는 억울한 경우도 있다. 특히 서양 신화의 경우 동양 신화에 비해 인간에 대한 형벌로서의 재앙이라는 모티프가 더욱 두드러진다 할 것이다.

1. 중국 신화 속의 재앙과 형벌

홍수와 가뭄은 고대 농경 사회에서 가장 파괴력이 큰 자연재해였다. 특히 황하와 장강을 중심으로 사방으로 큰 물길이 뻗어 있는 중국 같은 나라에서 물은 농경민들의 삶을 위협하는 무서운 존재가 아닐 수 없었다.

이 절에서는 동양의 대표적인 재앙 신화로서 중국의 몇 가지 홍수 신화를 살펴보기로 하겠다. 중국의 홍수 신화는 다른 지역의 홍수 신화와는 약간 다른 양상을 보인다. 즉 구약의 노아Noah, 바빌론의 우트나피쉬팀, 그리스의 데우칼리온Deucalion 이야기 등에서 보듯이 중·근동과 서양의 홍수 신화는 신의 징벌인 홍수로 인한 인간의 파멸 및 존속을 공통 내용으로 하고 있으나, 중국의 홍수 신화는 징벌의 주체, 원인 등이 분명하지 않은 경우가 많을 뿐만 아니라 홍수가 끝난 이후 인류의 존속 방식에서도 큰 차이를 보인다. 예컨대 중·근동과 서양의 경우 신의 뜻에 합당한 가족이 생존하여 인류를 존속시키는 반면, 중국의 경우 남매혼 신화에서 보듯 유일하게 살아남은 남매가 결혼하여 인류를 번성시키는 것이다.[1] 이러한 차이는 각 지역의 신 개념의 차이에서 비롯된다고 볼 수 있다. 즉 신과 인간의 관계가 절대적으로 엄격한 중·근동과 서양의 경우 홍수 전후의 모든 사태가 예정론적으로 진행되는 것에 비해, 그것이 상대적으로 느슨한 중국의 경우 비교적 인간의 본성에 맡겨져 있기 때문인 것이다. 이러한 측면에서 중국의 홍수 신화가 인간의 욕망을 보다 여과 없이 반영한다고 볼 수 있다.

복희·여와 남매와 홍수

인류의 시조 신화로도 잘 알려진 남매혼 신화에서는 홍수 모티프가 중요

1 김재용, "동북아시아 지역 홍수 신화와 그 변이에 대한 연구", 『한국고전연구』, 1998, 제4집, p. 66.

한 기능을 하고 있다. 동양의 대표적인 남매혼 신화인 중국의 복희·여와 이야기는 다음과 같다.

> 태고에 두 형제가 하늘과 땅을 다스리고 있었다. 동생인 뇌공雷公은 하늘을, 형인 고비高比는 땅을 맡았다. 어느 날 뇌공은 사람이 제물을 잘못 바친 것에 화가 나 가뭄이 들게 했고, 이에 지상의 모든 것이 말라 죽을 지경에 이르렀다. 보다 못한 고비가 하늘의 비를 훔쳐다가 사람들을 구했다. 이에 노한 뇌공과 고비 사이에 싸움이 벌어졌는데 고비가 뇌공에게 이겨 조롱 속에 그를 가두었다. 고비에게는 복희와 여와라는 아들·딸 남매가 있었다. 고비는 집을 나서면서 절대로 조롱 속에 갇힌 뇌공에게 물을 주지 말 것을 남매에게 당부했다. 그러나 남매는 뇌공의 애원에 못 이겨 물을 주게 되고 뇌공은 힘을 얻어 조롱을 부수고 나왔다. 뇌공은 답례로 남매에게 이빨을 한 개 뽑아주고 하늘로 올라갔다. 뇌공은 우신雨神에게 명령하여 밤낮없이 비를 내리게 했다. 홍수가 나서 모든 사람이 물에 빠져 죽고 산꼭대기까지 물에 잠겼다. 이때 남매가 뇌공이 준 이빨을 심었더니 순식간에 등나무로 자라서 박을 열매로 맺었다. 홍수가 밀려왔을 때 남매는 박을 파서 그 속으로 들어갔다. 남매는 박을 타고 홍수 속을 둥둥 떠다녔다. 홍수가 물러간 후 보니 아버지 고비와 모든 사람들은 죽었고 살아남은 사람은 남매밖에 없었다. 이때 천상의 태백금성太白金星이 남매끼리 결혼하여 인류의 대를 잇기를 권했다. 남매는 거부하다가 산에 올라가 각기 다른 곳에서 연기를 피워 올려 두 연기가 합쳐지면 결혼하기로 마음먹었다. 마침내 두 연기가 하나로 합쳐지자 남매는 하늘의 뜻으로 알고 결혼하여 인류를 번성시켰다.[2]

중국 신화에 등장하는 이러한 남매혼 신화의 서사 구조는 대략 홍수 → 남

---

2 이 내용은 陶陽·鍾秀 編, 『中國神話』, 上海文藝出版社, 1990, pp. 178-183에 실린 홍수 신화 관련 채록 자료인 한족漢族의 '복희 남매가 인류를 만들다伏羲兄妹制人烟' 이야기를 요약 정리한 것이다.

매 생존 → 시험 → 결혼의 동일한 패턴을 취한다. 남매혼 신화는 홍수 신화가 갖는 물의 파괴와 재생의 속성을 잘 보여준다. 신화의 전반부는 인류를 전멸시키고자 하는 물의 파괴적인 속성이 지배하고 있다. 그러나 파괴 이후는 남매간 결합을 중심으로 물의 생성적인 측면이 부각된다. 인류를 존속시키기 위해 남매는 근친상간이라는 엄청난 성적 과잉의 행위를 감행해야만 한다. 그들은 정당성을 얻기 위해 시험을 통해 '하늘의 뜻[天意]'을 묻는다. 이 신화에서는 두 곳에서 연기를 피워 합쳐지는 모습을 보고 결합 여부를 결정하지만 다른 지역의 남매혼 신화에서는 맷돌을 양쪽에서 굴려 점치기도 한다. 그런데 주목해야 할 것은 연기라든가 맷돌 모두 성적 결합을 암시한다는 점이다. 프랑스의 상상력 연구가인 바슐라르Bachelard는 일찍이 고대인들의 발화發火 기술이 성행위에서 유추되었을 가능성을 시사한 바 있다.[3] 한편 맷돌은 암맷돌과 숫맷돌이 합쳐져야 기능을 발휘하게 되는데 그 작동 역시 성행위를 충분히 연상시킨다.

이 신화에 나타난 또 한 가지 흥미로운 모티프는 남매가 홍수 속에서 살아남을 수 있도록 피난처가 되었던 '박'이다. 마치 노아의 방주와 같은 이미지를 지닌 이 '박'은 서남방계의 남매혼 신화에 자주 등장한다. 이 '박'을 자궁으로 간주하고 홍수 신화를 양수羊水 속에서 유영하던 태아 시절에 대한 기억의 서사로 볼 수도 있을 것이다. 어쨌든 우리는 남매혼 신화에서 물과 에로티즘의 원초적 관계가 서사적으로 구현되었음을 보게 된다. 근친상간이라는 성적 과잉의 행위는 사실 물의 생성적 측면을 넘어서서 그 이면인 파괴적 측면으로 옮아갈 수도 있다. 그러나 인류의 존속이라는 대의명분과 이를 정당화하는 '하늘의 뜻'으로 인해 성적 과잉은 정상적인 행위로 여겨지고 남매혼 신화에서 물과 에로티즘은 조화로운 관계성을 표현하게 된다. 한대漢代의 화상석畵像石에서는 인류의 시조인 복희와 여와를 상체는 사람, 하체는 뱀의 모습을 한 채 꼬리로서 교미하는 모습으로 묘사함으로써 에로티즘을 강하게 부각

3 Gaston Bachelard, *La psychanalyse du feu*, Gallimard, <idées>, 1949, p. 46.

시키고 있다. 또한 복희는 직각을 재는 곱자를 들고 있는 반면, 여와는 원을 그리는 그림쇠를 들고 있다. 이는 각각 양과 음을 상징한다. 이들 남매 부부의 그림은 음양의 우주 원리를 나타내고 있으며, 뱀은 불멸과 신성, 재생과 다산 등 복합적인 의미를 지닌다. 중앙아시아 투루판[吐魯番] 지역에서 발견된, 당대唐代에 그려진 채색된 복희·여와 그림도 똑같은 이미지를 표현하고 있다.

복희여와도 당나라 시대의 비단 그림

남매혼 신화는 중국에서 분포 범위가 넓을 뿐만 아니라 우리나라에도 거의 비슷한 내용의 신화가 구전되어오고 있다. 한국 민속학의 선구자인 손진태가 1923년에 함경남도 함흥 지역에서 채록한 남매혼 신화의 내용을 보자.

> 옛날 이 세상에 큰 물이 쳐서 세계는 전부 바다로 화하고 한 사람도 생존한 자가 없게 되었다. 그때에 어떤 남매 두 사람이 겨우 살게 되어 백두산같이 높은 산의 상상上上에 표착했다. 물이 다 걷힌 뒤에 남매는 세상에 나와 보았으나 인적이라고는 구경할 수 없었다. 만일 그대로 있다가는 사람의 씨가 끊어질 수밖에 없으나 그렇다고 형매兄妹간에 조혼組婚을 할 수도 없었다. 얼마 동안을 생각하다 못하여 형매가 각각 마주 서 있는 두 봉峰 위에 올라가서는 계집아이는 암망(구멍 뚫어진 편의 맷돌)을 굴려 내리고 사나이는 수망을 굴려 내렸다(혹은 망 대신 청솔개비에 불을 질렀다고도 한다). 그리고 그들은 각각 하느님에게 기도를 했다. 암망과 수망은

이상하게도 산끝 밑에서 마치 사람이 일부러 포개놓은 것 같이 합했다(혹은 청송엽青松葉에서 일어나는 연기가 공중에서 이상하게도 합했다고도 한다). 형매는 여기서 하느님의 의사를 짐작하고 결혼하기로 서로 결심했다. 사람의 씨는 이 형매의 결혼으로 인하여 계속하게 되었다. 지금 많은 인류의 조선祖先은 실로 옛날의 그 두 남매라고 한다.[4]

이 이야기는 홍수의 동기 부분과 '박' 모티프만을 제외하면 앞서의 중국 남매혼 신화와 기본 내용에서 별 차이가 없음을 알 수 있다. 그런데 이러한 남매혼 신화는 역사 시대를 거쳐 전설화되는 과정에서 여러 변이 양상을 보이게 되는데, 한국의 경우 전란戰亂 남매혼 전설과 달래강 전설 등을 그 예로 들 수 있다. 전란 남매혼 전설은 전란(대개의 경우 임진왜란)으로 인해 산 속으로 피난한 남매가 종족의 보존을 위해 연기 피우기, 맷돌 굴리기 등의 시험 과정을 거쳐 결국 결혼하여 씨족의 시조가 된다는 내용으로 홍수라는 남매혼의 동기가 전란으로 대체되었을 뿐이다. 홍수와 남매혼의 두 요소를 그대로 간직하면서 설화문학적인 방향으로 절묘하게 변용된 것은 다름 아닌 달래강 전설이다. 1979년경 김영진에 의해 충청북도 충주에서 채록된 달래강 전설의 내용은 다음과 같다.

여기 충주라는 지방엔 달래강이라고 있는데, 달래강은 어떻게 해서 달래강인가 하믄 옛날에 이제 아들 하나, 딸 하나 오뉘(오누이)를 두고 살다가서, 부모 두 분이 다 돌아가시니까 두 오뉘가 살며 농사를 져 먹으며 사는데, 원 이짝에(이쪽에) 있었는지 저짝에(저쪽에) 있었는지 그거는 모르는데, 달래강을 건너가 농사를 짓다 보니까 소낙비가 오니까 달래강 물이 많아졌어. 과년한 오빠하구 과년한 동생하구 둘이 밭을 매. 농사를 짓다가 그래 되니까 옷을 벗구서 강을 건너오다 보니까, 그만 참[이야기를 망설이며, 조사자의

4 손진태, 『한국 민족설화의 연구』, 을유문화사, 1947, p. 8.

해와 달을 이고 있는 복희와 여와로 추정되는 남녀 지안集安의 고구려 오회분 사호묘 고분벽화

눈치를 보면서] 저어 마음에 그러니가 남자가 여자를 벗은 걸 보니까 그 자지가 일어서니까. 그만, "아 이놈, 너 일어설 때 일어설 일이지, 이런데 일어서는 법이 어디 있느냐?" 하고 낫을 가지고 일하러 갔다가 낫으로 제 부자질 뚝 자르고, 그만 그 자리에서 쓰러져 죽었어. 그러니까 그 동생이 하는 말이, "날 보고 달래나 보지, 달래나 보지." 하고 자꾸 울고 앉아서. 그래서 통곡을 하다 그 동생도 그만 오빠가 죽은 데서 그만 죽었대. 그래 "달래나 보지, 달래나 보지." 그랬다 해서 그래 달래강이라 이름을 지었어.[5]

달래강 전설에서 홍수 남매혼 신화의 홍수 모티프는 소나기와 그로 인한 달래강물의 불어남으로, 남매혼 모티프는 오빠가 누이의 벗은 몸을 보고 욕정을 일으킨 후 자책하여 죽는 내용으로 변형되어 물과 에로티즘이라는 원초적 상관성을 여전히 계승하고 있음을 알 수 있다. 그러나 달래강 전설에서 남

5 한국정신문화연구원 어문연구실, 『한국구비문학대계 3(1)』, 한국정신문화연구원, 1980.

매는 결합에 이르지 못하고 비극으로 생을 마감한다. 역사 시대, 그것도 아마 유교 문화가 지배적이었던 조선시대임직한 전설의 배경을 염두에 둘 때 달래강 전설에서는 홍수 남매혼 신화에서처럼 성적 과잉을 동기 부여하는 대의명분도, 그리고 그것을 정당화시켜주는 시험의 장치들도 존재하지 않는다. 그리하여 물에 의해 촉발된 욕정이 근친상간의 지경에까지 이르렀을 때 물의 생성적인 측면은 즉각 파괴적인 측면으로 전환되었다. 다시 말해 신화에서는 자연의 도리에 따라 근친상간이 용인되지만 역사 시대에 와서는 인간의 규범이 지배하므로 달래강 전설은 파국으로 끝나고 만 것이다.

대홍수와 곤, 그리고 우의 치수

동서양을 막론하고 홍수는 신화 속에 등장하는 주된 모티프이다. 기록에 의하면 성군 요遼 임금 시절에도 20여 년 동안 계속된 대홍수가 있었다. 신화에는 홍수가 일어난 원인에 대한 확실한 언급이 없다. 기상 재해를 신의 징벌보다 자연현상으로 인식했던 것이 아닌가 싶다. 아무튼 하늘로 치솟는 듯한 대홍수로 인해 인간들은 기아와 고통 속에서 허덕이게 되었으며 또한 독사나 맹수들의 침입을 받았다. 그러나 하늘의 신들 중 유일하게 인간들을 가엾이 여긴 신이 있었으니 그는 바로 상제인 황제黃帝의 손자라고 알려진 곤鯀이다. 그는 조부인 황제에게 간청하여 백성들의 죄를 사해주고 홍수를 멈출 것을 간곡히 부탁했으나 조부는 그의 말을 듣지 않았다. 그러던 어느 날 올빼미와 자라가 그에게 다가와 홍수를 멈출 수 있는 방법을 알려주었다. 그들의 말대로 곤은 식양息壤이라는 보물을 훔쳐 홍수를 멈추게 하고 인류를 구원하고자 했다. 식양은 끊임없이 불어나는 흙으로, 조금만 떼어서 대지에 던지면 곧 크게 불어나 산도 되고 제방도 되게 하는 신비한 흙이었다. 식양을 가진 곤의 활약으로 대지에서 홍수는 사라져갔고 새로운 초록빛 들판이 나타나기 시작했다. 그리하여 인간들에게 평화가 찾아오게 되었다. 그러나 보물 식양이 없어진 것을 안 상제는 즉시 불의 신인 축융祝融을 보내 곤을 죽이고 식양을 빼

우 탁본과 모사본
산둥성 자상嘉祥의 한나라 무량사武梁祠 화상석에서

앗아오게 했다. 곤이 죽은 후 대지는 다시 홍수에 시달리게 되었다.

곤은 죽었지만 그의 영혼은 죽지 않았다. 뿐만 아니라 그의 시체도 삼 년간 썩지 않은 채 배 속에 새로운 생명을 잉태했다. 삼 년 동안 시체가 썩지 않는다는 소문을 들은 상제는 천신에게 오도吳刀라는 보검으로 곤의 시체를 잘라버릴 것을 명령했다. 이때 잘라진 곤의 배 속에서 갑자기 용 한 마리가 튀어나왔는데, 그가 바로 우禹이다. 그 용은 머리에 단단하고 날카로운 뿔이 나 있어서 규룡虯龍이라고 한다. 한편 곤의 시체는 누런 곰으로 변하여 근처의 연못으로 뛰어들어 사라진다.

우는 큰 신통력으로 아버지의 과업들을 이어갔다. 우선 그는 상제를 찾아가 식양을 달라고 부탁했다. 자신이 지나쳤다고 후회하기 시작한 상제는 우에게 식양을 내주었고, 그와 동시에 지상에 가서 치수를 하도록 명령했다. 뿐만 아니라 응룡을 함께 보내어 그를 돕도록 했다. 우는 응룡, 그리고 다른 용들과 함께 홍수를 다스리기 위해 물길을 트는 작업을 수행했다. 그런데 이 일은 수신水神인 공공共工을 화나게 했다. 홍수를 통해 자신의 능력을 마음껏 과

하나라의 시조 우
작자 미상의 초상화, 1650년경

시하고 싶었던 그는 우의 일을 방해하기로 했다. 그리하여 그는 홍수를 더 심하게 일으켜 많은 인간들을 물속에 잠기게 했다.

이러한 횡포를 보고서 우는 무력으로 그를 물리쳤고 공공은 결국 우에게 쫓겨나고 말았다. 공공을 몰아낸 후 우는 본격적으로 홍수를 다스리는 작업을 시작했다. 우선 그는 식양으로 홍수를 막는 한편, 물줄기를 트는 방법도 사용했다. 즉 응룡을 앞서 가게 하고 그 꼬리로 땅에 금을 긋게 하여, 그 금이 생겨난 곳으로 물줄기를 흐르게 했다. 우는 치수를 하면서 하백이 전해준 하천의 물길이 그려져 있는 푸른빛의 큰 돌인 하도河圖를 얻었을 뿐 아니라, 복희로부터 옥간玉簡이라고 하는 귀중한 물건도 얻었다고 한다. 그것은 한 자 두 치쯤 되는 길이의 대나무 조각 같은 것으로 천지를 측량할 수 있는 일종의 자라고 할 수 있다.

수많은 어려움을 물리치고 우는 드디어 홍수를 평정했다. 그러나 우에게 쫓겨난 공공의 신하들 중에 상류相柳라고 하는 자가 있었는데, 그는 뱀의 몸에 머리가 아홉 개 달린 괴물이었다. 그는 포악하고 먹는 것을 탐하여 아홉 개의 머리로 아홉 군데 산에 있는 먹이를 한꺼번에 먹어치울 정도였다고 한다. 뿐만 아니라 그가 한번 건드리는 곳은 어디든 호수로 변했다고 한다. 우는 홍수를 다스릴 때 상류를 죽여 백성들의 불안을 없애주었다.

이렇게 홍수를 물리친 우의 작업은 어떤 의미를 지니는가? 우선, 우는 제방을 쌓고 물길을 다스려 중국 최초의 왕조인 하夏나라를 세웠다. 이것은 이집트의 초기 왕조 시대 파라오인 메네스가 제방을 쌓아 나일강의 범람을 막고 넓은 영토에 멤피스라는 도시를 건설함으로써 이집트 문명의 기초를 닦았

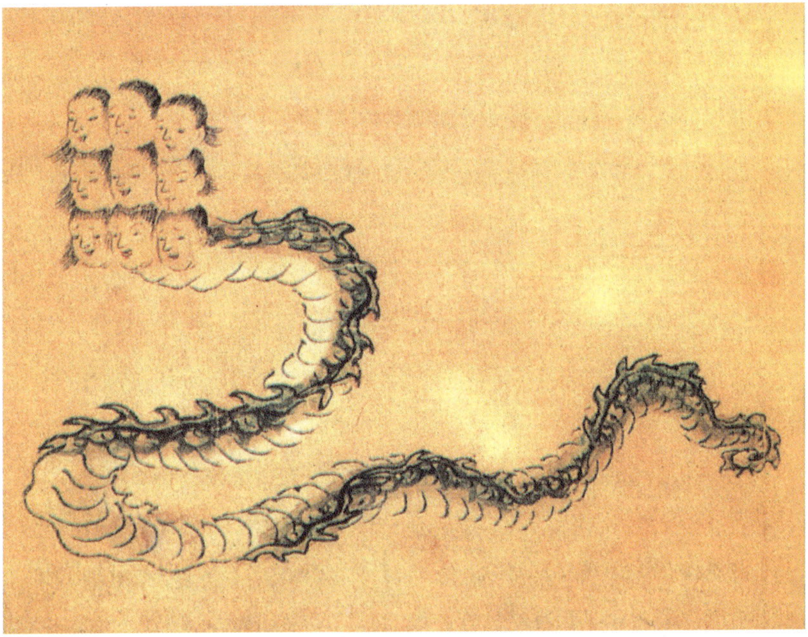

공공의 신하인 괴물 상류 일본 에도 시대의 『괴기조수도권怪奇鳥獸圖卷』에서

던 것과 비슷하다. 또한 우는 홍수를 다스린 후 청동 솥의 표면에 각지의 요괴와 귀신을 새기게 해 막연히 두려움을 주던 미지의 존재를 모두 드러내도록 했다. 그리하여 우에 의해 이 세계는 바야흐로 영웅이 지배하는 인간의 세계로, 즉 문화의 영역으로 들어오게 된다.[6]

곤과 우의 치수 방식의 차이와 그 결과는 정치적 교훈을 남긴다. 곤이 물길을 '막아서' 홍수를 물리치려 했기에 실패했다면, 우는 물길을 '터서' 물이 흐르도록 함으로써 치수에 성공할 수 있었다. 즉 문제 해결을 위해서는 통치자가 무조건 막고 억압해서는 안 되며, 물이 흐르듯 자연스럽게 소통할 수 있는 방법을 찾아야 한다는 정치적 교훈으로 활용되었던 것이다.

6 김현자, "홍수를 다스린 우와 가뭄을 퇴치한 예", 『세계의 영웅신화』, 신화아카데미 지음, 동방미디어, 2002, p. 215.

2. 그리스 로마 신화 속의 재앙과 형벌

서양 신화에서 재앙과 형벌은 신과 인간의 갈등에서 빚어지는 것이 보통이다. 이때 인간의 편에 서서 인간을 옹호하는 신은 자신보다 강한 신의 희생물이 되기도 한다. 프로메테우스는 인간의 편의를 위하여 불을 훔쳐다주고, 가축으로 제사를 지낼 때 허울 좋고 실속 없는 부분을 신들에게 바치고, 살코기는 인간이 가질 수 있는 계략을 인간들에게 가르쳐준 대가로 수백 년간 살이 찢기는 악형을 당했다. 제우스의 분노를 더욱 부추긴 것은 장래에 제우스의 자손들 중 하나가 제우스의 자리를 빼앗으리라는 예언이 있었는데, 프로메테우스가 그 자손이 누구인지 알고 있었지만 그 비밀을 제우스에게 가르쳐주지 않았던 것이다.

그리스 신화에서 신이 인간에게 내리는 재앙과 형벌에는 여러 종류가 있다. 첫째로 인간의 전체적인 사악함을 벌하는 인류의 전면적 멸망이 있다. 헤시오도스가 기록하고 있는 홍수로 인한 인류의 멸망이 그 예이다. 이와 같은 홍수 신화는 구약에 기록되어 있는 노아의 홍수 이야기, 중국의 홍수 신화 등 세계 각지에 퍼져 있다. 이러한 홍수 이야기는 재앙과 멸망의 이야기이지만 항상 구원과 새로운 삶의 이야기로 끝을 맺는다.

그런가 하면 신을 넘보는 인간의 교만함이나 방자함도 틀림없는 처벌의 대상이 된다. 앞에서 언급한 창조 신화 중 여성의 창조, 즉 판도라의 창조는 인간이 지나치게 교만해지고 강성해지는 것을 견제하기 위해 신이 보낸 재앙의 성격을 가지고 있다. 그러나 이러한 재앙 가운데에도 희망을 남겨두어 인간이 생존할 수 있게 했다는 단서가 있어, 홍수 신화와 마찬가지로 타락 뒤에 오는 구원의 희망을 배제하지 않고 있다.

재앙이 인간의 선악과는 상관없이 신들 간의 갈등에 의해 인간에게 내려지는 경우도 있다. 홍수에 의한 멸망보다는 그 범위가 적지만 상당 기간 동안 대지의 불모를 초래한 대지 혹은 곡식의 여신 데메테르Demeter의 분노는 하계의 신 하데스가 데메테르의 딸 페르세포네를 지하세계로 납치하여 자신의 아내로 삼음으로써 야기된다. 딸을 잃은 데메테르가 슬픔에 잠겨 땅 위에 곡식과 식물을 내지 않게 되어 사람들이 기아에 허덕이게 되자 제우스가 중재하여, 페르세포네는 봄, 여름, 가을을 땅 위에서 지내고, 겨울 한철만 지하에서 보내기로 했다. 그리하여 페르세포네가 지상에 있는 동안 데메테르 여신은 그 즐거움으로 땅에 생명을 주지만, 딸이 지하로 내려가는 겨울에는 슬픔에 잠겨 대지를 다시 불모의 상태로 만든다는 것이다.

인간이 알지 못하는 사이에 신을 박해하는 것도 재앙의 원인이 된다. 올림포스의 즐거운 신들과는 달리 데메테르처럼 죽음의 고통을 아는 신이 하나 더 있었는데, 그는 제우스와 테베의 공주 세멜레Semele 사이에서 난 주신酒神 디오니소스Dionysos였다. 그는 유럽과 아시아를 방랑하며 포도의 재배와 포도주를 전파하고 다녔는데, 그를 박해하거나 거부하는 자들에게는 재앙이 내렸다. 디오니소스 자신도 끝에는 비참한 죽음을 당하게 되지만 그는 죽음으로부터 소생한다. 이것은 포도넝쿨이 겨울을 나기 위하여 몸통만 남기고 가지가 모두 잘린 채 죽음의 형상을 하고 있다가 봄에는 새싹을 틔우듯, 생명의 순환을 상징하는 신화라고 볼 수 있으며 그런 점에서 데메테르의 신화와 유사하다. 이 또한 앞서 언급된 재앙 신화들과 마찬가지로 죽음과 소멸 뒤에 오는 새 생명의 희망을 담고 있는 신화이다.

페르세포네 단테 가브리엘 로제티, 1874년

디오니소스 기원전 300년경, 마케도니아

여기에서는 신이 인간에게 내리는 많은 형벌들 중에서 데우칼리온의 홍수 신화와 아트레우스 가문에 내린 저주를 그 구체적인 예로 제시하고자 한다.

데우칼리온과 홍수

날로 사악해져가는 인간들을 벌하기 위해 제우스는 그의 형제이자 바다의 신인 포세이돈Poseidon과 협력하여 홍수로서 인류를 멸망시키고자 했다. 아흐레 동안 밤낮으로 폭우가 쏟아진 후에 파르나소스Parnassos산의 봉우리만이 물에 잠기지 않은 채 남아 있었다. 그곳에 커다란 상자 같은 물체가 걸려 있었는데, 그 안에는 프로메테우스의 아들인 데우칼리온과 그의 아내, 즉 에피메테우스와 판도라의 딸인 피라Pyrrah가 있었다. 세상에서 가장 현명한 자인 프로메테우스가 아들 데우칼리온에게 상자를 만들어 그 안에 먹을 것을 채우고 그의 아내와 함께 그곳에 피신하라고 일렀던 것이다.

그들은 신을 잘 섬기는 신심 깊은 사람들이었으므로, 제우스는 그들의 생존에 대하여 반감을 가지지 않았다. 상자가 파르나소스 산꼭대기에 닿자 그들은 상자에서 나왔으나 주변에 보이는 것은 끝없는 물뿐이었다. 그들을 불쌍히 여긴 제우스는 물을 빼어 땅이 드러나게 했다. 세상에서 유일한 생존자가 된 그들은 산에서 내려와 신전에 가서 감사의 기도를 드렸다. 적막한 세상에서 살아갈 길이 막막한 그들이 도움을 청하는 기도를 드리자 "머리를 베일로 가리고 어머니의 뼈를 뒤로 던져라."라고 말하는 목소리가 들렸다. 처음에는 감히 어떻게 그런 짓을 할 수 있을까 하고 망설이던 중 데우칼리온은 대지가 만물의 어머니임을 상기하고 그 뼈가 돌을 뜻한다고 생각하여 돌을 집어

데우칼리온과 피라 안드레아 델 밍가, 1572년

뒤로 던졌다. 그러자 거기에서 돌의 인간들이 나왔는데, 그들은 강인하고 인내심이 많은 종족이었다. 홍수로 황폐해진 세상은 이 종족의 노력으로 복원된다.[7] 이처럼 신은 재앙을 내리지만, 그 재앙에서 벗어날 수 있는 희망의 길을 열어주기도 한다.

아트레우스 가문과 신의 형벌

대대로 내려오는 아트레우스Atreus 가문의 비극은 그 가문의 선조인 탄탈로스Tantalos라는 왕이 저지른 사악한 죄에 대한 형벌의 결과이다.[8] 그는 교만

---

7 에디스 해밀턴, 앞의 책, pp. 102-103 참조.
8 같은 책, p. 354.

하고 방자했으며, 이유 없이 신들에게 적대적인 행위를 했다. 그의 딸 니오베Niobe도 그의 교만함을 닮아 신들을 능멸했으며, 그들의 죄는 대를 이어 그 자손들에게 불운을 가져왔고, 나중에는 친족끼리의 배신과 그에 대한 보복으로 점철된다. 이 죄와 보복의 긴 연쇄는 마지막 후손 오레스테스Orestes에게 이르러서야 비로소 종결된다. 오레스테스는 아버지의 원수를 갚기 위하여 자신의 의지와 상관없이 어머니를 살해해야 하는 운명에 놓이며, 의무를 다하기 위하여 살인을 범했으나 그 살인에 대한 가책도 짊어져야만 하게 된다. 그러나 이런 상황에서도 그는 억울함을 호소하는 대신 주어진 운명을 감내하고 자신의 책임이 아닌 죄에 대해서까지 참회와 속죄로 죄값을 치름으로써 가문의 저주에 종지부를 찍는다. 인간은 종종 자신이 지은 죄가 아닌 조상이나 자신이 속한 공동체가 저지른 죄에 대하여 책임을 져야 할 때가 있다. 아트레우스 가문 이야기는 이러한 상황을 포함하여 다양한 죄와 벌의 상황에 대하여 통찰하며 고차원적 해결책을 제시한다.

아트레우스 가문은 트로이 전쟁 때 그리스의 총사령관을 맡았던 아가멤논Agamemnon, 그의 형제이자 헬레네Helene의 남편인 메넬라오스Menelaos, 아가멤논의 아들인 오레스테스, 딸 이피게네이아Iphigeneia와 엘렉트라Electra, 아내 클리타임네스트라Clytaimnestra 등 그리스 서사시와 비극에 많은 소재를 제공한 인물들을 포함한다. 아이스킬로스는 아가멤논 일가의 비극을 『오레스테스 삼부작』이라는 연작 희곡으로 만들기도 했다.

탄탈로스는 제우스의 아들로서 신들의 총애를 받아 그들과 함께 향연을 벌이고, 신들은 그의 집에서 열리는 향연에 참석하기도 했다. 어느 날 그는 자신의 아들인 펠롭스Pelops를 죽여서 가마솥에 넣고 끓여 그 고기를 신들에게 대접했다. 신들에 대한 이유 없는 증오로 가득 찬 탄탈로스가 그들을 식인종으로 만들고 싶어 했던 것이다. 그러나 신들은 탄탈로스가 한 일을 알아차리고, 그가 죽어서 지옥에 갔을 때 그에게 풍요의 한가운데서 영원히 갈증과 허기로 고통받는 형벌을 내렸다. 그러자 그가 물을 마시려 몸을 숙이면 물이 땅속으로 사라져버리고, 머리 위의 과일들을 따먹으려 하면 바람이 불어와 나뭇가지를 다른 곳으로 날려버렸다.

그의 죽은 아들 펠롭스는 신들이 다시 살려내어 순탄한 삶을 살았다. 그는 목숨을 건 마차경주 내기 끝에 히포다메이아Hippodameia 공주를 얻어 결혼했다. 그는 마차경주에서 자신을 도와주었던 미르틸로스Myrtilos를 후에 죽이게 되는데, 혹자는 이 때문에 아트레우스 가문이 저주를 받았다고 하지만 대부분의 작가들은 그보다 큰 책임은 역시 탄탈로스에게 있다고 본다.

탄탈로스의 딸 니오베는 제우스의 아들이자 음악에 뛰어난 재능을 가진 암피온Amphion과 결혼했다. 암피온은 그의 쌍둥이 형제인 제투스Zethus와 함께 테베의 성벽을 보강한 것으로 유명한데, 제투스가 힘은 더 세지만 암피온의 음악적 재능이 워낙 뛰어나 그의 연주를 들은 돌들이 그를 따라 테베로 와서 저절로 성벽을 쌓았다는 전설이 있다. 그는 니오베와 함께 테베를 다스렸고, 니오베는 부귀영화를 누리며 일곱 아들과 일곱 딸을 두었다. 그러나 탄탈로스를 닮아 교만한 그녀는, 테베의 시민들에게 아폴론과 아르테미스Artemis 남매만을 두었던 여신 레토Leto를 숭배하는 대신에 그보다 일곱 배나 많은 자손을 둔 자신을 숭배하라고 권유했다. 이러한 교만함을 신들이 그냥 둘 리 없

니오베의 자식들의 죽음 요한 쾨니그, 1600년대 초반

아가멤논의 살해
피에르 게랭, 1818년
클리타임네스트라와 아이기스토스가 아가멤논을 죽이기 위해 기회를 엿보고 있다.

었다. 궁술에 능한 아폴론과 아르테미스는 니오베의 아들들과 딸들을 전부 활로 쏘아 죽였고, 니오베는 갑자기 닥친 슬픔을 이기지 못하고 눈물을 흘리다 돌이 되었다고 한다.

한편 펠롭스에게는 아트레우스와 티에스테스Thyestes라는 두 아들이 있었다. 티에스테스는 형의 아내인 왕비와 사랑에 빠졌고, 분노를 이기지 못한 아트레우스는 티에스테스의 두 아들을 죽여서 티에스테스가 모르는 사이에 먹도록 했다. 티에스테스는 나중에 이를 알게 되었으나 왕인 형에게 보복할 수 없었다. 그러나 아트레우스의 악행은 나중에 그의 자손들에게 내린 재앙으로 갚아졌다.[9]

트로이 전쟁의 유명한 주인공들이었던 아가멤논과 메넬라오스는 아트레우스의 아들들이었다. 아가멤논은 그리스군 사령관으로 트로이 전쟁을 승리로 이끌고 자신이 다스리던 미케네로 돌아왔으나, 돌아오자마자 죽임을 당한다. 그를 죽인 것은 아내 클리타임네스트라였는데, 그녀는 아가멤논이 없는 동안 아이기스토스Aigisthos와 연인 사이가 되어 함께 남편의 살해를 모의하고 실행한 것이다. 아가멤논이 전리품으로 얻어온 카산드라Kassandra도 그들의 손에 죽었다. 『일리아드』와 『오디세이』에는 이 사건이 이렇게 간단히 기록되어 있지만 기원전 450년경의 극작가 아이스킬로스는 이것을 단순한 불륜의 이야기가 아닌 이피게네이아의 죽음에 대한 어머니 클리타임네스트라의 복수 이야기로 썼다. 클리타임네스트라의 연인인 아이기스토스는 티에스테스

9 같은 책, pp. 354-358 참조.

가 아트레우스에게 두 아들을 잃은 후에 본 막내아들로서, 그는 아버지 티에스테스의 복수를 한 셈이기도 하다.

이피게네이아의 희생은 트로이 전쟁이 시작될 때로 거슬러 올라간다. 아울리스Aulis에서 트로이Troy를 향해 출항을 기다리던 그리스 함대는 바람이 불지 않아 출항을 할 수 없었다. 신탁을 들어본 결과, 그리스 병사 중에 누군가가 아르테미스가 사랑하는 동물을 죽인 죄를 지어 그러하니 젊은 처녀를 희생시켜야만 함대가 출항할 수 있다는 것이었다. 아가멤논은 하는 수 없이 자신의 딸 이피게네이아를 아르테미스에게 희생 제물로 바친 후 트로이로 향한다. 사령관으로서의 아가멤논은 대의를 위하여 가족을 희생시킬 수밖에 없는 처지에 있었는데, 이것은 가족이라는 영역의 주관자인 여성의 입장에서 볼 때는 용인할 수 없는 죄이다. 여기서 죄는 개인의 도덕적 결함보다는 사회를 구성하는 여러 가치 체계들의 충돌에 의하여 만들어짐을 볼 수 있다. 그러나 어떤 이유로 죄가 저질러지건 간에 그 대가는 반드시 치러야만 하는데, 아가멤논은 죽음으로 대가를 치른다.

제물로 바쳐지는 이피게네이아
로마시대 벽화

이피게네이아 외에도 아가멤논에게는 오레스테스라는 아들과 엘렉트라라는 딸이 있었다. 먼 곳으로 보내져 자라난 오레스테스는 아버지의 원수를 갚아야 한다는 의무감에 미케네로 돌아왔다. 또한 아이기스토스에게 갖은 수모를 겪으며 자라난 엘렉트라도 복수의 염원을 품고 있었다. 엘렉트라를 만난 오레스테스는 동행한 친구 필라데스Pylades와 함께 아이기스토스와 어머니를 죽여 원수를 갚는다.

이것은 정당한 복수였으나 오레스테스는 죄의식에서 벗어날 수 없었다. 분

분노의 여신들에게 쫓기는 오레스테스 아돌프-윌리엄 부게로, 1862년

노의 여신들이 항상 그를 따라다니며 괴롭혔고, 그는 우울한 방랑을 계속했다. 긴 방랑 끝에 그는 어떤 죄라도 속죄될 수 있으리라는 생각을 품고 미케네로 돌아왔다. 아폴론은 그에게 아테나의 신전에 가서 속죄하라고 권유했다. 그리고 자신의 명령으로 오레스테스가 부친의 원수를 갚은 것이라고 그를 변호했다. 오레스테스는 어머니를 죽인 자신은 죄인이라고 주장했지만, 이제 긴 방황과 고뇌 끝에 자신의 죄가 씻기었다고 말했다. 그간 아트레우스 가문의 그 누구도 이런 말을 한 일이 없었다. 이 가문의 살해자들은 죄의식을 가지지 않았으며, 죄의 정화를 구하지도 않았다. 오직 오레스테스만이 죄를 괴로워하고 속죄를 위해 힘썼으며, 그러한 그의 노력으로 인해 피와 복수로 얼룩진 가문의 역사는 끝을 맺게 된다. 피는 피를 부르고, 죄에 대한 대가는 후손들에게까지 부과되지만, 죄 때문에 괴로워하고 뉘우치는 자에게는 속죄의 길이 열려 있음을 이 신화는 보여준다.[10]

3. 게르만 신화 속의 재앙과 형벌

게르만 신화에서 재앙은 상존하고 있는 가능성이다. 게르만의 신들은 그리스 신들과는 달리 영생을 보장받지 못했다. 그들은 요툰하임에 살고 있는 거

10 같은 책, pp. 358-372 참조.

인족들로부터 늘 위협을 받았으며, 최후의 승리는 거인족들의 것임을 알고 있었다. 그 때문에 신들의 우두머리인 오딘은 항상 근심에 차 있어, 연회를 벌일 때에도 아무것도 먹지 않고 음식을 발치에 엎드려 있는 두 마리 늑대에게 주었다. 그는 후긴Hugin(생각)과 무닌Munin(기억)이라는 두 마리의 까마귀를 거느리고 있었는데, 이들은 매일 온 세상을 돌아다니고 와서 인간들이 하고 있는 일을 오딘에게 알렸다. 오딘에게는 운명의 그날, 즉 신들의 황혼인 라그나뢰크를 가능한 한 늦추어야 할 책임이 있었다. 그래서 더 많은 지혜를 갈구하는데, 그 과정에서 그는 스스로 재앙을 자초한다. 오딘은 라그나뢰크를 늦출 수 있는 지혜를 얻기 위해 현인 미미르Mimir가 지키는 지혜의 샘으로 내려가 그 샘물을 한 모금 마실 수 있게 해달라고 부탁했다. 미미르가 그 대가로 한쪽 눈을 내놓아야 한다고 대답하자 오딘은 기꺼이 동의했다.

애꾸눈 오딘
아이슬란드 수사본, 18세기

그는 또한 인간들에게 도움을 주는 룬 문자를 얻기 위해 고통을 자청하는 희생정신을 보였다. 룬 문자는 나무나 금속, 돌 등에 그것을 새긴 사람에게 막대한 힘을 주는 마법의 문자였다. 오딘은 아흐레 동안 창을 옆구리에 찌른 채 나무에 매달리는 엄청난 고통의 대가로 이 선물을 얻어서 인간에게 전수해주었다.[11] 인간 혹은 신들의 공동체를 구원하고 도움을 주기 위하여 최고신이 자발적으로 겪는 희생과 고통은 기독교의, '신이 인간의 형상으로 태어나 인류를 위하여 희생했다'는 내용의 교리를 상기시키는 일화이다. 창에 옆구리를 찔린 채 나무 십자가에 달린 예수의 형상과, 역시 옆구리를 찔린 채 나무

11 같은 책, pp. 466-467 참조.

에 매달린 오딘의 형상 사이에도 놀라운 유사성이 보인다.

로키의 발더 살해와 그에 대한 형벌

발더는 오딘과 그의 아내 프리크의 아들로서 신들 가운데 가장 사랑받는 존재였다. 발더의 죽음은 신들에게 내려진 첫 번째 재앙이었다. 어느 날 밤 발더는 자신에게 커다란 위험이 닥치고 있음을 예고하는 듯한 악몽에 시달렸다. 어머니 프리크는 이 이야기를 듣고 아들을 보호하기로 마음먹었다. 그리하여 세상에 내려가 세상의 모든 생물과 무생물들에게 발더를 해치지 않겠다는 맹세를 받아냈다. 오딘도 죽은 자들의 여신인 헬라Hela 혹은 헬이 사는 죽은 자들의 세상 니플하임까지 찾아갔다. 하지만 그는 그곳이 발더를 맞이하기 위해 치장되어 있는 것을 보았고, 발더가 죽을 운명인 것을 깨달았다. 한편 프리크가 발더의 생명을 안전하게 해놓았다고 굳게 믿은 다른 신들은 아무도 죽일 수 없게 된 발더를 돌이나 화살, 다트, 칼 등으로 공격하는 놀이를 하고 있었다. 이러한 공격에도 요지부동인 발더는 신들의 존경을 받게 되었다.

그러나 로키만은 그를 존경하지 않았다. 로키는 신이 아니고 거인의 아들이었으며, 늘 말썽을 일으켰다. 그러나 무슨 이유에선가 오딘과 의형제를 맺었기 때문에 자유롭게 아스가르트를 드나들 수 있었다. 로키는 늘 선량한 사람들을 미워했고 발더를 시기했다. 그래서 발더를 해칠 방법을 알아내기로 결심했다. 그는 노파의 모습으로 변장하고 프리크를 찾아가 이야기를 나눈 끝에, 미미한 작은 겨우살이 가지 하나에게서 발더를 해치지 않겠다는 약속을 받아내지 않은 것을 알아내었다. 그는 당장 이 나뭇가지를 꺾어와서 신들이 놀고 있는 곳으로 가 발더의 눈먼 동생 회두르Hödur를 시켜서 겨우살이 가지를 던지게 했다. 로키가 조준해준 대로 회두르가 던진 겨우살이 가지는 곧장 발더에게 날아가 그의 가슴을 관통했고, 발더는 그 자리에서 죽고 만다. 이후 당시의 관습대로 배에 화장대를 세우고 그 위에 발더의 시신을 둔 후 불을 지펴 바다로 떠내려가 보냈다. 슬픔을 이기지 못해 가슴이 터져 죽은 아내 난나Nanna의 시신도 같이 불태워졌다.

한편 프리크는 다른 아들 헤르모트르Hermodhr를 니플하임으로 보내 발더를 되찾아올 방법을 강구했다. 헬은 헤르모트르에게 이 세상의 모든 존재가 발더를 위해 애도한다는 것을 입증해 보이면 그를 내주겠다고 했다. 세상 거의 모든 존재들은 발더를 위해 애도해달라는 헤르모트르의 부탁을 거절하지 않았다. 그러나 여정이 거의 끝날 무렵 만난 한 거인족 여인의 거절 때문에 발더를 데려오는 계획은 실패로 돌아갔다.

발더의 죽음
크리스토페르 에케르스버그, 1840년

신들은 로키를 붙잡아 깊은 동굴에 묶어놓았다. 그리고 머리 위에는 독사를 갖다놓아, 이 독사가 로키의 얼굴 위로 독을 떨어뜨려 그에게 말할 수 없는 고통을 겪게 했다. 이에 로키의 아내 지긴Sygin이 남편을 도우러 왔다. 지긴은 로키의 곁에 앉아 그릇으로 그의 얼굴 위에 떨어지는 독을 받아냈다. 그러나 지긴이 그릇을 비우러 나간 사이에는 또다시 독이 떨어져 로키는 고통을 받았으며, 그 고통이 너무 강렬하여 그가 일으키는 경련으로 온 땅이 진동했다고 한다.

이유 없는 악의로 발더를 살해한 로키에게 주어진 형벌은 인간의 수호자 프로메테우스에게 가해진 형벌에 비하면 타당하고 적절해 보인다. 그러나 신들과의 결전의 날이 왔을 때 그는 결박에서 풀려나 신들의 반대편에서 싸우게 된다. 그에게는 늑대 펜리르Fenrir, 미트가르트 뱀, 헬 등 세 자손이 있었는데, 이들은 인간과 신들에게 많은 해를 끼쳤으며 신들과 세계의 멸망에 기여한다.[12]

12 Thomas Bulfinch, 앞의 책, p. 259.

게르만 신화에는 정의가 승리한다든가 사필귀정이라는 논리가 없다. 거인들이 야만적인 대지의 힘을 상징한다면, 신들은 인간들의 생활을 향상시키기 위하여 노력하는 존재들이므로 거인들보다는 인간들에게 우호적이며 선한 존재들이라 할 수 있다. 그러나 신들의 세계와 거인들의 세계는 완벽하게 분리되지 않는다. 로키는 꾀 많은 말썽꾸러기이고 이유 없는 악의에 의해 행동하기도 하는 의심스러운 인물이지만 오딘은 로키의 존재를 허용해야 하는 입장에 있을 뿐 아니라, 어려운 상황을 타개하기 위해서는 그의 꾀를 빌리기도 한다. 게르만 신들의 세계는 선과 악이 명확하게 분리되는 세계가 아니고, 최고신인 오딘조차도 상황 논리에 의해 도덕적 타협을 해야 하는 입장에 놓이며, 결국 이 모호한 도덕적 타협은 신들을 멸망에 이르게 한다. 로키의 발더 살해는 너무도 의도적이며 악의적인 죄이기 때문에 명백하게 형벌을 받지만 이 형벌도 영구적이지는 않으며, 후일 로키의 후손들이 신들의 멸망에 기여하게 됨으로써 오히려 악의 힘이 강세를 보이는 우울한 세계관을 보인다.

신들의 황혼

게르만 신화에는 사물의 영속성에 대한 믿음이 부재하다. 그들은 우주의 진행을 적대적인 힘들 간의 끝없는 싸움으로 파악했다. 창조는 신적인 힘이 카오스에서 질서를 만들어낸 과정이었으나, 질서의 힘이 더 이상 버틸 수 없게 되면 라그나뢰크라고 부르는 세계의 종말이 온다. 이때는 눈보라, 화산 폭발, 홍수, 지진 등의 자연재해가 세계를 파괴하고, 신들도 함께 종말을 맞는다.

종말이 오기 전 세계는 끔찍한 추위를 맞게 되는데, 늑대 한 마리는 해를, 또 한 마리는 달을 삼킬 것이다. 이후 별들이 사라지고 지진이 일어나면, 신들이 사슬에 묶어둔 늑대 펜리르가 풀려나 세계를 삼키고, 미트가르트 뱀은 독을 내뿜고, 카오스의 괴물들은 신과 인간을 공격해올 것이다. 신들은 싸움터로 나가, 천둥의 신 토르는 미트가르트 뱀과 싸우고, 비와 햇빛과 지상의 모든 결실을 관장하는 프라이Freyr는 불의 거인 주르트르Surtr와 싸우고, 아스가르트를 지키는 신 하임달Heimdal은 로키와 싸울 것이다. 그러나 이들의 노력이 헛되게도 이그드라실은 흔들릴 것이고, 오딘은 펜리르에게 잡아먹힐 것이고, 신들은 모두 절멸하며, 우주는 혼돈 상태로 돌아갈 것이다.[13]

천둥의 신 토르
막스 코흐, 1905년경

그러나 『신 에다』에는 신들의 패배 후 새로운 하늘과 새로운 대지가 생겨나고 낙원과 같은 세계가 오며, 오딘보다 훨씬 고귀하며 악이 범접할 수 없는 절대자가 통치하는 시대가 오리라는 한 줄기 희망의 빛과 같은 예언이 있어 암흑의 긴 겨울을 견딜 수 있게 한다. 토르의 아들들을 비롯한 일부 신들은 라그나뢰크를 견디고 살아남아 새로운 세계를 누리게 된다. 새로운 세계에서는 노동을 하지 않아도 대지가 열매를 맺는 풍요를 누릴 수 있고, 악과 불행은 더 이상 존재하지 않으며, 신과 인간이 함께 행복하게 살 수 있을 것이라고 한다.[14]

13 안인희, 앞의 책, pp. 87-88 참조.
14 에디스 해밀턴, 앞의 책, pp. 474-475 참조.

4장

변신과 승화

세계 어느 나라의 신화를 보든지 우리는 이상한 모습을 한 수많은 신과 괴물들을 만나게 된다. 또한 사람이 동물이 되기도 하고 동물이 사람이 되기도 하는 등의 변형의 사례들을 접하게 된다. 이것은 근대의 세계관과 고대의 세계관의 차이에서 비롯한 현상이다. 고대의 세계관에 의하면 만물의 이면에는 공통의 기운이 흐르고 있어서 모든 존재는 이 기운을 바탕으로 자리바꿈을 할 수 있다고 생각했다. 아울러 사물의 생명은 일회적으로 끝나는 것이 아니고 상황에 따라 끊임없이 모습을 바꾸어 순환한다고 생각했다. 이 두 가지 사유, 즉 물활론적 생명관과 순환론적 시간관에 의해 변신의 신화가 생겨나게 된다.

변신은 그 형태와 방식에 따라 크게 이형異形과 변형變形의 두 가지로 나누어볼 수 있다. 이형은 인간의 관점에서 바라보았을 때 반인반수 등의 기형적 모습을 한 경우를 일컫고, 변형은 어떤 계기에 의해 한 존재가 다른 존재로 변화하는 현상 자체를 말한다. 예컨대 중국 신화에서 소의 머리에 사람의 몸을 한 농업의 신 염제는 이형의 경우로, 그리스 신화에서 아폴론에게 쫓겨 월계수로 변한 다프네는 변형의 경우로 볼 수 있다. 즉 생래적으로 이상한 모습을 한 것은 이형으로, 한 모습에서 다른 모습으로 바뀐 것은 변형으로 보면 된다.

동서양의 모든 신화에서는 변신이 중요한 이야기 모티프로 자리 잡고 있다. 오비디우스가 그리스 로마 신화를 편집해 저술한 신화집의 제목이 『변신 이야기』일 정도이다. 중국 신화의 경우에도 무수한 이형·변형의 사례들이 있다. 그러나 문화적 풍토, 신관, 세계관 등의 차이에 따라 동서양 신화에 나타나는 변신의 양상은 한결같지 않다. 가장 뚜렷한 차이는 변신에의 신의 개입 여부인데, 동서양 신화 모두 자발적 변신을 기본 내용으로 하지만 그리스 로마 신화의 경우에는 신의 구원·징벌 등의 방식에 의한 변신 또한 자주 일어난다는 것이 한 특징이다.

1. 중국 신화 속의 변신과 승화

중국은 신화, 민속, 문학, 예술 등에 변신 관념이 널리 깔려 있다. 중국에서는 일찍부터 기氣가 모든 사물의 존재와 작용을 결정한다는 기화우주론氣化宇宙論이 유행했기 때문이다. 동진東晋의 간보干寶는 지괴志怪 소설집 『수신기搜神記』에서 "사물은 내부의 기가 변하면 외형 역시 변하게 된다."라고 천명한 바 있는데, 이는 중국의 변신 관념을 한마디로 요약한 언급이라고 할 수 있다.

중국 신화에서 가장 먼저 출현하는 변신의 예는 세계를 창조한 거인 반고의 신화이다. 잘 알려져 있듯이 반고는 나중에 죽어서 신체 각 부분이 산, 강, 숲, 들, 흙, 돌 등 자연의 여러 요소로 변화된다. 물론 이러한 거인 신체화생의 신화는 바빌론의 티아마트, 게르만의 이미르, 인도의 푸루샤 신화 등 다른 지역의 신화에도 존재하지만 그들의 경우 '살해'에 의한 자연 '만들기'인 데 반하여 반고 신화는 자연으로의 자발적 변신이라는 점에서 큰 차이가 있다.

중국 문헌에서 가장 많은 변신 신화의 내용을 담고 있는 책은 『산해경』이다. 이 책에는 앞에서 언급한 수많은 이형·변형의 사례들이 실려 있다. 이들 사례를 통해 우리는 변신이 고대 중국의 신화 세계에서 얼마나 보편적인 행위였는가를 살펴볼 수 있다.

이형의 신화

이형의 신화로는 크게 반인반수와 기형 인간 신화를 예로 들 수 있다. 반인반수의 형상은 원시 시대의 동물 숭배와 깊은 관련이 있다. 고대인은 자연을 경외했고 이에 따라 자연의 힘을 가장 역동적으로 보여주는 동물을 숭배했다. 따라서 반인반수는 동물과 함께함으로써 위대한 자연 혹은 그것으로 표현된 신성한 신과 하나가 되고 싶은 고대인의 소망이 형상화된 것이다.

중국 신화에서 반인반수의 대표적 존재로는 농업의 신으로서 소머리에 사람의 몸을 한 염제가 있고 대홍수 끝에 살아남아 인류의 시조가 된 복희, 여와 남매가 있다. 복희·여와 남매는 사람의 몸에 뱀의 꼬리를 하고 있는데 고대인들은 허물을 벗는 뱀의 영원성, 신통력 등을 통하여 인류의 시조를 더욱 신성하게 표현했던 것이다. 이외에도 『산해경』 「해외북경」에 등장하는 종산의 신 촉룡 역시 사람의 얼굴에 뱀의 모양을 하고 있다.

복희와 여와 산둥성 자샹의 한나라 무량사 화상석에서

『산해경』에는 또한 수많은 반인반수형·기형 인간들이 등장한다. 이들은 주로 중국의 머나먼 변방에 거주하는데, 이는 고대 중국인들의 인종적 편견을 반영한 것이기도 하지만 이방에 대한 상상력이 표현된 것이기도 하다. 사람 몸에 털이 많고 날개가 달린 우민국羽民國 사람들, 사람 몸에 입이 새의 부리 모양이고 날개가 달린 환두국讙頭國 사

저인국 사람(위), 환두국 사람(가운데), 삼수국·유리국·교경국 사람(아래, 왼쪽부터)
명나라 장응호蔣應鎬의 『산해경회도山海經繪圖』에서

람들, 하반신이 물고기인 저인국氐人國 사람들 같은 반인반수형 인간들이 등장하는가 하면, 대인국大人國과 소인국小人國 사람들, 머리가 셋 달린 삼수국三首國 사람들, 팔이 유난히 긴 장비국長臂國 사람들, 다리 길이가 3장丈을 넘는 장고국長股國 사람들, 머리가 하나에 몸이 셋인 삼신국三身國 사람들, 팔이 하나에 눈이 셋이며 암수 한몸인 기굉국奇肱國 사람들, 팔이 하나인 일비국一臂國 사람들, 눈이 하나인 일목국一目國 사람들, 외팔에 외다리이며 뼈가 없는 유리국柔利國 사람들, 양다리가 엑스자로 휜 교경국交脛國 사람들, 어깨까지 늘어진 귀를 손으로 잡고 다니는 섭이국聶耳國 사람들, 가슴에 구멍이 뚫린 관흉국貫胸國 사람들 등의 기형 인간들이 출현하여 정상인의 신체 이미지에 도전하고 그 경계를 무너뜨린다. 그리하여 이 수많은 반인반수형 · 기형 이미지들은 중국 신화의 세계 속에서 화해롭게 공존한다.

변형의 신화

앞에서 서술한 반인반수와 기형 인간, 즉 이형은 생래적인 것이므로 변화라는 행위의 측면에서 보면 한 존재에서 다른 존재로 변모하는 변형이야말로 변신의 본래 의미에 더 가깝다 할 것이다. 중국 신화에서 변형은 여러 가지 계기에 의해 일어나는데 대부분의 경우 이루지 못한 소망이나 원한을 충족 혹은 해소하기 위해 일어난다.

해를 쫓는 과보
명나라 장응호의 『산해경회도』에서

예컨대 거인 과보의 신화를 보자. 거인족인 과보족 중의 한 거인이 해가 뜨고 지는 것을 보면서 이런 생각을 하게 되었다. "매일 아침에 떠서 하루 종일 달려 저녁 때 저쪽 언덕까지 갈 정도이면 별로 빠른 것도 아니잖아. 한번 시합을 해볼까? 누가 빠른가." 마침내 이 거인은 태양과 달리기 시합을 시작했다. 그는 큰 걸음으로 산과 들을 성큼성큼 건너 해를 좇아갔다. 해가 서쪽으로 질 무렵, 그러나 그는 아직 해를 따라잡지는 못했다. 그런데 목이 너무나 말랐던 그는 좌우를 둘러보았다. 옆으로 황하黃河와 위수渭水가 도랑물처럼 흐르고 있었다. 그는 벌컥벌컥 두 강물을 마셔버렸다. 그러나 두 강물로도 거인의 갈증은 채워지지 않았다. 그는 머나먼 북쪽에 대택大澤이라는 큰 호수가 있었던 것이 생각났다. 그는 북쪽으로 발길을 옮겼다. 그러나 그곳으로의 길은 너무나 멀었다. 결국 그는 대택에 이르기 전에 중도에서 갈증을 못 이겨 그만 죽고 말았다. 그는 쓰러지면서 짚고 다녔던 지팡이를 땅에다 버렸는데, 버려진 그 지팡이는 홀연 거대한 복숭아나무 숲으로 화했다. 죽어가던 과보의 혼이 지팡이에 담겨 큰 숲으로 변신한 것이리라. 그리하여 그는 수많은 뿌리로 원하던 물을 실컷 빨아마셨을 것이다. 신화적 존재에게 종말이란 없다. 그들은 겉으론 죽었다 해도 이처럼 몸을 바꾸어 삶의 의지를 영원히 지속한다. 과보의 태양과의 경주 신화는 자연의 힘이든 신의 능력이든 절대적인 권위에 대한 지칠 줄 모르는 도전의식이 표현된 것으로 읽을 수 있다.

다음으로 형천刑天 신화, 정위조精衛鳥 신화도 변형의 좋은 예가 된다. 형천은 본래 염제의 신하로서 전쟁의 신 치우의 벗이기도 하다. 그는 염제에게 무척 충성스러웠을 뿐만 아니라 끓는 피의 기질을 지닌 신이었던 듯하다. 치우가 황제와의 전쟁에서 패하여 죽자 형천은 흩어진 신족神族을 다시 규합하여 반란을 일으켰다. 그는 마침내 상양산常羊山이라는 곳에서 황제와 맞닥뜨렸고, 평소 자신이 잘 쓰는 무기인 도끼를 휘두르며 황제에게 덤벼들었다. 황제 역시 응수하여 두 신은 불꽃 튀는 대결을 벌였다. 교봉한 지 얼마 안 되어 황제의 칼이 번득이더니 형천의 목이 날아갔다. 형천 역시 황제의 적수는 아니었던 것이다. 황제는 형천의 머리를 곧 땅에다 묻었다. 머리가 몸에 다시 붙어 살아나기라도 하면 큰일이기 때문이었다. 목이 잘린 형천은 곧 쓰러질 것 같았다. 그런데 이 무슨 조화인가? 형천의 젖가슴이 눈으로 변하고 배꼽이 입으로 변하더니 그는 도끼와 방패를 들고 춤을 추기 시작했다. 형천은 비록 목

도끼와 방패를 들고 춤추는 형천 청나라 필원畢沅의 『산해경』에서

하반신이 뱀인 여와 『천지인귀신도감』에서

이 잘렸어도 황제에 대한 증오와 투쟁의 의지가 조금도 식지 않았다. 오히려 그것은 더욱 맹렬한 기세로 타올라서 마침내 자신의 몸을 변화시키고 만 것이다. 형천의 이러한 형상은 반항아의 극적인 모습이 아닐 수 없다. 머리 없는 몸의 도끼 춤, 그의 이 무망한 노력은 우리로 하여금 깊은 한과 슬픔을 느끼게 한다. 그러나 절망의 끝에서 그것을 승화시키려는 몸부림이 느껴지기도 한다.

정위조는 어떻게 생겨났을까? 염제의 막내딸 여와女娃(창조의 여신 여와女媧와는 다른 한자)가 동해로 물놀이를 갔다. 모래 장난에 싫증이 난 그녀는 바다의 고운 물빛에 반해 한 발 한 발 물속에 발을 내디뎠다. 그녀가 싱그러운 물내음에 취해 있는 순간 갑자기 심술궂은 파도가 그녀를 덮쳐 깊은 물속으로

끌고 갔다. 그녀는 물 밖으로 나오려 애썼지만 소용이 없었다. 허우적대던 그녀가 체념한 듯 축 늘어진 순간 그녀의 가녀린 몸이 홀연 한 마리 작은 새로 변하여 날아올랐다. 이 새는 '정위! 정위!' 하고 울어댔기에 사람들은 정위조라고 불렀다. 그런데 정위조는 다른 새들과 하는 짓이 달랐다. 이 새는 바다 반대편 서쪽의 산으로 날아가서 작은 돌과 나뭇조각 같은 것을 물어다가 동해에 던져 넣는 일을 하루에도 수없이 되풀이했다. 염제의 어린 딸의 화신인 이 새는 자신을 죽음에 이르게 한 동해를 메워 한을 풀려 한 것이리라.

2. 그리스 로마 신화 속의 변신과 승화

그리스 로마 신화에는 수백 가지 변신과 승화의 이야기가 있으며, 이들은 주로 오비디우스의 『변신 이야기』에 기록되어 있다. 그 이야기는 너무도 다양하여 변신은 그리스 로마 신화의 한 주제라기보다는 장르나 모티프라고 보는 것이 더 타당하다. 그리스 로마 신화의 경우 변신이 일어나는 계기는 대부분 신의 축복, 신의 구원, 혹은 신의 형벌이나 저주라고 볼 수 있다. 즉 인간이나 피조물의 변신은 신의 의지에 의해 이루어지는 것이 대부분이며, 신들은 스스로 필요에 의하여 변신하기도 한다. 예를 들어 제우스는 헤라의 눈을 피해 다른 여인들과 사랑을 즐기거나 여인들의 눈을 속여 그들에게 접근하기 위해 때로는 검은 황소의 모습으로, 때로는 백조, 때로는 황금 비로 변신했다. 신들은 여러 가지 변형된 모습으로 인간 앞에 나타나서 계시나 충고를 주기도 한다.

이 절에서는 신기한 사랑을 했던 조각가 피그말리온Pygmalion과 그의 여인 갈라테아Galatea의 이야기, 나르키소스Narkissos와 에코Echo의 이루어질 수 없는 안타까운 사랑과 변신 이야기, 그리고 로미오와 줄리엣 이야기의 기원으로 여겨지는 피라모스Pyramos와 티스베Thisbe 이야기에 나오는 뽕나무의 사연을 살펴보고자 한다. 피그말리온 이야기는 신의 축복에 의한 변신이라는 드

아폴론과 다프네
존 윌리엄 워터하우스, 1908년

문 경우의 사례이다. 또 나르키소스와 에코의 신화에서 이들의 변신은 모두 신의 저주의 결과라고 볼 수 있으며, 메아리와 나르키소스 꽃의 기원 신화이기도 하다. 형벌로서의 변신의 대표적인 경우는 지나가다가 우연히 아르테미스가 목욕하는 것을 본 탓에 여신의 저주로 사슴으로 변하여 자신의 사냥개들에게 찢겨 죽임을 당한 사냥꾼 악타이온Aktaion의 이야기일 것이다. 여기서 다루지는 않지만 다프네Daphne가 월계수로 변한 유명한 신화는 일종의 구원으로서의 변형 신화라 볼 수 있다. 다프네라는 처녀는 강의 신 페네이오스Peneios의 딸로서 사랑과 결혼을 혐오했다. 그녀는 자신에게 반한 아폴론의 추격을 피해 달아나다가 강을 지나게 되자 아버지에게 도움을 청했고, 아버지는 그녀를 월계수로 만들어 아폴론의 손길에서 벗어나게 해주었다.

피그말리온과 갈라테아

피그말리온은 키프로스Cyprus섬에 사는 조각가였다. 그는 현실에 존재하는 여성들의 불완전함을 혐오하면서 항상 완벽한 아름다움을 가진 여인의 상을 조각하는 데 몰두했다. 마침내 그는 완벽하게 아름다운 여인의 조각을 완성했으며, 이것은 마치 살아 있는 것 같이 보였다. 곧 그는 이 조각상을 사랑하게 되고 말았다.

그때부터 그가 경멸하던 여성들이 그에게 복수를 하는 것 같았다. 그는 절망적으로 사랑에 빠져 조각상에게 키스를 하기도 하고 포옹을 하기도 하고, 살아 있는 여인을 대하듯 했으나 조각상이 반응을 보일 리가 없었다.

이 독특한 사랑은 사랑의 여신 아프로디테의 관심을 끌게 되었다. 때마침 아프로디테 숭배의 중심지인 키프로스에서는 아프로디테 축제가 열리고 있었다. 불행한 연인들은 그녀의 신전에 와서 자신들의 사랑이 이루어지게 해달라고 빌었다. 피그말리온도 아프로디테 여신에게 자신이 만든 조각상과 같은 여인을 만나게 해달라고 빌었다. 여신은 그 기도에 대한 자신의 호감을 나타내기 위하여 제단 위의 촛불이 세 번 길게 타오르도록 했다.

피그말리온과 갈라테아 장-레옹 제롬, 1882년

이 징후를 곰곰이 생각하며 집으로 돌아온 피그말리온은 자신이 사랑하는 조각상에게로 가서 그것을 쓰다듬기 시작했다. 그런데 문득 조각상이 부드럽고 따뜻하게 느껴졌고, 곧 그것은 살아 있는 여인이 되어 그의 품에 수줍게 안겼다. 그가 느꼈을 엄청난 기쁨은 가히 짐작할 만하다.

아프로디테 여신은 그들의 결혼식에 친히 참석하여 두 사람을 축복해주었다. 그 후 그들 사이에서 파포스Paphos라는 아들이 태어났고, 그의 이름은 아프로디테가 가장 아끼는 도시의 이름이 되었다.

피그말리온 신화는 현실의 존재를 사랑하지 못하고 자신이 창조한 이상적 이미지만을 사랑하려는 인간의 성향을 형상화한 신화이다. 아마도 이 기이한 사랑은 완벽성의 추구라는 초월적 동기 때문에 사랑의 신에게 인정을 받은 듯하다. 이러한 사랑을 고귀한 것으로 받아들인 이 신화는 이데아가 현실보다 더 진실한 것이라 믿었던 플라톤 철학을 낳은 그리스 정신을 구현한 신화로 볼 수도 있다. 또한 이것은 이상적인 인체를 역사상 가장 유려한 모습으로 조각에 담았던 그리스인들이 생각해낸 직한 신화이기도 하다.

나르키소스와 에코

나르키소스는 대단히 아름다운 젊은이였다. 수많은 여인들이 그를 흠모했으나 그는 조금도 관심을 보이지 않았다. 아르테미스 여신이 아끼는 요정 에코도 마찬가지였다. 어느 날 헤라 여신이 제우스가 사랑에 빠진 요정을 찾으러 숲으로 왔다. 그런데 그녀가 에코의 재미난 수다에 마음을 빼앗겨 있는 동안 요정들은 숲으로 하나둘 사라졌으며, 헤라는 목적을 달성하지 못했다. 화가 난 헤라는 에코에게 분풀이를 했다. 헤라의 저주로 에코는 이제부터 누구에게도 먼저 말을 할 수 없고, 상대방이 하는 말의 마지막 부분만을 반복할 수밖에 없게 되었다. 이것은 나르키소스를 향한 절망적 사랑에 빠져 있는 에코를 더욱 힘들게 했다. 그녀는 자신의 사랑을 전할 수 없었고 나르키소스가 하는 말의 끝부분만을 되풀이하여 자신의 뜻을 전하고자 했으나, 이렇게 어렵게 이루어낸 사랑의 고백도 나르키소스에게 거절당하고 말았다. 수치심을 느낀 에코는 동굴 속에 숨었으며, 그곳에서 괴로움 때문에 날로 여위어 목소리만 남게 되었다. 에코는 아직도 동굴과 같은 곳에 살며 목소리만 남아서 남들이 하는 말의 끝을 반복하고 있다.

사랑을 경멸하는 나르키소스에게 실연의 상처를 받은 자들은 기도를 올렸고, 그 기도에 대하여 신들은 "남을 사랑할 수 없는 자는 자신을 사랑하도록 하라."라는 대답을 주었다. 샘물에 비친 자신의 모습을 본 나르키소스는 곧 사랑에 빠져 그곳을 떠날 수 없게 되었다. 그제야 그는 자신을 절망적으로 사랑하던 이들의 심정을 이해하게 되었다. 그는 소유할 수 없는 물속의 그림자를 갈구하며 그곳에서 여위어 죽어갔다.

저승의 강을 건너면서도 나르키소스는 강물 속에 비친 자신의 모습을 마지막으로 바라보기 위하여 뱃전에 몸을 숙였고, 이내 그의 모습은 간 데 없이 사라지고 말았다. 나르키소스를 사랑했던 요정들이 그의 시신을 찾았으나 온데간데 없었으며, 그 자리에는 그전에 본 적 없는 아름다운 꽃이 피었으니 그들은 그 꽃을 나르키소스(수선화)라고 이름 지었다.

나르키소스와 에코 존 윌리엄 워터하우스, 1903년

이것은 사랑의 가장 미성숙한 단계, 혹은 모든 사랑의 근원이라고 할 수 있는 자기애를 형상화한 신화이다. 사람들은 상대방을 사랑한다고 생각하는 순간에도 사실은 상대방의 눈과 마음에 비친 자신의 모습을 사랑하고 있는 경우가 종종 있다. 자신의 언어를 가지지 못하고 남들이 하는 말의 반향만을 가진 에코는 자기애에 빠진 사람에게 어울리는 상대라고 할 수 있다. 자기애에 빠진 사람은 타인의 모습을 보지 못하고 타인에게서도 자신의 그림자 혹은 반향만을 볼 수 있기 때문이다. 그리스 신화는 세계 어느 신화보다도 독창적이고 다양한 사랑의 모습을 담고 있는데, 피그말리온의 유아론적 사랑이나 나르키소스의 자기애는 그 다양한 모습의 일부이다.

피라모스와 티스베

옛날 바빌론에 피라모스라는 미남과 티스베라는 미녀가 살고 있었다. 그들은 벽 하나를 사이에 둔 이웃집에서 살면서 사랑하는 사이가 되었다. 둘은 결

피라모스와 티스베 아브라함 혼디우스, 1695년

혼을 원했으나 부모들은 그들의 만남을 허락하지 않았다. 그럼에도 불구하고 두 사람은 두 집 사이 벽의 갈라진 틈새로 사랑을 속삭이며 마음을 키워나갔고, 드디어 그들은 집을 벗어나서 밤에 야외에서 만날 약속을 했다. 약속 장소는 하얀 열매가 가득한 뽕나무 아래 있는 니누스Ninus 황제의 무덤이었다. 원래 뽕나무 열매는 지금같이 붉은색이 아니고 흰색이었다고 한다.

밤이 되자 티스베가 먼저 약속 장소에 도착했다. 그런데 갑자기 암사자가 한 마리 나타났다. 방금 사냥감을 잡아먹은 이 사자는 입에 피가 묻은 채로 물을 마시기 위해 무덤 옆에 있는 샘으로 가는 길이었다. 티스베는 들키지 않게 몸을 피하다가 입고 있던 망토를 떨어뜨렸다. 목을 축이고 돌아가는 길에 망토를 발견한 사자는 피 묻은 입으로 그것을 물어 찢어놓았다. 이윽고 약속 장소에 도착한 피라모스는 연인의 피 묻은 옷과 사자의 발자국을 보게 된다. 이 상황에 대해 그가 내릴 수 있는 결론은 한 가지뿐이었고, 그는 미리 와서 기다리지 못했다는 자책감을 못 이겨 티스베의 피 묻은 옷을 안고 뽕나무 옆으로 가서 칼을 뽑아 자신의 옆구리를 찔렀다. 뽕나무에 피라모스의 피가 튀었고, 그때부터 하얗던 뽕나무의 열매가 빨갛게 물들었다고 한다.

한편 사자가 무서웠지만 연인과의 약속을 저버릴 수 없었던 티스베는 뒤늦게 약속 장소인 뽕나무를 찾으려 했다. 그러나 하얀 열매의 뽕나무는 찾을 수 없었고, 대신 빨간 열매의 나무 밑에서 죽어가고 있는 피라모스를 발견했다. 피라모스는 연인의 얼굴을 알아본 뒤 곧 숨을 거두었다. 그의 옆에는 칼이 떨어져 있었고, 티스베는 곧 피라모스가 자신의 죽음을 오해하고 슬퍼하여 자결한 것을 알았다. 그녀 역시 사랑을 위해 자결을 택했다. 이를 알게 된 부모들은 이들을 불쌍히 여겨 시신을 화장한 재를 같은 항아리에 넣어주었다. 뽕나무의 붉은 열매는 죽음도 갈라놓을 수 없었던 그들의 사랑의 징표이다.

운명의 장난으로 서로의 계획이 어긋나 이승에서 사랑을 이루지 못하고 저세상에 동행한 연인들의 이야기는 동서고금을 막론하고 사람들의 심금을 울려온 감동적인 이야기인 동시에 인간의 계획을 좌절시키는 운명의 힘에 대한 인식이 표현된 것이다. 윌리엄 셰익스피어William Shakespeare의 『로미오와 줄리엣*Romeo and Juliet*』(1597)에서도 그 극적인 긴장감을 파국으로 몰고 가는 것은 줄리엣의 죽음 연기와 이를 알지 못하고 돌아온 로미오의 자결, 그리고 뒤따른 줄리엣의 자결이다. 셰익스피어는 이 극적인 플롯 요소를 피라모스와 티스베의 신화에서 차용한 것이다.

5장 여성과 자연

고대 사회에서 모든 신화와 예배의 중심은 풍요로움과 생명의 수호신인 대지의 여신이었다. 신화 속의 여신들은 모두 자연과의 친밀한 연관성 속에 있으면서 영원한 생명력과 창조력을 소유한다. 여성의 출산은 죽음과 재탄생의 생태적 순환과 동일시되었으며, 그러한 인식으로부터 여신을 숭배하는 종교가 보편화되었다. 동서양의 많은 신화들 속에서 최초의 신은 여신이며, 천부의 개념은 지모신보다 후에 생겨났다. 그리스의 근원은 어머니 대지인 가이아로부터 시작되며, 이집트의 태초의 세계인 눈은 여성적 이미지의 바다이다. 한편 중국 신화에서 인류의 시작은 여와라는 여신으로부터 비롯된다.

그러나 현존하는 기록에 의한 그리스 신화나 중국 신화는 대체로 남성 신을 중심으로 그 계보가 그려져 있다. 이 같은 현상은 서구 문명이나 중국 문명이 부권제 중심의 인식 체계에 따라 신화를 재현하는 과정에서 빚어진 결과일 것이다. 고고학자들의 연구에 따르면 약 5천 년 전에는 고대 유럽 지역에 모계 중심의 초기 문명이 존재했다고 한다. 그러나 북동쪽의 건조한 평원 지역에서 들어온 인도·유럽족 유목민들의 침입으로 말미암아 창조와 조화의 근원인 여신을 숭배하는 모계 혈통의 초기 문명은 종식되고 파괴와 정복을 특징으로 하는 남성 지배 체제로 들어가게 되었다는 것이다.

중국 신화의 보고寶庫인 『산해경』도 1500년(기원전 12-서기 3·4세기)에 걸친 광범위한 시간 동안 가필·보완·수정되었다. 따라서 구전되던 신화가 문자로 기록되며 각 시대의 이데올로기와 만나 변천하는 과정에서 여성은 가부장제 이전 모계 사회에서의 대지모의 이미지와 가부장제 성립 이후 타자화된 이미지의 이중적인 형태로 나타난다.

1. 중국의 여성 신화

중국 신화에서 여성은 흔히 가부장제 성립 이전의 주체적인 존재로서 자연과 공존하는 어머니의 이미지를 지닌다.[1] 『산해경』에는 기이한 형상의 신들과 반인반수의 괴물들이 대거 등장하는데, 그 가운데 여신으로는 여와, 서왕모西王母, 무라武羅, 여축시女丑尸, 제준의 아내인 희화, 상희常羲, 황제의 딸인 발 등을 들 수 있다. 그런데 그들은 여女 혹은 모母자를 이름에 가지고 있어 여성임을 드러내주고 있기는 하지만 그들의 형상에서는 여성적인 면모를 찾아보기는 힘든 경우가 많다. 꼬리 부분이 뱀의 형상인 여와, 호랑이 이빨에 표범의 꼬리를 한 서왕모, 사람 얼굴에 표범무늬의 가는 허리와 흰 치아를 가진 무라 등의 여신에서 상식적인 여성 이미지를 찾아볼 수가 없다. 그들의 역할 역시 여성의 통념적인 행위와 거리가 멀다. 여와는 인류를 창조했으며, 서왕모는 하늘의 재앙과 다섯 가지 형벌을 관장하는 무시무시한 직분을 가지고 있고, 황제의 딸인 발은 가뭄의 여신으로서 전쟁에서 치우를 공격하여 승리를 거두는 여전사의 역할을 수행한다.

청요산의 여신 무라 명나라 장응호의 『산해경회도』에서

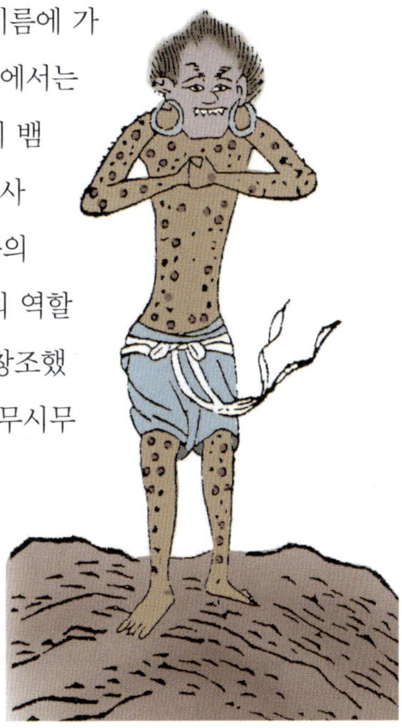

1 송정화, 『중국 여신 연구』, 민음사, 2007, pp. 176-199.

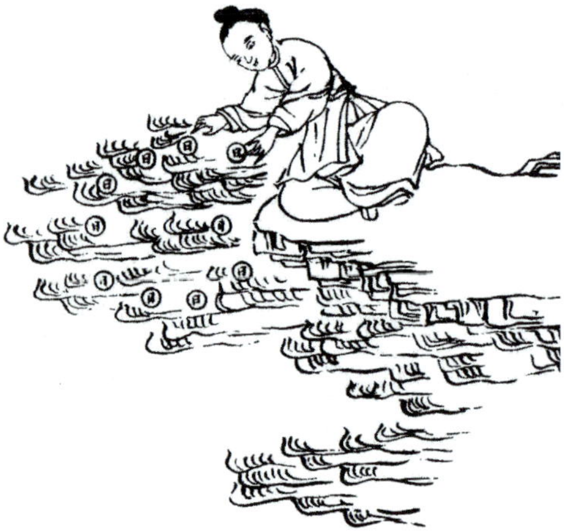

해를 목욕시키는 희화 청나라 왕불王紱의 『산해경존山海經存』에서

한편 『산해경』의 여성들은 변신과 출산을 통해 자연과 소통한다. 희화와 상희는 각각 열 개의 태양과 열 두 개의 달을 낳는다. 태양과 달은 모두 졌다가 다시 떠오르는 순환적인 존재이며 이것은 여성의 생리 주기와 동일시되기도 한다. 이렇게 출산이라는 자연과의 소통 방식을 통해 여성은 자연을 살아 있는 존재로 만듦과 동시에 그 자연을 주관한다.

창조와 치유의 여신, 여와

중국 신화의 대표적인 여신인 여와의 이야기는 『초사』의 「천문」편에 처음 나타난다. 여와가 인류를 만들어낸 이야기는 다음과 같다.

천지가 개벽한 이래 대지는 산과 물, 그리고 초목이 우거졌으며, 짐승들과 물고기들도 생겨났지만 아직 인류는 없었다. 고독하다고 생각한 여와는 황토를 손으로 이겨 수없이 많은 남녀 인간을 하나하나 만들었다. 그녀는 이 작은 생물들이 대지에 가득하기를 바랐다. 그러나 대지는 너무 넓었고 그녀가 쉬지 않고 일을 계속해도 그 소망을 이룰 수가 없었다. 그래서 여와는 줄 하나를 구해 진흙 속에 담갔다가 그것을 끌어올려 대지 위에 한바탕 휘둘렀다. 그리하여 떨어지는 진흙 방울이 잇달아 인간이 되었으니 이제 대지는 인간으로 가득 차게 되었다. 그러고 나서 그녀는 인류가 계속 생존해나갈 수 있도록 혼인 제도를 만들어냈다. 후세 사람들은 최초의 중매인인 여와를 고매高媒로 추앙했고 이 혼인 신을 사당에 모셨는데, 신단 위에는 보통 돌을 하나 세워놓았다고 한다. 그 돌의 의미는 아마도 인류의 생식기 숭배 풍속에 따른 것으로 추정된다.

여와가 인류를 창조한 이후 한동안은 별다른 일이 없었다. 그러던 어느 해

우주에 갑자기 큰 변동이 일어났다. 사방의 끝, 곧 사극이 부서지고 천공天空이 터지고 대지가 갈라졌다. 수풀에는 엄청난 불이 맹렬하게 타오르고 땅속에서는 거대한 물줄기가 솟아올라 홍수가 터졌다. 맹수들은 함부로 날뛰며 사람들을 습격했고, 독수리 등의 맹금은 노인이나 아이들을 덮쳤다. 여와는 자신이 만든 인간들이 비참한 재앙을 당하는 것을 보고 마음이 아팠다. 그래서 그녀는 오색의 돌을 다듬어 훍하게 뚫린 하늘의 구멍을 막고, 커다란 거북의 발을 잘라낸 뒤 그것으로 땅끝에 네 개의 기둥을 세웠다. 그리고 흑룡黑龍을 죽였으며 여러 맹수들을 쫓아냈다. 또 갈대잎을 태워 재를 만든 후 그것을 높이 쌓아 홍수를 막았다. 그리하여 거대한 재앙은 여와의 손으로 평정되고 인간들은 다시 평온하고 활기차게 살아갈 수 있게 되었다. 사람들은 아무 걱정 없이 즐겁게 살게 되었으니, 들판에는 먹을 것이 널려 있고 맹수의 해를 입을 일도 없어 근심이 없었다. 여와는 또 생황笙簧이라는 악기를 만들었다 하여 음악의 여신이 되기도 한다.

아름다운 여성으로 인간화된 여와『중국 고대민간복우도설中國古代民間福佑圖說』에서

여와는 인류 창조의 작업을 끝낸 후 마침내 휴식을 취한다. 그것을 우리는 죽음이라 생각할 수 있지만, 여와는 그냥 사라지지 않고 반고처럼 우주의 다른 사물로 변화한다. 여와의 창자는 열 사람의 신인神人으로 변했는데 이들을 '여와지장女媧之腸', 즉 '여와의 창자'라고 한다. 또 다른 이야기에 의하면 여와가 인류 창조의 작업을 끝내고는 우뢰 소리를 내는 수레를 타고 비룡飛龍을 몰면서 하늘로 올라가 그곳에서 조용히 살았다고 한다.

곤륜산에 강림하는 아름다운 모습의 서왕모
청나라 임훈任薰의 「요지예상도瑤池霓裳圖」에서

마귀할멈 같은 모습의 서왕모
청나라 왕불의 『산해경존』에서

죽음과 생명의 여신, 서왕모

『산해경』의 기록에 의하면 서왕모는 인간이라기보다는 반인반수의 여신이다. 그는 중국의 서쪽 끝에 있는 곤륜산에 살았다고 전해지는데, 표범의 꼬리와 호랑이 이빨, 헝클어진 머리에 비녀를 꽂은 그의 모습은 여신이라고 하기에는 무리가 있을 정도로 괴물스럽다. 서왕모는 하늘에서 내리는 재앙이나 전염병을 관장하며, 손발이나 코를 베는 등의 다섯 가지 형벌을 관장하는 신이다.

죽음을 관장하는 신이기도 한 그녀는 동시에 죽음을 극복하는 힘, 즉 영생과 불사의 능력을 가진 생명의 여신이기도 하다. 『산해경』에 의하면 서왕모가 살고 있던 곤륜산에는 한 개만 먹어도 1만 8,000세를 살 수 있는 복숭아나무가 있었다고 한다. 서왕모는 이 복숭아나무 과수원, 곧 반도원蟠桃園을 관리하고 있었던 것이다. 우리는 앞서 영웅 예가 서왕모로부터 불사약을 얻어왔음을 살펴본 바 있다.

죽음을 극복하고 생명의 여신으로 다시 태어난 서왕모는 후대 중국인들의 상상력을 자극하기에 족했을 것이다. 후세로 갈수록 서왕모는 호랑이 이빨을 가진 사나운 짐승의 모습으로부터 아름다운 미의 여신으로 다시 태어나며, 영웅과 여신의 낭만적인 연애 이야기들의 주인공이 된다. 예를 들어 주나라 때의 목왕穆王은 곤륜산에서 서왕모와 사랑에 빠졌다고 전해지며, 한나라 때에 이르러서는 동왕공東王公이라는 서왕모의 남편 신도 생겨난다.

2. 한국의 여성 신화

한국 신화의 특징은 구비 신화가 풍요롭다는 데 있다. 구비 신화는 전승되는 무가와 설화 속에 포함되어 있으며, 현재 전승되는 무당들의 굿거리에 그 내용이 담겨 있다. 그런데 한국에서 흔히 무당은 여성들인 경우가 많으며 따라서 무속 신화의 내용은 가부장 제도 하에서의 횡포와 그로 인해 고통받는 여성, 그리고 그러한 여성의 진정한 가치를 드러냄으로써 잘못된 사회 통념을 바로잡고자 하는 여성의 염원을 담고 있다.

망자의 동행자, 바리공주

<바리공주>는 한국의 대표적인 서사 무가로서, 망자를 저승으로 천도薦度하기 위해 베풀어지는 굿거리에서 구연된다. <바리공주>는 가부장적 사회에서 딸로 태어나 부모에게 버림받았으나 수많은 시련을 극복하고 초월적 존재가 된 여성 인물의 이야기이다. 무가의 내용은 지역별로 약간의 차이가 있으나 여기서는 서울과 경기 중서부 지역본을 중심으로 그 내용을 살펴보고자 한다. <바리공주> 혹은 <바리데기>의 서사 단락은 다음과 같이 요약된다.[2]

1) 옛날 어느 왕국의 국왕이 즉위하여 결혼을 하려고 점을 친다.
2) 점쟁이는 왕에게 금년에 혼례를 하면 공주만 일곱을 낳을 것이고 내년에 혼인하면 왕자 셋을 낳을 것이라 예언한다.
3) 왕은 점쟁이의 말을 무시하고 그해에 결혼을 한다.
4) 왕비는 계속해서 공주만 여섯을 낳는다.
5) 왕은 점쟁이의 예언이 실현된 것을 알고는 왕자를 낳게 해달라고 신께 치성을 드린다.
6) 왕과 왕비는 상서로운 태몽을 꾸고 일곱 번째 아이를 잉태하여 사내아이를 기대했으나 또 공주를 낳는다.
7) 왕은 화가 나서 일곱 번째 공주를 옥함에 넣어 강물에 띄워 버린다.
8) 바리공주는 석가세존의 지시를 받은 비리공덕할아비와 비리공덕할미에게 구출되어 양육된다.

2 서대석, 앞의 책, pp. 272-273.

9) 바리공주가 15세 되던 해 왕은 병이 들고, 꿈에 신의 사자인 청의동자靑衣童子가 나타나 '바리공주를 내버린 죄로 병이 들었으니 그 병을 고치려면 내버린 공주를 찾아내어 신선세계의 약수를 길어다 먹어야 한다'고 말한다.

10) 왕의 신하들은 바리공주를 찾아내어 궁중으로 데려와 부모를 만나게 하고 바리공주는 약수를 구하러 길을 떠난다.

11) 바리공주는 여러 신들의 도움으로 저승세계를 지나 신선세계에 도달하고, 약수를 지키는 무장승을 만나 약수값으로 3년간 나무를 해주고, 3년간 물을 길어주고, 3년간 불을 때주고, 이어 무장승과 결혼하여 일곱 명의 아들을 낳은 후에야 비로소 약수를 얻어 돌아온다.

12) 왕이 이미 죽어 장례를 치르려 할 때 바리공주는 약수로 죽은 아버지를 살려낸다.

13) 살아난 왕은 바리공주의 공을 인정하고 그의 소원을 들어준다. 즉 바리공주는 무신巫神이 되어 무당의 제향을 받아먹도록 하고 일곱 아들은 저승의 십대왕이 되게 하고, 남편 무장승은 산신山神이 되게 한다.

이 요약에서 알 수 있듯이 이야기는 '금지의 선언 → 금지 위반 → 금지 위반에 대한 징벌 → 그 징벌로부터의 탈피'의 구조를 가지며[3] 두 번의 금지와 위반, 그리고 그에 대한 처벌로 이루어진다. 첫 번째 금지는 '아들을 못 낳는 해에 결혼하지 말라'는 것으로, 그 금지를 위반한 것에 대한 처벌은 여섯 딸의 출산이다. 왕은 금지 위반을 벗어나고자 치성을 드리고 이에 일곱 번째 아이를 잉태한다. 그러나 태몽에 의해 일곱 번째 아이가 비범한 인물임을 암시했음에도 불구하고 왕은 아이를 내다버림으로써 두 번째 금지를 위반하고, 이 위반의 행위로 인해 왕은 죽을 병에 걸리게 된다. 병이 낫기 위해서는 버린 아이를 찾아내어 그 아이가 길어온 약수를 먹어야 한다. 바리공주의 희생

---

3 같은 책, p. 282.

바리공주 조선민화박물관

과 헌신적인 노력으로 아버지 왕은 소생한다. 바리공주의 고행은 아버지의 죄를 속죄하기 위한 행위이다. 국왕은 두 번이나 금지를 무시했거나 위반했다. 그는 그 위반의 징벌을 체험한 후에야 신에게 복종한다. 바리공주는 아버지에게 버림받았으나, 지극한 효심으로 아버지의 죗값을 치르고 그를 구원에 이르게 한다.

바리공주 신화는 약수를 구해다 아버지를 살려내는 위대한 행위를 통해, 여성이 부당하게 고통받는 가부장제 사회에서 여성의 진정한 가치를 보여주고자 한다. 갓난아기를 버리는 장면은 가부장 사회에서의 부당한 행위에 대한 고발에 다름 아니다. 부모의 가혹한 처사에도 불구하고 바리공주는 아버지를 구하고자 고행의 길을 떠난다. 마침내 그녀는 약수를 찾아내지만 약수를 얻는 대가로 9년이나 힘든 일을 하고, 무장승의 배필이 되어 일곱 아이를 낳아주어야만 했다. 즉 여성이 가진 출산력마저도 고난을 해결하는 과정에 이용되었던 것이다.[4]

아버지를 회생시킨 바리공주는 죽은 사람을 살려냈다는 점에서 무당의 치병治病 기능을 완수하고 있으며, 또 그 공로로 무신巫神 또는 저승신이 되어 무속인의 제향을 받게 된다. 한편 바리공주는 망자를 이승에서 저승으로 인도하는 역할도 한다. 아버지의 약을 구하러 이미 저승을 다녀온 바 있는 바리공주는 이승과 저승을 넘나들 수 있는 초월적인 능력을 가지고 있는 것으로 여

4 홍태한, 『한국 서사무가 연구』, 민속원, 2002, p. 200.

겨지며, 그런 그녀에게 망자의 저승길을 맡김으로써 망자의 자손들은 안심하게 되는 것이다.

무속 사회에서 주도권을 쥔 무당은 여성인 경우가 많다. 무속의식의 주체가 여성이고 그 의식에 참여하는 관중 역시 여성이 대다수를 차지한다. 그렇게 볼 때 바리공주는 전통사회에서 억압당했던 여성의식이 만들어낸 산물이라고 볼 수 있다.[5]

3. 그리스 로마의 여성 신화

그리스에서 여성은 생명력의 원천이자 생명의 보호자인 대지모나 대지의 여신, 결혼의 보호자, 사랑의 여신, 지혜와 도시 및 문명 생활의 여신, 자유로운 사냥꾼, 남성을 능가하는 육체적 능력의 보유자 등의 모습으로 그려졌다. 하지만 여성은 남성 중심적인 시각에서 유혹자, 악녀, 인류에게 내린 재앙 등으로 왜곡된 채 극히 부정적으로 그려지는 경우가 허다하다. 악녀의 대명사와 같은 메데이아, 뱀의 머리를 한 흉악한 모습의 메두사가 있는가 하면 남편을 죽인 클리타임네스트라도 있다. 헤시오도스에 의하면, 여성은 인간이 너무 강해질 것을 염려한 신들이 인간들에게 의도적으로 보낸 재앙이라 한다.[6] 다음에서 그리스 신화가 보여주는 다양한 여성성의 모습을 살펴보자.

모성애의 화신, 데메테르·가이아·레아

우주가 생성된 후 하늘인 우라노스를 아버지로 하고 대지인 가이아를 어머니로 한 생명체들이 태어났는데 그들은 괴물이었다. 이들 중 손이 백 개 달

5 서대석, 앞의 책, p. 284.

6 에디스 해밀턴, 앞의 책, p. 86.

리고 머리가 오십 개 달린 괴물들이 있었는데 아버지 우라노스는 이들을 혐오하여 땅속에 가두어버렸고, 이에 분노한 어머니 가이아는 아들인 크로노스의 도움으로 자신의 자식들을 학대하는 우라노스를 거세하여 무력화시킨다. 이 최초의 여성이라 할 수 있는 가이아는 이와 같이 땅의 힘을 상징하며, 자신이 잉태한 모든 것을, 그것이 사랑스럽고 정의롭건, 추악하고 괴물 같건 가리지 않고 무조건적으로 보호하고 사랑하는 존재, 그러니까 질서를 부여하고 가치 있는 것과 가치 없는 것을 가리려는 부성적 시도를 거부하는 존재로 그려지고 있다.

어머니와 공모하여 아버지를 무력화시키고 자신의 동기들을 보호했던 크로노스 역시 자식을 보호하려는 아내 레아에게 배신당하는 운명에 처한다. 크로노스는 아들들 중 하나가 자신의 권력을 빼앗아가리라는 예언 때문에 자식을 낳는 대로 삼켜버리고, 이것을 견딜 수 없게 된 레아가 일곱 번째로 낳은 제우스를 크레타섬으로 빼돌려 님프와 크레타 왕의 딸들의 보살핌 속에 크도록 한다. 제우스가 성장하자 레아는 제우스와 같은 편에서 남편에게 대항하여 싸운다. 가이아가 보호했던 (땅과 혼돈과 무질서와 비이성성을 상징하는 것처럼 보이는) 괴물과는 달리, 레아가 보호한 제우스는 법과 질서와 권력의 존재이다. 따라서 두 여신 모두 자식을 위해서는 남편도 배반할 수 있는 강렬하고 무조건적인 모성애를 보이지만 그들이 보호하는 가치는 시대의 흐름에 따라 부성화된 가치로 변천한다.

크로노스와 레아
기원전 4세기, 부조
레아가 기저귀에 싼 돌을 크로노스에게 건네고 있다.

이들처럼 물불을 가리지 않고 자식에게 가해지는 해악에 대해서 분노와 징벌로 맞서는 어머니상은 대

지의 여신인 데메테르가 페르세포네를 잃어버리는 순간 보였던 분노에서도 반복되는 모티프이다. 가이아의 맥을 이어 그리스에서는 땅이 전통적으로 여성과 연관되어 있음을 알 수 있다. 곡식의 여신이기도 한 데메테르는 대지에서의 생명의 잉태뿐 아니라 양육과 순환도 담당하고 있어, 그녀가 딸 페르세포네의 실종을 슬퍼하는 동안은 대지가 불모의 상태가 되는 것으로 표현되어 있다. 그러나 딸을 찾게 되자 대지는 다시 아름다운 생명을 낳게 되고 곡식과 풀과 꽃과 나무가 피어나게 된다. 겨울에 대지가 불모의 상태가 되는 이유는, 하데스가 페르세포네를 데메테르에게 돌려보내기 전에 지옥의 음식을 먹여 다시 지옥으로 돌아와야만 하게 만들었고, 페르네포네가 지옥에서 보내는 한 철 동안 데메테르는 큰 슬픔 속에서 딸을 기다려야 하기 때문이다.

페르세포네의 귀환 프레데릭 라이톤, 1890-1891년

여성성의 다변화, 헤라·아프로디테·아테나·아르테미스

그리스의 열두 신 가운데 여성신들은 데메테르와 같은 원초적 모성으로부터 발전되고 다변화된 여성상을 드러낸다. 제우스의 자매이자 아내인 헤라는 결혼의 보호자로서, 결혼한 여성들을 돌보는 것이 그 임무였다. 헤라의 딸 일리시아Ilithyia는 여성들의 출산을 도와주는 신이다. 아름답고 위풍당당한 모습으로 묘사되는 헤라이지만, 제우스가 흥미를 가지고 구애를 한 여성들과 그

제우스와 헤라의 결혼 기원전 5세기경, 시칠리아, 셀리논테 사원 부조

들의 자손들에 대해서는 끈질기고도 잔인하게 복수하는 질투심 많은 여신이었다. 트로이의 왕자 파리스Paris가 세 명의 여신, 즉 헤라와 아테나와 아프로디테 가운데 아프로디테를 가장 아름다운 여신으로 심판했다고 하여, 명예로운 평화협정으로 끝날 수도 있는 트로이 전쟁에서 결국 트로이가 끝까지 초토화되도록 한 것도 헤라였다. 헤라는 사회가 공인하는 여성의 전통적인 역할을 대변하는 여신이다.

헤라 이외에 우리가 보통 전통적으로 여성적이라고 생각하는 특성을 지닌 여신으로는 사랑의 여신 아프로디테가 있다. 아프로디테는 신이건 사람이건 가리지 않고 사랑에 빠지게 한다. 아프로디테에게는 때로는 어린아이의 모습으로 때로는 성인의 모습으로 그려지는 에로스Eros 혹은 큐피드Cupid라는 아들이 있는데, 그는 화살을 가지고 다니며 어머니의 명령에 따라 사랑의 화살을 쏘고 그 화살을 맞은 대상은 걷잡을 수 없는 열정에 빠지게 된다. 그리고 아프로디테는 그들을 바라보며 조롱하듯 웃는다. 『일리아드』에서 아프로디테는 제우스와 디오네Dione가 낳은 딸로 되어 있다. 그런데 그보다 뒤에 나온 시에서는 우라노스의 성기가 잘려 바다에 떨어져 생긴 거품에서 탄생했다고 되어 있다.

보통 그 눈부신 아름다움으로 많은 칭송을 받는 이 여신은 그러나 『일리아드』의 전장에서는 겁 많고 엄살이 심한 볼품없는 존재로 그려진다. 또한 신들 중 가장 못생긴 대장장이 신 헤파이스토스Hephaistos를 남편으로 둔 그녀는, 전쟁의 신 아레스Ares와 불륜 관계를 가지다가 이를 눈치챈 헤파이스토스가

아프로디테와 아레스의 밀회 현장을 덮친 헤파이스토스 틴토레토, 1550년경

아테나 여신 기원전 4세기, 대리석상

침대에 장치해놓은 그물에 아레스와 함께 걸려 올림포스의 모든 신들 앞에서 망신을 당하는 것으로 그려지기도 한다. 아프로디테는 사회적인 규범의 한계를 초월하는 여신으로서, 자유분방하고 걷잡을 수 없는 탐닉적인 사랑의 힘을 상징한다.

그리스인들은 여성의 역할을 이러한 가정적 질서 혹은 사랑의 영역에만 국한시킨 것이 아니었다. 그리스인들은 지혜의 담당자를 여신으로 만들었다. 지혜의 여신인 아테나Athena는 제우스의 머리에서 장성한 모습으로 갑옷을 입고 태어났다. 그러나 그리스인들이 여성을 진정한 지혜의 원천으로 생각했는지에 대해서는 논란의 여지가 있다. 사실 아테나가 아버지의 머리에서 이런 모습으로 태어난 데에는 사연이 있다. 아테나는 제우스의 첫 번째 배우자인 메티스Metis 여신에게서 잉태되었는데, 제우스는 메티스가 다음에 잉태할 자손이 자신의 자리를 빼앗으리라는 예언 때문에 그녀를 집어 삼켜버렸다. 즉 우라노스가 자신의 권세를 유지하기 위해 자신이 낳은 자식들을 지하에 가두어놓았고, 크로노스도 자신을 제거할 후손이 두려워 자식들을 집어 삼켰다면, 제우스 역

아르테미스 여신
기원전 4세기 후반, 대리석상

시 같은 두려움 때문에 아예 자손들의 어머니를 삼켜버린 것이다. 후에 제우스가 극심한 두통을 호소하자 포세이돈 혹은 헤파이스토스가 도끼로 그의 머리를 쳤고, 여기서 아테나가 태어났다고 한다. 제우스의 충실한 보조자가 된 아테나는 여성이지만 사랑을 도외시하며 생각과 행위는 남성적인 특성을 가지고 있다.[7]

아테나는 『일리아드』에서는 사나운 전쟁 여신의 역할을 담당하는데, 후에는 외적으로부터 국가와 가정을 보호할 때에만 호전성을 띠는 것으로 그려진다. 아테나는 도시의 여신으로서 문명 생활과 수공업과 농업의 여신이다. 고삐의 발명가이자 최초로 말을 길들여 인간이 사용할 수 있게 했던 아테나는 제우스가 가장 총애하는 자식으로서 제우스의 방패와 천둥 번개를 맡아 가지고 다닌다.

활을 메고 사냥개를 몰고 숲속을 자유로이 뛰어다니며, 아프로디테의 사랑의 계략에 결코 함락되지 않는 자유로운 처녀이자 사냥의 여신 아르테미스Artemis는 활달한 성품의 여성들이 한 번쯤은 선망해볼 만한 존재이다. 제우스와 레토Leto 사이에서 태어났고, 아폴론과는 쌍둥이 남매가 되는 이 여신은 야생동물의 보호자이고, 신들의 사냥꾼 대장이다. 훌륭한 사냥꾼들이 그러하듯이 그녀는 어린 동물을 주의 깊게 보호했다. 그래서 아르테미스는 젊음의 수호자가 된다. 그러나 때로는 사납고 복수심이 강한 모습을 드러내기도 한다. 그녀는 달의 여신이기도 하고, 악한 마술의 여신 헤카테Hecate와 동일시되기도 하는 삼면성을 가진 여신이다.

제우스, 포세이돈, 하데스 등 주요 남신들이 인간의 일상생활과 별 관계가 없는 신들이라면, 헤라, 아프로디테, 아테나, 아르테미스 등의 여신들은 사람들의 일상생활에 깊숙이 관여하고 있다.

---

7 Barry B. Powell, 앞의 책, p. 91.

공포의 메두사와 악녀 메데이아

여성적 존재 중에 가장 사악하게 그려진 것으로는 세 명의 고르곤Gorgon이 있다. 그들은 부풀어 오른 얼굴에 툭 튀어나온 눈, 벌어진 입과 늘어진 혓바닥, 뾰족한 이빨에 용의 비늘로 덮인 목을 가지고 있다. 그들의 흉측함은 한 올 한 올 살아 꿈틀거리는 뱀으로 된 머리카락에서 절정을 이룬다. 소름끼치는 이들을 바라보는 사람은 누구나 공포에 사로잡혀 그 자리에서 돌로 변해버린다. 그러나 신화에 따르면 이들은 원래 눈부시게 아름다운 처녀들이었다고 한다. 특히 메두사는 바다의 신 포세이돈이 첫눈에 반할 정도로 뛰어난 미모를 가지고 있었다. 메두사는 포세이돈을 아테나 여신의 신전에 끌어들였고 그들은 그곳에서 격렬한 사랑을 나누었다. 정숙한 처녀 여신 아테나는 이들의 행각을 보고 몹시 화를 내면서 다시는 남성을 유혹할 수 없도록 메두사를 끔찍한 괴물로 만들어버렸다. 그 후 메두사를 본 사람들이 모두 돌로 변해 죽게 되자 신들은 영웅 페르세우스를 보낸다. 제우스와 다나에Danae의 아들 페르세우스는 무적의 칼, 몸을 보이지 않게 하는 망토, 그리고 상대를 직접 바라보지 않고 싸울 수 있도록 상대방의 모습이 비치는 방패를 헤르메스와 아

메두사의 머리
페테르 파울 루벤스, 1617년

테나에게서 받아 메두사의 목을 베는 데 성공한다.

바로크 미술의 거장 페테르 파울 루벤스Peter Paul Rubens는 메두사의 머리가 잘리는 극적인 순간을 가장 실감나게 표현했다. 그는 벼랑에 팽개쳐진 메두사의 잘린 머리를 그렸는데, 이 그림에서 메두사는 두 눈을 부릅뜬 채 죽어가고 있고, 무참하게 잘린 그녀의 목에서 흐르는 피는 땅을 흥건히 적시고 있다. 우글거리는 새끼뱀들은 시체의 피를 마시면서 무서운 속도로 자라고 있다. 징그러운 뱀들이 우글거리는 이 장면은 혐오감을 느끼게 한다. 그러나 그 혐오감 뒤에 숨어 있는 무어라 말할 수 없는 관능은 보는 이들을 사로잡는다.[8]

메두사 신화는 금지된 욕망 안에는 죽음이 도사리고 있다는 것을 말해준다. 쾌락과 공포, 성욕과 죽음이 함께하는 것이다. 19세기의 영국 시인 퍼시 비시 셸리Percy Bysshe Shelley는 메두사의 위험과 매력을 다음과 같이 노래한다.[9]

그것은 엄청난 매력을 지닌 공포
그리고 끊임없이 변하는 거울
그곳에 있는 모든 아름다움과 공포를 비추는
저 젖은 바위에서 하늘을 뚫어지게 바라보고 있는
머리카락이 뱀으로 된 여인의 얼굴
그것은 공포의 사나운 사랑스러움
공기의 전율하는 증기
모든 아름다움과 공포의 끝없이 변하는 거울로 만드는
돌이킬 수 없는 실수에 의해 켜진
강렬한 빛을 뱀들은 발하나니[10]

---

8 이명옥, 『팜므 파탈』, 다빈치, 2003, p. 36.
9 같은 책, pp. 37-38 참조.
10 Percy Bysshe Shelley, “On the Medusa of Leonardo da Vinci”, *Posthumous Poems*, John and Henry L. Hunt, 1824, pp. 134-140 참조.

한편 오늘날 여성학에서는 메두사를 가부장적 질서가 여성이라는 존재에 투영하는 사악함의 표상으로 읽기도 한다. 즉 원래는 아름다운 존재였던 메두사에게 남성들이 거세공포와 혐오를 투사하여 사악한 존재로 변형시켰다는 것이다. 이들의 주장은 프로이트의 이론에 일부 근거하고 있다. 프로이트는 메두사의 얼굴이 여성의 음부를 상징한다고 보았다. 즉 메두사의 신화에는 여성의 은밀한 곳을 보고 싶은 욕구와 그것에 대한 공포가 공존하고 있다는 것이다. 음모로 덮여 있는 어머니의 성기를 보고, 성기가 잘린 것이라고 상상하여 거세의 공포에 사로잡힌 아이는 음모 하나하나를 성기를 상징하는 뱀으로 상상함으로써 거세의 공포를 완화시킨다는 것이 프로이트의 주장이다.[11] 그리고 한편 이러한 프로이트의 남성 중심주의적 통찰을 페미니스트들은 그리스 신화의 남성 중심적 편향성을 지적하는 출발점으로 사용했다. 프랑스의 페미니스트 이론가이자 작가인 엘렌 식수Hèlène Cixous는 그녀의 책 『메두사의 웃음*Le Rire de Méduse*』에서 메두사 신화를 뒤집어 읽으며 여성에 대한 공포에 사로잡힌 남성들을 비웃는다.

> 사람들은 우리를 두 개의 끔찍한 신화, 메두사와 심연 사이에 응고시켰다. 이것이 계속된다면 이 세상 인구의 절반이 웃음보를 터뜨릴 일이다. 왜냐하면 남성·이성 중심주의의 병사가 거기에 있기 때문이다. 그 병사는 옛 도식들을 재생산해내는 거세의 도그마 안에 닻을 내린 투사이다. 그들은 아무것도 변화시키지 못했다. 그들은 그들의 욕망을 현실인 것으로 이론화시켰다. 그들, 사제들이야 벌벌 떨라지! 우리는 그들에게 우리의 섹스트sextes[12]를 보여줄 테니!

---

11 지그문트 프로이트, "메두사의 머리-초고", 『프로이트 성애론』, 정성호 편역, 문학세계사, 1997, pp. 226-227 참조.

12 'sexte'는 성무일도聖務日禱의 6시과(정오에 해당)를 나타내는 말로서, 여기에는 그 속에 혼합되어 있는 'sexe(sex)'와 'textes'라는 두 가지 의미가 다 포함된다. 즉 여성의 성, 여성이 만든 텍스트, 그리고 여성의 정오라는 의미를 다 포함하는 복합적인 의미로 해석할 수 있을 것이다.

(……)

메두사를 보기 위해서는 그녀를 정면에서 바라보기만 하면 된다. 그녀는 죽음을 불러오는 존재가 아니다. 그녀는 아름답다. 그리고 그녀는 웃고 있다.[13]

메두사의 이미지는 시대를 뛰어넘어 현대 패션계에서 그 진가를 발휘한다. 1981년 설립된 세계적 패션 브랜드 '베르사체Versace'는 아테나 여신의 저주를 받은 메두사를 브랜드 로고로 사용한다. 메두사의 얼굴을 똑바로 쳐다본 사람들이 돌처럼 굳어버리고 말았듯이, 황금빛 메두사의 베르사체 패션은 보는 사람을 압도할 만큼 아름다운 힘을 가지고 있음을 상징하는 것이다.

황금 양털 이야기에서 중요한 역할을 하는 메데이아 역시 재평가되어야 할 중요한 여성상이다. 메데이아는 이아손이 아르고Argo선의 용사들을 이끌고 황금 양털을 찾으러 갔던 콜키스Colchis라는 나라의 공주인데, 마법의 힘을 가지고 있다. 콜키스는 새 왕비의 계략으로 목숨에 위협을 느낀 이아손의 사촌이자 왕자인 프릭소스Phrixos가 피신했던 곳이다. 그는 제우스가 제공한 황금 양을 타고 날아서 콜키스로 갔다. 콜키스인들은 원래 사나운 사람들이었으나 프릭소스에게는 인정을 베풀어 그가 그곳에서 정착할 수 있게 해주었다. 프릭소스는 자신이 타고 온 황금 양을 잡아 제우스에게 제사를 지냈고, 그 이후로 이 양의 털가죽은 콜키스에 남아 있었다. 이아손은 이것을 찾으러 온 것이다. 콜키스의 왕 아이에테스Aietes는 황금 양털을 내어주지 않으려고 불가능한 조건을 제시한다. 즉 자신이 가진 두 마리의 사나운 황소(청동의 발을 가지고 불을 뿜는)를 쟁기에 묶어 밭을 쟁기질하고, 용의 이빨을 이랑에 뿌려 거기에서 태어나는 용사들을 모두 무찌르

| 베르사체 로고

13 엘렌 식수, 『메두사의 웃음/출구』, 박혜영 옮김, 동문선, 2004, p. 29.

면 황금 양털을 주겠다는 것이다. 여기서 헤라가 개입한다. 헤라는 메데이아가 이아손을 보고 첫눈에 반하도록 만든다. 메데이아는 아버지를 배반하는 것을 슬퍼하면서도 어쩔 수 없이 이아손을 돕기 위해 그의 몸과 칼에 마법의 약을 발라 하루 동안 아무도 그를 상할 수 없게 만든다. 그렇게 메데이아의 도움으로 이아손은 무사히 이 어려운 시련을 극복한다. 아이에테스는 약속을 어기고 황금 양털을 주지 않을 결심을 하지만, 메데이아는 황금 양털을 지키는 뱀을 자신의 힘으로 잠들게 하여 그리스인들이 양털을 차지할 수 있도록 돕는다. 메데이아 자신도 이아손을 따라 그리스로 갈 작정이었다. 이아손과 메데이아 일행이 배를 타고 떠나자 곧이어 콜키스인들이 추격해왔고, 이들을 따돌리는 과정에서 메데이아는 자신의 남동생까지 죽이게 된다. 이제 메데이아는 오로지 남편 이아손의 사랑밖에는 의지할 데 없는 외로운 처지가 되어 타향인 그리스로 향한다.

메데이아 프레데릭 샌디, 1866-1868년

그리스로 돌아온 이아손은, 과거 아버지의 왕위를 찬탈했던 사촌 펠리아스 Pelias에게 자신이 관대한 처분을 내려주었음에도 불구하고 그가 아버지에게 자살을 종용했음을, 또한 어머니마저 아버지의 죽음에 대한 충격과 슬픔으로 돌아가신 것을 알게 된다. 메데이아는 이아손의 복수를 돕기 위해 펠리아스의 딸들에게 '아버지를 젊어지게 하는 비방'이라며 꼬드겨, 그를 토막내어 가마솥에 넣고 끓이게 만든다.

이런 일이 있은 후 이들은 코린트로 이주하여 살게 되는데, 이아손이 야심 때문에 코린트의 왕녀와 결혼할 것을 결심한다. 이를 알게 된 메데이아는 코린트의 왕에게 경고장을 보내고, 메데이아가 자기 딸을 해칠 것을 염려한 코린트의 왕은 메데이아에게 추방령을 내린다. 이아손은 추방령을 받고 절망에 빠진 메데이아에게로 와서 오히려 그녀의 경솔한 행동을 꾸짖고, 메데이아는 분노에 사로잡히게 된다. 그녀는 아름다운 옷에다 독을 칠하여 자신의 두 아들에게 들려 코린트의 왕녀에게 보낸다. 그러고는 그 선물을 받아들인다는 표시로 그 자리에서 바로 옷을 입어달라고 부탁한다. 왕녀는 아름다운 옷에 마음을 빼앗겨 그 자리에서 입어보다가 죽게 된다. 메데이아는 두 아들이 살아남아도 종의 신분으로 천박한 삶을 살게 될 것이 두려워 그들마저 죽인 후, 홀로 용들이 끄는 마차를 타고 떠난다.

이아손과 메데이아 귀스타브 모로, 1865년

메데이아는 사랑을 믿고 사랑에 모든 것을 거는 여성의 속성과, 그 기대가 배반되었을 때 나타날 수 있는 여성의 잔인성이라는 양면을 표상하는 존재이다. 전통적으로 악녀의 대명사로 알려졌던 메데이아는 현대 페미니즘 학자들에 의하여 남성의 부당한 대우에 용감하게 저항한 여성으로 해석되기도 한다.

이외에도 남성 중심 사회에서 처음부터 끝까지 철저하게 희생된 여성으로는 트로이의 공주 카산드라가 있다. 카산드라를 사랑한 아폴론은 그녀에게 예언의 힘을 주었다. 그러나 카산드라가 아폴론의 구애를 받아들이지 않았고, 이에 화가 난 아폴론은 자신이 그녀에게 준 선물을 무력하게 만들었다. 즉 그녀의 예언은 언제나 옳지만 아무도 그 예언을 믿지 않도록 만든 것이다. 그리하여 그녀는 곧 닥칠 재난을 아무리 소리 높여 경고해도 아무도 귀 기울여주지 않는 기막힌 상황에 처하게 된다. 트로이의 목마를 성 안으로 들여놓자는 의견이 나왔을 때도 카산드라는 그 안에 그리스 병사들이 매복해 있다는 사실을 알고 이것을 극구 말렸으나 소용이 없었다. 트로이가 패하게 되자 그녀는 아테나의 신전에 가서 여신상에 매달려 도움을 구했다. 그러나 아이아스를 비롯한 그리스 병사들이 그녀를 끌어내어 범했고, 이에 노한 아테나 여신은 포세이돈에게 부탁하여 그리스 선단의 귀향길에 혹독한 시련을 주도록 했다. 이것이 오디세우스가 귀향하는 데 10년이나 걸린 이유이기도 하다. 어쨌든 카산드라는 아가멤논의 전리품이 되어 그리스로 갔다. 그곳에서 아가멤논과 카산드라는 아가멤논의 아내 클리타임네스트라와 그녀의 연인 아이기스토스의 손에 죽게 된다. 사랑의 보복, 사회적 무시, 능욕, 전리품화, 그리고 질투에 의한 살해 등 카산드라는 남성 중심 사회가 여성에게 가할 수 있는 거의 모든 형태의 박해를 다 받는 희생물이 된다. 독일의 여성 작가 크리스타 볼프Christa Wolf는 『카산드라*Kassandra*』(1984)라는 소설에서 아무리 말해도 아무도 듣지 않는 카산드라의 목소리를 통해 동독이라는 억압된 사회를 고발하고 있다. 신화를 빌어 현실 정치 체제를 비판했던 것이다.

아이아스와 카산드라 조셉 솔로몬, 1886년

그리스인들은 성적인 규정성에 있어서 현대인들보다 훨씬 다변화된 생각을 갖고 있었다. 그들은 남성들과 달리기 내기를 하여 번번이 이기는 아틀란타라는 처녀를 그려냈는가 하면, 남성들에게 반란을 일으켜 자기 종족 내의 모든 남성(반란의 주동자 중 한 여성의 아버지인 늙은 왕을 제외하고)들을 죽여버린 여전사 아마존Amazon들을 상상해내기도 했다. 또한 디오니소스 신의 추종자인 마이나데스Maenades라는 여인들은 산과 들을 헤매고 다니다가 광기가 발동하면 산 짐승을 잡아서 그 날고기를 찢어먹는 모습으로 묘사되기도 한다. 18세기와 19세기 유럽에서 규정된, 가정에 들어앉아 가족의 안녕을 살피는 얌전한 여성의 전형과는 사뭇 다른 모습이다.

6장 연단술과 연금술

신화적 상상력은 동서양 모두 시대의 변천에 따라 내용의 변모를 겪는다. 인간이 불멸의 존재로 변신하는 일, 이것은 인간의 궁극적인 욕망이자 신화적 상상력의 중요한 내용 중 하나이다. 동양의 경우 이러한 신화적 상상력은 고대에 이르러 '단약丹藥이라는 불사약을 복용하면 신선이 될 수 있다'는 도교의 연단술鍊丹術로 변모되고, 서양의 경우 중세에 이르러 '황금액인 엘릭시르Elixir를 먹으면 불사신이 될 수 있다'는 연금술鍊金術로 변모된다. 따라서 동양의 경우 신화와 도교, 서양의 경우 신화와 연금술은 각자의 상상 세계에 있어서 가장 중요한 내용이 아닐 수 없다.

연단술 혹은 연금술은 이중적 양상을 지닌다. 한편으로는 실험실에서의 화학 실험적인 작업이며, 다른 한편으로는 정신적·심리적인 과정이다. 첫 번째 실험적 작업은 동양의 경우 한의학이, 서양의 경우 화학이 탄생하는 계기가 되었다. 한편 연단술사 및 연금술사들은 인간의 신체와 물체 내부에는 공통으로 완전한 우주의 씨가 존재하며, 인간은 이 씨를 합성할 수 있는 기술을 획득할 수 있다고 믿었는데, 이 씨는 연단술에서는 단약 혹은 금단金丹으로, 연금술에서는 엘릭시르 혹은 만능의 약, 현자의 돌Philosopher's Stone 등으로 표현되었다. 불사약인 이 우주의 씨를 합성하기 위해서는 인내와 겸허한 마음, 사물에 대한 자비가 필요하다. 따라서 고행과 시련을 통해서만 단약과 엘릭시르를 획득할 수 있다.

동서양의 신화를 계승한 중요한 상상력인 동양의 연단술과 서양의 연금술은 많은 곳에서 차이를 보이지만 근본은 일치한다. 그들은 모두 물질이 변화한다는 것을 믿었고, 현자의 돌이나 생명의 묘약의 존재를 믿었다. 완전성을 지닌 금이라는 금속을 추구함으로써 영원한 생명을 추구한다는 생각이 한 지역에서 발생한 후 전 세계로 퍼져나갔는지, 아니면 여러 지역에서 각각 자발적으로 생겨났는지는 증명할 길이 없다. 그러나 분명한 것은 수세기 동안 인간의 마음속에는 '인간이 찾아 헤매지만 결코 발견할 수 없었던 영원함과 완전함'에 대한 생각이 항상 큰 자리를 차지했다는 사실이다. 이 영원성 및 완전성에 대한 갈망은 비록 연단술 혹은 연금술이 주술로 치부되어 외면받고 합리적인 과학이 세계를 지배하는 오늘에 이르러서도 여전히 우리의 상상 세계에서 엄청난 힘을 발휘하고 있다 할 것이다.

1. 동양의 연단술

일찍이 기원전 3-기원전 4세기부터 연단술이 발달한 중국의 경우 연단술의 의미는 특히 정신적 수련에 있다. 연단술을 행하는 신선가가 변화를 통해 금을 만드는 것은 부자가 되기 위해서가 아니라 불사의 성분인 금을 섭취함으로써 영생을 얻기 위해서이다. 중국의 저명한 신선가 갈홍葛洪[1]은 『포박자抱朴子』에서 "연단술사가 변성을 통해 금을 만드는 것은 부자가 되려고 하는 것이 아니라, 이 금을 통하여 영생을 얻으려 함이다."[2]라고 기술하고 있다. 중국

1 중국 동진東晉 시기의 문인·도인. 주요 저서로는 『포박자抱朴子』, 『신선전神仙傳』 등이 있다.

2 갈홍, 『포박자·내편』, 권4, 「금단金丹」.

인들은 물질과 정신을 따로 구분해서 생각하지 않았다. 그들은 영혼이 육체 내에 존재한다고 보았고, 육체가 영혼과 분리되어서는 생명이 존재할 수 없다고 생각했다. 여기서 생명의 묘약은 육체와 영혼을 영원히 결합시켜주는 역할을 한다.

기원전 4세기의 전설적인 인물 추연鄒衍[3]은 음양의 원리와 오행설을 체계적으로 해석한 최초의 철학자이다. 음양오행설陰陽五行說에 따르면 모든 물질은 음과 양의 두 기운 그리고 금金, 목木, 수水, 화火, 토土라는 다섯 원소, 즉 오행의 상호작용을 통해 창조된다. 이러한 음양오행설은 중국 연단술 이론의 기초가 된다.

중국의 연단술은 신선가들과 도교 철학자들에 의해 계승되었다. 그들은 인간과 자연을 배타적으로 이해하는 유교의 교리를 거부하고 자연과 사회를 하나로 보고자 했다. 도교 철학자들은 자연의 도리 혹은 도道에 따른 행동 규범을 추구했다. 도란 원래 모든 창조물에 내재하는, 무엇이라 설명할 수 없는 어떤 힘을 말한다. 그런데 이 추상적인 도가 신선가들에 의해 근원적인 물질로 구체화되었고, 신선가들은 도를 소유하면 영원한 생명을 얻게 될 것이라는 생각을 하기에 이르렀다.

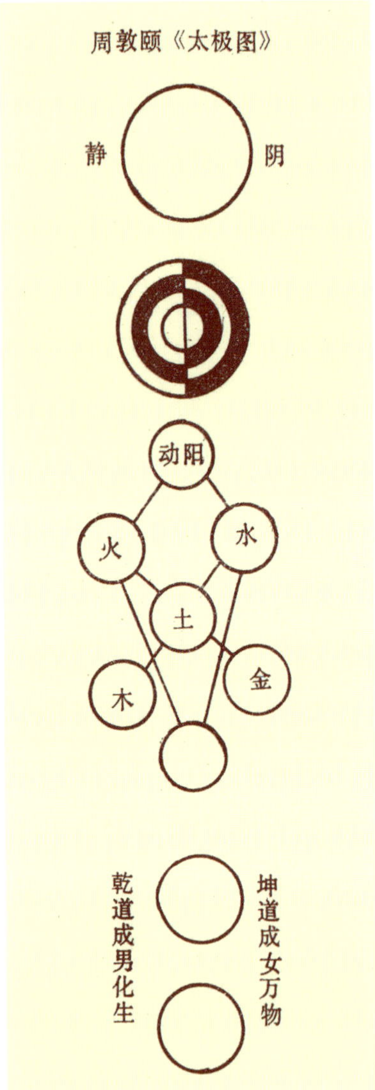

태극과 음양오행의 원리 주돈이周敦頤의 「태극도太極圖」

중국의 신선가들이 던진 의문은, 도는 무엇으로 이루어졌으며 어떻게 해야 그 도를 획득할 수 있을까 하는 것이었다. 서양의 연금술사들처럼 그들도 우주는 하나의 근원적인 기운

3 생몰년도는 기원전 350-기원전 270년으로 추정되며, 추연騶衍이라고도 한다. 맹자孟子보다 약간 늦게 등장하여 음양오행설을 제창했다. 『추자鄒子』 49편, 『추자시종鄒子始終』 56편 등의 저서가 있었으나 전하지 않는다.

에서 생겨났다고 믿었으며, 그것은 음과 양이라는 두 부분으로 나뉘었다고 생각했다. 음은 무겁고 어둡고 여성적이며 죽음을 의미하는 반면, 양은 그 반대의 성질들, 즉 가볍고 뜨겁고 밝고 남성적이며 생명의 힘을 나타낸다.

중국인들에게 변성變成은 살아 있음에 대한 생생한 증거였다. 갈홍은 "변성이란 자연 안에서 일어나는 자발적인 어떤 것임이 분명하다. 금과 은을 다른 어떤 것으로부터 만들 수 있다는 가능성을 왜 부인해야 하는가?"[4]라고 자문한다. 갈홍에 의하면 모든 물질은 하나인데 질적인 변화로 인해 서로 다른 기능을 지니게 되었다는 것이다. 따라서 중국의 신선가들은 음과 양을 정확한 비율로 혼합하면 비천한 금속도 금이나 은으로 변화될 수 있을 것이라고 믿었다. 이러한 생각은 유럽이나 아랍의 연금술사들의 생각과 크게 다르지 않은데, 그들 역시 물질을 구성하는 원소들의 비율을 변화시킴으로써 변성에 이를 수 있다고 생각했던 것이다. 중국의 신선가들이 추구한 것은 궁극적으로 불사적 존재의 경지에 도달하는 것이었으며, 이러한 경지에 이르기 위해서는 구체적으로 정신 수련과 육체 수련의 두 방면에서의 노력이 필요하다고 믿었다. 이 두 가지 방법은 다음과 같다.[5]

정신 수련

신선가들은 명상이나 정신 집중을 통하여 신비한 능력을 얻기도 하고 영생의 경지에 도달하기도 한다. 그들은 또한 장생불사를 위해서는 반드시 덕행을 쌓고 선행을 실천할 것을 강조한다. 그리고 그것은 꾸준한 정신 수양과 철저한 인격 훈련에 의해서만 이룰 수 있다.

> 장생을 얻고자 하는 사람은, 반드시 선善을 쌓고 공功을 세우며 사물에 대해 자비심을 갖고 자신을 용서하듯이 남을 용서하고 어진 마음이 곤충에

4 갈홍, 『포박자·내편』, 권4, 「금단」.

5 정재서, 『不死의 신화와 사상』, 민음사, 1994, pp. 31-62 참조.

까지 미쳐야 한다. 남의 행운을 즐거워하고 남의 고통을 가엾이 여기며 남의 위급함을 돕고 남의 가난을 구제해야 한다. (……) 거만하지 않고 뽐내지 않으며 자신보다 나은 사람을 시기하지 않으며 아첨하거나 몰래 중상모략하지 않아야 한다. 이와 같은 경지에 이르러야 덕 있는 사람이라고 할 수 있고 하늘에서 복을 받아 하는 일이 꼭 이루어져 신선을 추구해도 가능성이 있는 것이다.[6]

선한 마음, 자비심, 어진 마음, 동정심, 겸손함, 시기하지 않음 등의 미덕과 더불어 남을 구제하는 선행을 겸비한 인간만이 신선이 될 수 있다는 말은 불사의 존재가 되기 위해서는 정신 수련이 중요함을 명시적으로 나타내는 것이라고 볼 수 있다.

육체 수련

중국의 연단술에서 육체 수련은 정신 수련보다도 더 중시되고 다양하게 강구되고 있으며, 특히 방술方術이라 부르는 수련 방식들은 중국의 신선 사상을 다른 사상과 구분해주는 특징적인 요소이다. 수련 방식은 복약, 호흡 수련, 방중술房中術, 기타 등 네 가지가 있다.

복약

이는 약을 복용하여 신선이 되는 것을 말한다. 불로장생약은 선약仙藥이라 했는데, 선약의 원리는 프레이저의 공감주술의 법칙,[7] 즉 비슷한 것이 비슷한 것을 낳는다는 사고에 따른 것이라 볼 수 있다. 그리하여 갈홍은 금을 복용하는 사람은 수명이 금과 같아지고 옥을 복용하는 사람은 수명이 옥과 같아진

6 갈홍, 『포박자·내편』, 권6, 「미지微旨」.

7 James George Frazer, *The Golden Bough*, Macmillan Company, 1969, pp. 12-14 참조.

다고 말한다.[8] 즉 광물질의 불변성과 장구성이 그것을 먹는 사람에게 동일한 효과를 부여한다는 생각이 중국 신선가들의 사고를 지배하고 있었던 것이다. 선약 중 최상의 것은 단사丹砂이다. 단사는 유화수은硫化水銀으로 환원성이 뛰어나 선약의 대명사라 할 단약丹藥의 합성에 주원료로 사용되었다. 단약의 합성은 곧 득도의 실현을 의미했다. 단약은 단사를 주원료로 하여 여러 재료들을 가마솥에 넣고 끓이는 과정을 거쳐 만들어진다. 그것은 사람의 신체를 변화시켜 불로장생하게 할 뿐 아니라 비천한 금속을 금으로 변화시킬 수도 있다. 단약의 합성을 위해 신선가들은 몸을 정결히 해야 하고, 시련과 고난이 수반되어야 하며, 마음이 순수해야 한다. 뿐만 아니라 인간 사회와 단절한 채 속세를 떠난 은자의 생활이 필수적이라 생각했다. 실패를 거듭한 많은 신선가들은 자신의 실패가 기술 부족 때문이 아니라 도덕이 모자라서라는 결론을 내리곤 했다.

호흡 수련

불사에 이르는 중요한 방법 중 다른 하나는 호흡 수련이다. 신선가들에 의하면 기氣는 근원적 에너지, 곧 생명력 자체이며 기가 다하면 생명력이 없어지고 목숨도 잃게 된다. 따라서 기를 잘 운용하는 행위는 불사를 위한 중요한 노력으로 간주되었다. 호흡 수련은 기를 축적하여 체내의 경로를 따라 기를 운행시키는 수련이다. 신선가들에게 호흡이란 육체 내부에서 행해지는 것이었다. 그들은 자궁 안에서 태아가 숨쉬는 호흡법, 즉 태식胎息을 시도할 것을 요구한다. 신선가들이 말하는 호흡 수련의 효과는 다음과 같다.

> 행기行氣는 그것으로써 온갖 병을 고칠 수도 있고 돌림병이 퍼져 있는 곳에도 들어갈 수 있다. 뱀이나 호랑이를 제압할 수 있으며 상처의 피를 멎게 할 수도 있다. 물속에서 지낼 수도 있으며 물 위를 걸을 수도 있다. 배고픔

---

8 갈홍, 『포박자·내편』, 권11, 「선약仙藥」.

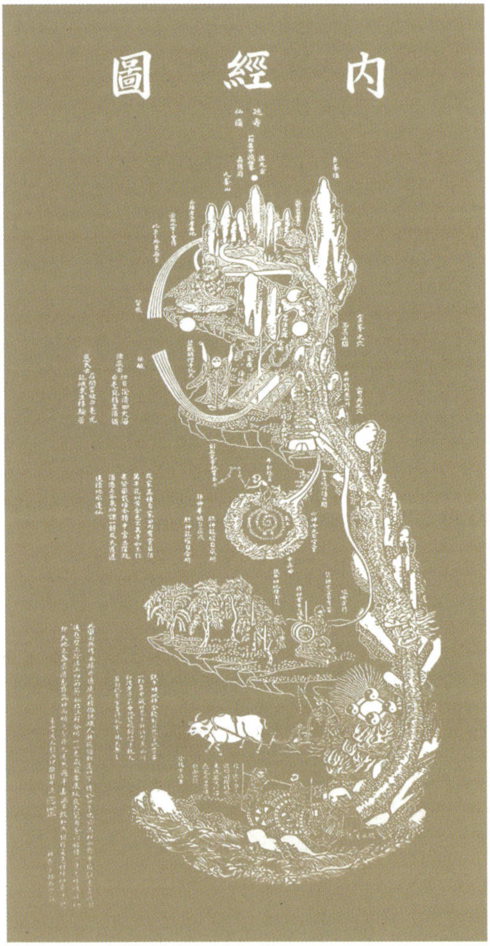

내경도 인체의 각 기관과 기운의 경로를 자연에 비유한 도교 수련의 그림

과 갈증을 면하게 할 수도 있으며 목숨을 연장시킬 수도 있다. 그 대요大要는 태식뿐이다. 태식을 터득하게 되면 입과 코를 쓰지 않고 호흡할 수 있는데, 마치 태아가 배 속에 있을 때처럼 숨쉴 수 있으며 이러한 경지에 이르면 도가 이룩된 것이다.[9]

호흡 수련을 통한 기의 확충은 불로장생을 가능하게 하고, 기의 운용은 여러 가지 초자연적인 능력을 가지게 해준다. 호흡 수련은 또한 정신 수련을 위해서도 반드시 겸행되어야 하는 수련이다.

호흡 수련은 신체 내부에 존재하는 생명력을 극대화시킴과 더불어 기를 운용시키는 것이므로 앞서 언급한 단약을 섭취하는 방식인 외단법外丹法과 구분하여 내단법內丹法이라 부른다. 당대唐代 이후 단약 복용에 따른 광물질 중독의 피해가 커짐에 따라 외단법은 자취를 감추고 내단법이 중시됨으로써 호흡법은 신선가들의 수련법 중 가장 중요한 방법이 된다. 내단법은 자신의 육체 내에 내적인 묘약을 생성하여 늙어가는 조직을 회복하고 태아의 상태로 새로이 태어나도록 하는 것이다. 따라서 신선가들은 자연스럽게 실험실과 멀어지게 되었다. 그들에게 가장 중요한 것은 육체 내부에서 묘약이 만들어지는 것이었기에 화학적으로 약을 조제한다는 것은 의미가 없었다. 이러한 맥락에서 볼 때 중국에서 연단술이

9 같은 책, 권8, 「석체釋滯」.

화학으로 변모되지 않은 것은 당연한 것인지도 모른다.

방중술

방중술은 남녀의 성생활에 관한 방법과 기술을 말한다. 이것은 인간의 성관계를 우주의 원리에 연관시켜, 만물의 음양의 원리가 그러하듯이 인간도 성적인 결합이 바람직해야 오랜 생명력을 간직할 수 있다는 사고에 근거한다. 성적 결합은 기의 교류를 의미하는데, 그것이 조화롭지 못하면 기가 감퇴되어 육체도 약해지게 된다. 성관계란 기의 교류관계이므로 잘 유통되도록 해야 하며, 그렇지 못하면 다른 병폐가 생길 것이다. 중국의 신선가들은 남녀의 성관계를 금기시하지 않았다. 오히려 그들은 조화로운 성적 기교가 장생불사를 가져온다고 생각했다. 방중술은 치병과 정기 보강, 그리고 장생불사에 이르게 한다. 그리고 이러한 효과를 얻기 위해서는 사정의 순간 체외로 배출되어야 할 정액을 체내의 기의 맥에 따라 뇌로 보내 정기를 보강하는 환정보뇌법還精補腦法을 사용해야 한다.

불사를 얻기 위해서는 복약, 호흡 수련, 방중술 이외에도 태양 광선을 쐬어야 하며, 여러 가지 체조 기술을 습득함으로써 체내의 기운이 막히지 않도록 해야 한다. 또한 양기陽氣를 조절하고 신체를 정화하기 위해서는 벽곡辟穀, 절식節食 등 식이요법을 행하는 것이 대단히 중요시된다.

2. 서양의 연금술

서양의 연금술이 언제부터 생겨났는지는 정확히 알 수 없다. 다만 고대 이집트나 그리스에서 연금술의 유래를 찾을 수 있으며, 수세기에 걸친 연금술의 침체기(6-12세기)가 지난 후 아랍인들을 통해 유럽으로 다시 들어왔다고 보는 것이 정설이다.

연금술의 상징
18세기 연금술서에서 발췌한 수채화, 암스테르담 대학도서관

아리스토텔레스Aristoteles의 철학은 연금술 이론과 실험에 기초를 제공했다. 앞서 중국의 도교 철학자들이 세상의 모든 물질을 다섯 가지 원소로 파악하고 있음을 지적한 바 있거니와, 아리스토텔레스는 모든 물질이 네 개의 원소(물, 불, 흙, 공기)로 이루어져 있으며, 각 물질은 갖가지 비율로 결합되어 있다고 주장했다. 그리고 물질은 항상 변화한다고 믿었다. 그것들은 생성된 후에 성장하고, 부패하고, 감소하다가 결국 사라진다. 아리스토텔레스는 이것을 물질 내의 원소들이 항상 유동하며 이 원소에서 저 원소로 변화하기 때문이라고 설명했다. 한 물질에 들어 있는 네 가지 성분 원소의 비율을 바꿈으로써 한 물질을 다른 물질로 바꿀 수 있다는 연금술사들의 생각은 이러한 아리스토텔레스의 이론에 근거한 것이다. 연금술사들은 자연의 모든 존재들이 완전함을 추구한다는 아리스토텔레스의 생각 또한 받아들였다. 일곱 가지 금속(은, 구리, 수은, 주석, 철, 납, 금) 중에서 가장 완벽한 금속은 금이며, 다른 여섯 개의 금속은 완벽한 금속인 금이 되고자 하는 속성을 지닌다. 이 금속들은 충분한 시간과 물리적 여건이 조성되면 금으로 변할 수 있다. "금속 중에는 완

벽함을 갖추고 금속 성질 가운데 최고의 완전함의 단계에 도달한 유일한 금속이 존재하는데, 이른바 금이 이 금속이다. 다른 모든 금속들은 이 금으로 변화하려는 경향을 갖고 있다."[10]라고 14세기의 연금술사 페트루스 보누스Petrus Bonus는 말하고 있다.

파라켈수스

유럽 연금술의 기본적인 원리는 유황·수은 이론이다. 즉 모든 금속에는 유황과 수은 성분이 존재하며, 그것들이 각각 다른 비율과 순도로 섞임으로써 다양한 금속이 만들어진다는 것이다. 물론 연금술사들은 유황이나 수은을 결합하면 황화수은化水銀이 만들어지므로 금속의 성분이 될 수 없다는 사실을 잘 알고 있었다. 한편 16세기 과학사에서 가장 괴기한 인물로 알려진 파라켈수스Paracelsus는 금속의 구성요소로 유황과 수은 외에 소금을 첨가하여 유황·수은 이론을 수정한다. 그리고 파라켈수스와 그의 제자들은 물질의 화학적 성질을 정신, 영혼, 육체에 연결시키고, 이로써 연금술 이론은 기독교의 삼위일체와 만난다. 즉 수은은 정신이요, 유황은 영혼이며, 소금은 육체이다. 연금술사들의 작업에서 소금과 유황과 수은, 혹은 육체와 영혼과 정신이 사랑을 통해 결합하여 현자의 돌이 만들어지고, 이 돌은 결국 모든 물질의 왕이 된다.[11] 현자의 돌은 저렴한 금속을 황금 같은 최고의 금속으로 바꿔주는 데 결정적인 역할을 하는 일종의 화학적 촉매에 가까운 물질인데, 모든 연금술사들은 바로 이 현자의 돌을 만드는 것을 주된 목표로 삼았다. 현자의 돌만 있으면 금뿐 아니라 어떤 물질도 다 만들어낼 수 있다고 믿었기 때문이다.

연금술의 과정은 탄생과 죽음의 여정이다. 연금술사들은 대지를 어머니로,

10 앨리슨 쿠더트, 『연금술 이야기』, 박진희 옮김, 민음사, 1995, p. 25에서 재인용.
11 같은 책, p. 30.

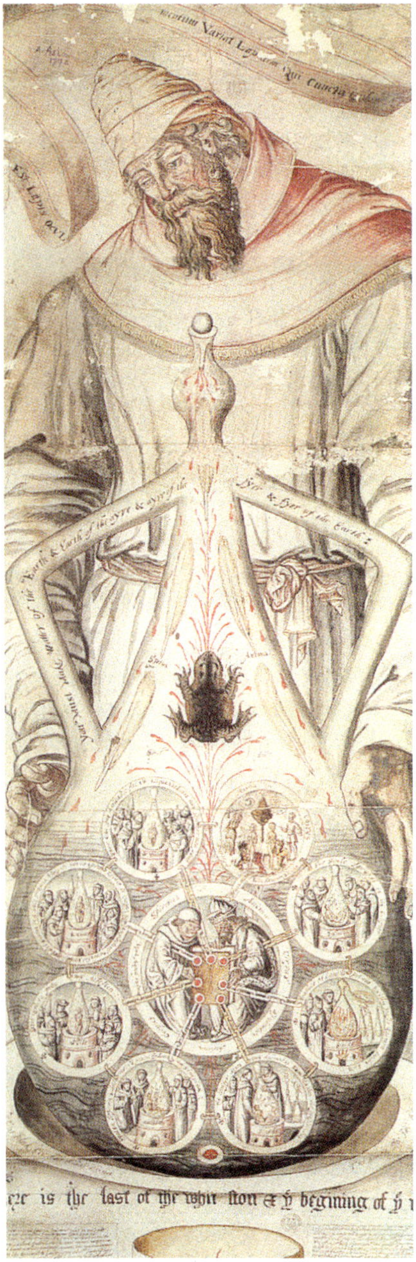

조르주 리플리의 두루마리 형태로 된 연금술서
채색판화 17세기, 옥스퍼드 보들레이언 도서관

땅속의 광석을 자궁 속의 아이로 파악했다. 현자의 돌을 만드는 과정은 탄생, 성장, 결혼, 죽음과 같은 용어들로 묘사되며, 연금술 용기들은 자궁과 같은 모양을 하고 있었다. 남성 유황과 여성 수은의 화학적인 결혼이나 성적인 결합은 연금술의 중심적인 이미지이다. 그들은 그들이 잉태할 현자의 돌의 부모인 것이다.

헤르메스와 『에메랄드 평판』

그리스 신들의 사자인 헤르메스Hermes는 서양 연금술의 아버지이자 보호자로 여겨진다. 또한 그는 이집트의 치료의 신이자 지혜의 신, 그리고 학문의 신인 토트와도 동일시된다. 원래 그리스어로 헤르메스는 학문의 능력을 뜻한다. 그는 막 태어난 신생아로 묘사되기도 하고, 풍요와 음악의 수호자로 나타나기도 한다. 연금술 관련 서적에서는 날개 달린 신발을 신고, 두 마리의 뱀이 감겨 있으며 꼭대기에 쌍날개가 달린 카두케우스Caduceus라는 지팡이를 들고 다니는 모습으로 나타나는데, 이 지팡이는 순환성을 상징하는 '꼬리를 물고 있는 뱀'의 모양을 한 우로보로스Uroboros와 함께 연금술의 상징화에 자주 등장한다. 헤르메스는 연금술에 관하여 3만 6,000권의 책을 집필했다고 전해지는데, 그중 가장 영향력이 컸던 것은 난해한 표상들로 가득한 『에메랄드 평판*Tabula Smaragdina*』이다. 『에메랄드 평판』에 대해서는 그 출처가 불분명하다. 그러나 그것은 연금술사들의 바이블이 되었고, 13세기 이래 연금술 저작들에 많은 영향을 주었다. 그 내용을 살펴보면 다음과 같다.

1) 허구가 아니라 확실하고 진실한 것을 말하라.
2) 한 물질의 기적을 완수하는 데는 아래에 있는 것은 위에 있는 것과 같으며, 위에 있는 것은 아래에 있는 것과 같다.
3) 한 존재에 대한 한 단어로 모든 사물들이 만들어지는 것처럼, 모든 사물들은 개작을 통해서 하나의 사물로부터 만들어진다.
4) 그의 아버지는 태양이며 그의 어머니는 달이라. 바람은 그것을 자궁에 옮겨주고 그의 양분은 흙이라.
5) 그것은 전 세계를 통틀어 완전함의 아버지이다.
6) 만일 이것이 흙으로 변하게 되면, 그 힘은 강하리라.
7) 흙을 불로부터 분리해내고 정교한 것을 거친 것에서 분리해내어 신중하고 정의롭게 행동하라.
8) 가장 위대한 총명함으로 땅에서 하늘로 올라가라. 그리고 다시 땅으로 내려와 우등한 것과 열등한 것의 힘을 하나로 모으라. 그러면 너는 전 세계의 영광을 얻고 불명료함은 너에게서 멀리 날아가버리리라.
9) 이것은 용기 그 자체 이상의 용기를 지니고 있다. 왜냐하면 이것은 모든 미묘한 사물을 정복하며, 또한 모든 단단한 물체를 뚫고 지나갈 수 있기 때문이다.
10) 그리하여 이 세계는 형성되었다.

헤르메스의 지팡이, 카두케우스

에메랄드 평판을 들고 있는 헤르메스

11) 따라서 여기에 나와 있는 경이로움에 따르라.

12) 그러므로 나는 전 세계 철학을 이루는 세 부분을 갖고 있는 헤르메스 트리스메기스투스라 불린다.

13) 태양의 영향에 대해서 내가 말해야만 할 것은 완전하다.[12]

이 수수께끼 같은 글은 연금술의 의미를 잘 표현하고 있다. 특히 2번과 3번은 모든 물질의 단위에 대한 연금술의 근본적 교리를 말해준다. 즉 모든 창조물은 하나의 신성한 영적 물질에서 나온 것이며, 영적 물질은 무수한 물질 형상을 잠재적으로 지니고 있고, 각 물질의 형상은 끊임없이 변화한다는 것이다. 따라서 변성은 생명의 필연적인 법칙이며, 연금술 용기 안에서의 변성은 우주에서 일어나는 변화를 반영할 뿐이라는 것이다.

연금술에서 과학으로

서양의 연금술은 고대 그리스에서 그 유래를 찾을 수 있지만, 오랜 세월 동안 잊혀 있다가 아랍인들에 의해 역수입되었다. 기원전 7세기부터 기원전 10세기경까지 연금술과 과학은 아랍인들에 의해 생생히 보존되고 발전되었다. 아랍의 칼리프들은 아리스토텔레스, 유클리트Euclid, 아르키메데스Archimedes, 히포크라테스Hippocrates 등의 저작을 비롯한 많은 그리스 문헌들을 아랍어로 번역·소화하도록 했다. 이후 11세기 초 유럽인들은 시칠리아와 스페인 일부를 다시 점령하면서 자신들의 고유한 유산을 재발견하게 된다. 이들은 스페인을 정복하면서 다양한 장서들의 필사본을 찾아내어 번역 작업에 들어갔으며, 그 과정에서 최초의 연금술 문헌들이 아랍어에서 라틴어로 번역되었다.

유럽 연금술의 전성기는 11-13세기경인 중세시대였으며, 당시의 연금술

12 같은 책, pp. 37-38에서 재인용.

은 그노시스gnosis[13]의 신비주의적인 색채를 띠고 있으면서도 합리적인 실험 역시 중시되었다. 그 후 르네상스시대에 들어서자 연금술은 순수하게 정신주의적인 것에 몰두하게 된다. 16-17세기는 영적인 연금술의 전성기로, 종교적 권위의 붕괴와 그 맥을 같이한다. 사실 연금술에 내재하는 그노시스적인 요소, 즉 인간이 신성을 획득할 수 있다는 이교도적 생각은 항상 교회를 불편하게 했던 것이 사실이다. 1317년 교황 요한 22세Joannes XXII가 내린 연금술 금지령은 교회와 연금술의 갈등을 드러내 보여주는 한 예이다. 그러나 다른 한편으로는 연금술이 명상과 묵시, 그리고 도덕적 정화를 요하는 정신 수양을 필요로 하는 만큼 많은 경우 수도사들이나 신부들이 연금술사였던 것도 사실이다.

연금술사 조셉 라이트 오브 더비, 1770년

서양의 연금술은 원자론과 뉴턴Isaac Newton의 물리학 등 새로운 과학 혁명으로 인해 쇠퇴하기 시작한다. 보일Robert Boyle이나 라부아지에Antoine Lavoisier의 원소에 대한 새로운 이론은 연금술에 존재하는 영적인 요소를 배제하기에 이르렀다. 비밀이나 신비에 대한 혐오가 17세기 전반에 걸쳐 확산되었고, 연금술은 물질을 연구하는 과학으로 발전한다. 또한 17세기 이후 대륙 탐험과 더불어, 망원경, 현미경, 공기펌프, 기압계 등의 발명은 서구인들로 하여금 새로운 세계에 대한 기대를 고조시켰다. 이러한 사회적 분위기 속에서 비밀스럽고 신비로운 연금술 역시 실용적인 화학으로 변모해갔다.

13 '영지靈智'로 번역되는 이 말은 종교적으로 하나님의 신비를 아는 지식이 구원을 가져다준다는 뜻이다.

2부

신화적 상상력으로 문화 읽기

문학

1장

신화는 인류의 원형을 담지한 이야기이다. 이 신화적 원형은 세월의 흐름 속에서도 결코 마멸되지 않으며 매 시대마다 새로운 옷을 갈아입고 나타난다. 그렇다면 신화는 후대의 문학에 어떻게 수용되었을까? 신화적 상상력은 시대를 초월하여 인간의 마음속에 존재하며, 문학에 무수히 많은 주제를 제공한다. 그것은 창작을 위한 마르지 않는 샘과 같다. 이 장에서 우리는 어떤 신화적 주제가 어떠한 변용을 거쳐 어떻게 문학에 수용되었는가를 살펴보고자 한다.

1. 홍수 남매혼 신화와 물의 에로티즘

물은 신화의 세계에서 주로 창조와 생성의 힘으로 작용한다. 성경 「창세기」 1장을 보면 태초에 하나님의 기운이 수면을 운행하고, 여기서부터 빛과 하늘과 땅이 차례로 창조된다. 바빌론 신화에서도 대지 밑을 흐르는 담수인 압수와 파도를 일으키는 바다인 티아마트가 결합하여 세상을 만들어낸다. 세계가 물 혹은 바다로부터 비롯되었다고 보는 것은 대부분의 문명이 공유하고 있는 발상이다. 수메르어에서 바다를 뜻하는 '마르mar'라는 단어는 자궁을 뜻하기도 한다.[1] 그러나 물은 정반대로 파괴의 속성을 드러내기도 한다. 홍수와 같이 물은 과도의 상태에 도달했을 때 창조에서 파괴로 힘의 전환을 시도하는 것이다. 이는 신화적 존재가 언제나 양극성을 한 몸에 지니고 있기 때문이다. 그것은 마치 우주란宇宙卵 속의 두 기운이나 태극 속의 음·양처럼 차면 이울고, 이울면 차는 현상을 반복한다. 신화학자 미르치아 엘리아데Mircea Eliade는 이에 대하여 수면으로의 부상은 창조 행위로, 침수는 해체 행위로 풀이한다. 이처럼 물의 상징은 죽음과 재생을 다 함께 함축하는 것이다.[2]

물은 그 작용에 있어 생성과 파괴의 양면을 지닌다. 그것은 신화적 세계에서는 우주의 복원과 조화로운 결혼으로 귀결되나, 역사적 현실에서는 괴리된 사회, 분열된 자아로 표상된다. 문학을 통해 확인하게 되는 것은 아무래도 후자인 바, 그것은 문명화 과정에서 인류가 마셔야 할 쓴 잔이다. 근친상간의 금기는 프로이트, 레비스트로스Claude Lévi-Strauss, 바타이유Georges Bataille 등 선각先覺들에 의해 자연과 문명의 중요한 분기점으로 한결같이 지적되어왔다. 우리는 이 결정적 계기를 홍수 남매혼 신화 및 그것의 문학적 변용을 통해 다시 한번 확인해보고자 한다.

황순원의 「소나기」

1953년에 발표된 황순원의 단편 「소나기」는 유년기의 서정과 그에 따른 정신적 성장을 그린 이른바 성장 소설 혹은 통과의례 소설이다. 가세가 기울어 시골 학교로 전학 온 서울 소녀와 시골 소년이 전원 속에서 만나 감정을 키워나가고 급기야는 소나기를 계기로 친밀해졌다가, 소녀의 갑작스러운 죽

---

1 알레브 라이틀 크루티어, 『물의 역사』, 윤희기 옮김, 예문, 1997, p. 22.

2 미르치아 엘리아데, 『이미지와 상징』, 이재실 옮김, 까치, 1998, pp. 165-166 참조.

음으로 인해 소년이 쓸쓸한 삶의 단면을 체득하고야 만다는 내용이다. 유년기의 서사시적·원환적圓環的 세계가 깨지고 주인공이 어쩔 수 없이 제도·규범이 지배하는 현실 세계로 진입한다는 의미에서 이 소설을 통과의례적 성격을 지닌 작품으로 규정하는 것에 무리가 없다. 그런데 의례 혹은 제의는 무엇보다도 신화와 깊은 관계를 맺고 있다는 점을 생각할 때, 우리는 「소나기」에 담겨 있는 신화적 모티프를 읽어낼 수 있다.

영화 <소나기>의 한 장면

무엇보다도 이 소설에는 물의 이미지가 압도적으로 등장한다. 예컨대 소년과 소녀의 길지 않은 만남의 역사는 모두 개울을 중심으로 이루어진다. 소녀는 물장난을 하고, 세수를 하고, '물속을 빤히 들여다보며' 나르시시즘에 잠기기도 한다. 소년은 소녀가 앉았던 징검다리 위에 앉아 소녀가 했던 것처럼 세수를 하고 물속을 들여다본다. 이는 자신의 얼굴을 비추기 위해서가 아니라 물속에 담긴 소녀의 환영을 뒤쫓고자 함이다.

소년과 소녀는 아직 깨지지 않은 서사시적 세계의 통일된 조화를 만끽한다. 소년에게 꽃으로 동일시된 소녀는 인간의 정서와 자연이 합일된 정경교융情景交融의 경지를 보여준다. 그러나 스러지기 쉬운 꽃의 속성은 불행한 소녀의 운명을 암시하기도 할 것이다. 개울가에서 싹트기 시작한 두 사람의 순정은 산으로의 은밀한 소풍에 의해 관능적인 정서로 이행된다.

> 소년이 놀라 달려갔다. 소녀가 손을 내밀었다. 손을 잡아 이끌어 올리며, 소년은 제가 꺾어다 줄 것을 잘못했다고 뉘우친다. 소녀의 오른쪽 무릎에 핏방울이 내맺혔다. 소년은 저도 모르게 생채기에 입술을 가져다대고 빨기 시작했다. (p. 13)[3]

뜻하지 않은 사고로 촉발된 관능적인 정서는 홀연 소나기가 내려 물의 이미지가 극대화될 때 절정에 달한다. 소나기는 둘만의 호젓한 세계에 갑자기 출현한 한 농부에 의해 예고된다.[3]

> "너희 예서 뭣들 하느냐." 농부 하나가 억새풀 사이로 올라왔다. 송아지 등에서 뛰어내렸다. 어린 송아지를 타서 허리가 상하면 어쩌느냐고 꾸지람을 들을 것만 같다. 그런데 나룻이 긴 농부는 소녀 편을 한 번 흝어보고는 그저 송아지 고삐를 풀어내면서, "어서들 집으루 가거라. 소나기가 올라."
> (p. 14)

나룻이 긴 농부의 침입은 무엇을 의미하는가? 그는 마치 길 잃은 나그네 앞에 나타난 민담 속의 산신령과 같기도 하고 통과의례를 주관하는 노현자老賢者 같기도 하다. 아무튼 그는 둘에 대해 금지를 명하고 경고하는 존재로서, 이는 사회적 제도와 규범의 화신으로 볼 수 있다.

농부의 경고가 끝나자마자 주위는 대번에 돌변한다. 갑자기 쏟아지는 소나기로 인해 두 사람은 수숫단 속으로 몸을 피한다. '어둡고 좁은' 수숫단 속은 통과의례가 행해지는 오두막과도 같다. 원시 부족의 의례에서 입사자入社者들은 자궁으로 상징되는 오두막 속에서의 시험을 거쳐 유년기를 벗어나게 된다. 복희·여와 신화에서 남매가 의지해 목숨을 건졌던 박의 이미지가 여기에서의 수숫단 속과 자연스럽게 겹쳐진다. 개울물은 이제 맑은 봄물과 같은 처음의 온화한 모습이 아니다. 갑자기 내린 비에 의해 불어날 대로 불어나 거친 탁류로 돌변해 있다. 과잉된 물의 이미지는 곧 과잉된 에로티즘으로 표현된다.

> 도랑 있는 곳까지 와보니, 엄청나게 물이 불어 있었다. 빛마저 제법 붉은 흙탕물이었다. 뛰어 건널 수가 없었다. 소년이 등을 돌려댔다. 소녀가 순순

---

3 황순원, 『황순원 단편선: 독 짓는 늙은이』, 문학과지성사, 2004 ; 이하의 인용 쪽수는 이 책에 의거한 것임.

히 업혔다. 걷어올린 소년의 잠방이까지 물이 올라왔다. 소녀는, 어머나 소리를 지르며 소년의 목을 그러안았다. (p. 16)

소나기 이후 사태는 급변한다. 소녀의 집안은 몰락하여 이사를 하게 되고 소녀는 소나기로 인해 얻은 병으로 급사한다. 이 갑작스러운 파국의 내밀한 동기화는 어떻게 이루어진 것인가? 우리는 이 한 쌍의 순진무구한 소년소녀가 사실상 신화적 남매의 변형된 모습이라는 점에 우선 주목해야 할 것이다. 비록 몰락했지만 소녀의 집안인 윤초시네는 그 지역의 유지이자 지주였고 소년은 가난한 소작농의 자식이라는 계층적 간극이 문맥을 통해 어렴풋이 제시되고 있다. 그리고 무엇보다도 유년의 그들에게 있어서 성은 금기이다. 다시 말해서, 그들은 일단 맺어져서는 안 될 관계라는 점에서 신화적 남매가 지녔던 근친상간의 성적 금기를 성격을 바꾸어 계승하고 있는 셈이다. 개울물에 의해 조용히 키워졌던 그들의 성애의 감정은 소나기 속에서 급격히 고조된다. 근친상간마저 가능케 했던 홍수의 에로티즘이 소나기를 통해 유전된 것일까? 그러나 오늘의 이들에게 과잉된 성은 감당하지 못할 부담이다. 물은 이 순간 방향을 바꾸어 파괴적인 본능을 발휘하기 시작한다. 소녀 집안의 연이은 몰락과 소녀의 갑작스러운 죽음, 그리고 그로 인한 소년의 비애감이 잇따른다. 이 비애감은 그러나 세계에 대한 인식 지평의 확대를 가져오게 될 것이다. 순결한 영혼들의 애틋한 서정을 자칫 협애한 성애주의로 환원시킬 수도 있다는 오해를 무릅쓰고 우리는 이렇게 「소나기」의 이면에 자리 잡은 신화 이미지를 파악해볼 수 있다.

바타이유는 근친상간의 금기가 에로티즘의 출발임을 시사한다.[4] 바꾸어 말하면 근친상간의 욕망이야말로 가장 원초적인 성욕일 수 있겠다. 홍수 남매혼 신화는 바로 이러한 물과 원초적 성욕 간의 관계를 내포하고 있는데, 우리

---

4 조르주 바타이유, 『에로티즘의 역사』, 조한경 옮김, 민음사, 1998, p. 27 ; "나는 이 책을 통해 위반의 감정이 없다면 에로티즘은 포착 불가능하고 잘못 조건 지어진다는 점을 보여주고자 한다."

는 동아시아 홍수 신화에서 뚜렷하게 나타나는 이 상관성이 후대에 이르러 「소나기」와 같은 문학 작품에까지 유전되고 있음을 엿볼 수 있다.

2. 오이디푸스의 비극

친부 살해와 근친상간이라는 인류의 가장 큰 금기가 담겨 있는 오이디푸스 신화는 그리스시대 이후 금세기에 이르기까지 수많은 작품의 소재가 되었을 뿐 아니라 역사가들, 인류학자들, 종교가들, 정신분석가들에게도 하나의 보편적인 분석의 틀을 제공한 살아 있는 신화이다.

소포클레스의 『오이디푸스 왕』

우리가 알고 있는 오이디푸스의 이야기는 대부분 소포클레스의 『오이디푸스 왕*Oidipous Rex*』을 토대로 하고 있다. 그리스 비극의 대표격이자 모든 비극 작품의 원조라고 할 수 있는 이 작품은 「오이디푸스」, 「콜로노스의 오이디푸스」, 「안티고네」의 연작 형식으로 구성되어 있다. 오이디푸스는 테베 왕국의 왕자였다. 테베는 페니키아의 왕 아게노르Agenor의 아들 카드모스Kadmos가 건설한 도시국가이다. 카드모스는 제우스가 납치해간 여동생 에우로페Europe를 구해오라는 왕의 명령을 받고 아폴론 신전으로 가서 델포이의 신탁을 받는다. 그러나 신탁은 그에게 여동생 찾기를 포기하고 암송아지의 안내를 받아 도시를 하나 세우라는 것이었다. 카드모스는 신탁에 따라 암소를 따라가서 소가 휴식을 취하고자 한 장소 보이오티아Boiotia('암송아지의 나라'라는 뜻)에 테베라는 도시를 건설한다.

카드모스의 증손자 라이오스Laios는 펜테우스Pentheus의 증손녀인 이오카스테Iocaste와 결혼한다. 그런데 델포이의 신탁은 그들에게 불길한 예언을 전한다. 즉 그들이 낳은 아들이 자라서 아버지를 죽이고 어머니와 결혼하게 되리라는 것이다. 아들의 손에 죽게 되리라는 신탁이 내려지자 라이오스는 운명을 피해가고자 아이를 내다버린다. 그는 아이를 끈으로 묶기 위해 아이 발목에 구멍을 냈고, 그때 난 상처로 아이의 발이 부어오른다. '부풀어오르다'라는 의미의 오이도스oidos와 발을 뜻하는 푸스pous가 합해진 오이디푸스라는 이름은 이렇게 생긴 것이다. 그러나 아이는 코린토스의 양치기에게 구출되어 폴리보스Polybos 왕에 의해 양육된다.

성인이 된 오이디푸스는 연회에서 사람들이 자신의 출생에 대해 수군대는 이야기를 듣고 출생의 비밀을 알기 위해 델포이 신전으로 떠난다. 그러나 신탁은 그가 원하는 답은 알려주지 않은 채 그가 아버지를 죽이고 어머니와 결혼한다는 끔찍한 운명만 예고한다. 오이디푸스는 자신의 운명을 피하고자 부모 곁을 떠나기로 결심하고 테베로 향한다. 그런데 테베로 가는 길목에서 수행원을 거느린 채 오고 있는 라이오스와 맞닥뜨리게 된다. 둘은 서로 길을 비키라며 싸우다가 라이오스가 지팡이로 오이디푸스를 쳤고 이에 분개한 오이디푸스가 라이오스를 때려눕혀 죽게 한다. 라이오스와 함께 수행원들은 모두 죽었지만 간신히 살아남은 하인 한 명이 도망하여 라이오스의 죽음을 강도의 소행으로 보고한다.

오이디푸스와 스핑크스 귀스타브 모로, 1864년

오이디푸스는 테베의 해안가에 이르렀고 그곳에서 스핑크스Sphinx를 만나게 된다. 스핑크스는 얼굴과 가슴은 여인의 모습이고 몸은 날개 달린 사자의 형상을 한 괴물인데, 테베의 길목을 지키며 지나는 사람들에게 수수께끼를 내서 풀지 못하면 잡아먹었다. 스핑크스의 수수

께끼는 다음과 같은 것이었다. "아침에는 네 발로 걷다가 낮에는 두 발, 저녁에는 세 발로 걸어다니고, 발이 많아질수록 약해지는 동물은 무엇인가?" 오이디푸스는 인간이라고 답했다. 아기 때는 네 발로 걷다가 어른이 되면 두 발로 걷고, 노인이 되면 지팡이를 의지해 세 발로 걷는 동물은 바로 인간인 것이다. 이방인인 오이디푸스가 정답을 알아맞히자 스핑크스는 벼랑에서 떨어져 자살한다.

스핑크스가 죽자 고립 상태에 빠져 있던 테베는 활기를 되찾았고 오이디푸스는 테베의 구원자로서 환대를 받는 동시에 이오카스테와 결혼하여 테베의 왕이 된다. 라이오스 왕이 죽은 후 테베를 통치하고 있던 이오카스테의 오빠 크레온Creon이 오이디푸스에게 왕권을 이양한 것이다. 오이디푸스와 이오카스테는 에테오클레스Eteokles, 폴리네이케스Polyneikes라는 두 아들과 안티고네Antigone, 이스메네Ismene라는 두 딸을 낳고 행복하게 살았다.

그러나 저주받은 도시 테베에 역병이 돌아 온 도시를 휩쓸게 된다. 사람들과 가축들은 병들어 죽고, 들판의 과실도 시들어 죽는다. 델포이의 신탁은 라이오스 왕의 저주로 도시가 멸망하고 있으니, 그를 죽인 자를 찾아내어 처벌하면 역병이 사라지고 재앙이 멈출 것이라고 예언한다. 오이디푸스는 라이오스 왕의 살인자를 찾아내고자 예언자 테이레시아스를 불러들인다. 하지만 테이레시아스는 말하려 하지 않고, 오이디푸스가 그를 몰아세우며 의심하자 그제야 범인이 바로 오이디푸스 자신임을 폭로한다. 게다가 이오카스테가 그의 어머니라는 더욱 놀라운 사실도 밝힌다. 이오카스테는 신탁을 믿을 수 없다고 주장한다.

그때 도착한 사자는 폴리보스 왕의 서거를 전한다. 이에 오이디푸스는 신탁의 예언이 틀렸음을 증명하는 것이라며 기뻐한다. 그러나 사자는 폴리보스 왕이 그의 아버지가 아니라는 사실을 밝히고, 오이디푸스는 양치기를 불러 다시 묻지만 양치기 역시 사자의 말을 확인시켜줄 뿐이다. 결국 이오카스테는 목매달아 자살하고, 그 소식을 들은 오이디푸스는 이오카스테의 브로치로 자신의 눈을 찌른다. 테베에서 추방된 오이디푸스는 딸 안티고네의 손에 이끌려

테베의 역병 샤를르 잘라베아, 1849년
안티고네가 눈먼 오이디푸스를 데리고 테베를 떠나고 있다.

유랑생활을 하다가 테세우스에게 의지하여 생을 마감한다.

오이디푸스 이야기에 나타난 신탁의 의미는 과연 무엇일까? 그것은 인간의 운명과 자유에 관한 것으로서 신들의 신탁 앞에서 인간이 얼마나 자유로울 수 있는가 하는 문제이다. 소포클레스의 『오이디푸스 왕』에서 신들과 인간들의 진실은 양립 불가능한 것으로 그려진다.[5] 오이디푸스는 탁월한 지성과 합리적 이성의 소유자이며 인간에 대한 절대적 믿음을 가진 자이다. 그는 아무도 알지 못하는 수수께끼의 답을 알아냄으로써 스핑크스를 물리친다. 왕이 되어 권력의 정점에 선 그는 눈먼 예언자 테이레시아스를 비웃는다. 그가 예언력을 가지고 있다면 스핑크스의 비밀을 왜 백성들에게 가르쳐주지 않았겠느냐고 몰아세운다. 그러나 얼마 안 가 그는 자신의 권력이란 일시적인 것이며, 자신의 성공은 곧 실패로 귀결될 것이라는 사실, 그리고 자신의 지식이 얼마나 헛된 것인지를 인정해야 한다. 테이레시아스는 말한다.

5 아리안 에슨, 『신화와 예술』, 류재화 옮김, 청년사, 2002, p. 352.

그대는 눈이 있어도 보지 못하고 있습니다. 어떤 불행 속에 빠져 있는지도, 어디서 사는지도, 누구와 사는지도. 그대가 누구의 자손인지 알고나 있습니까? 그대 자신은 모르겠지만 그대는 지하와 지상에 있는 그대의 혈족에게 원수입니다. 그리하여 어머니와 아버지의 저주라는 이중의 채찍이 언젠가는 그대를 무서운 발걸음으로 뒤쫓으며 이 나라 밖으로 몰아낼 것입니다. 그리고 지금은 올바로 보는 그 눈도 그때는 어둠만을 보게 될 것입니다.[6]

오이디푸스의 신화는 인간과 신에 대한 성찰을 담고 있으며, 친부 살해, 근친상간, 형제 살해 등 증오와 사랑의 욕망이 가족 내에서 발현됨을 보여주고 있다. 오이디푸스가 추방된 후 테베 왕국은 두 아들이 번갈아가며 통치하기로 결의한다. 그러나 에테오클레스의 통치 1년이 지나자 그는 약속한 대로 왕위를 물려주지 않고 동생을 쫓아버린다. 추방되었던 동생 폴리네이케스는 아르고스의 왕과 함께 테베로 쳐들어왔고, 결국 두 아들 모두 전투에서 사망한다. 그리고 왕권은 다시 삼촌 크레온에게로 넘어가게 된다. 크레온은 '테베의 침략자는 매장을 할 수 없다'는 법에 따라 폴리네이케스의 매장을 금한다. 그러나 안티고네는 왕의 명령을 거부하고 오빠의 장사를 지낸 후 그의 시신을 묻어준다. 화가 난 크레온은 안티고네를 산 채로 무덤에 감금시킬 것을 명한다. 생매장된 안티고네는 그곳에서 목매달아 자살하고, 안티고네를 사랑한 크레온의 아들 하이몬Haimon 역시 그녀를 따라 자살한다.

소포클레스의 『오이디푸스 왕』 이후 작가들은 앞을 다투어 오이디푸스 신화를 재해석한다. 17세기 프랑스 극작가인 코르네유Pierre Corneille의 『외디프*Oedipe*』(1659)는 영웅적인 오이디푸스를 그리며, 볼테르Voltaire는 18세기 이성주의 철학자답게 『외디프*Oedipe*』(1718)에서 신의 질서에 저항하는 주인공 오이디푸스의 모습을 보여준다. 한편 20세기 프랑스 작가 앙드레 지드André Gide의 『외디프*Oedipe*』(1931)는 보다 인간적인 시각에서 아테네의 영웅을 그린다.

---

6 소포클레스, 『오이디푸스 왕』, 천병희 옮김, 문예출판사, 1983, p. 197.

또 장 콕토Jean Cocteau의 『지옥 기계*La Machine infernale*』(1934)에서는 근친상간의 테마가 전면으로 대두되면서 이오카스테의 모성애적 사랑이 강조된다. 이탈리아의 유명한 영화감독 피에르 파올로 파솔리니Pier Paolo Pasolini는 영화 <오이디푸스 왕Oedipus Rex>(1967)에서 시간을 초월하여 전쟁 이전의 이탈리아와 고대 그리스로 무대를 넘나들며 오이디푸스 신화가 갖는 보편적인 성격을 드러내기도 한다.

엘렌 식수의 『외디프의 이름, 금지된 몸의 노래』

프랑스 페미니즘을 대표하는 작가이자 교수인 엘렌 식수(1937-)는 여성주의적인 시각에서 오이디푸스 신화를 다시 쓴다. 그녀는 남근 중심적 체계가 지배하는 담론을 넘어서는 새로운 언어 체계에 따른 여성적 글쓰기를 주장한다. 여성적 글쓰기란 약호화된 언어의 틀 속에 갇히지 않은 채 새로운 언어를 가지고 쓰는 글쓰기를 말한다. 새로운 언어는 아버지의 법에 의해 규정된 문법적 언어가 아닌 어머니의 언어, 언어 이전의 언어, 오이디푸스 이전의 언어, 체계화를 거부하는 언어이다. 그것은 또한 무의식의 언어, 꿈의 언어, 몸의 언어이기도 하다. 『외디프의 이름, 금지된 몸의 노래*Le Nom d'Oedipe, le chant du corps interdit*』(1978)는 식수의 글쓰기 이론이 그대로 녹아든 작품으로, 노래와 말, 그리고 코러스로 구성된 오페라극의 텍스트이다.

식수는 소포클레스의 비극을 완전히 전복한다. 무엇보다도 그녀는 그리스 비극에서 부수적으로만 존재했던, 침묵 속에 버려진 채 가혹한 처벌을 받았던 이오카스테가 목소리를 내게 함으로써 여성에게 정체성을 부여한다. 라이오스의 아내, 오이디푸스의 아내이자 어머니로만 존재하던 이오카스테는 식수에 의해 욕망하는 여인으로 다시 태어난다. 전체 12막 중 그녀가 등장하지 않는 장면은 하나도 없으며, 마지막 오이디푸스의 독백 장면을 제외하면 대부분의 경우 이오카스테가 극에서 주도적인 역할을 한다.

연극이 시작하기도 전에 누구의 목소린지 알 수 없는 혼란스러운 목소리가 무대를 여는데, 그 목소리는 아이와 어머니/연인의 공포를 표현한다. 그러나 이오카스테의 두려움은 자신의 잘못이 밝혀질 것에 대한 두려움이 아니다. 그 공포는 죄의식이나 수치심 같은 것과는 관계가 없다. 오이디푸스가 알고자 하는 진실을 그녀는 이미 알고 있다. 그녀의 두려움은 진실이 밝혀짐으로써 그들의 사랑이 끝날지도 모른다는 것에 대한 두려움이다.

두려운 분위기 속에서 등장한 오이디푸스는 사회적 자아와 개인의 욕망 사이에서 갈등한다. 영광과 명예를 소중히 하는 왕으로서 위기에 처한 테베와 시민들의 고통에 책임을 느끼는 오이디푸스는 자신을 부르는 도시의 외침을 거부할 수 없다. 시민들의 요구대로 그는 죄인을 찾아야 하지만, 동시에 그는 스스로 아버지를 죽인 살인자요 어머니의 남편임을 폭로해야 한다.

이오카스테는 그에게 왕이라는 책임감도 테베라는 도시도 모두 잊기를, 그리고 오로지 두 사람의 사랑만이 존재하는 세계에 남아 있기를 애원한다. 그러나 운명의 완수를 위해 그는 떠나야 한다. 이오카스테가 금기를 파괴하는 동안 오이디푸스는 침묵하면서 그녀로부터 멀어져간다.

혼자 남은 이오카스테에게 삶은 더 이상 의미가 없다. 오이디푸스의 부재를 온몸으로 느끼면서 그녀의 생명은 서서히 소진된다. 이오카스테의 죽음은 소포클레스의 이오카스테가 운명처럼 받아들인 죽음과 다르다. 아들과의 근친상간에 대한 죄의식과 자기처벌로서 자살을 택한 소포클레스의 이오카스테와 달리, 식수의 이오카스테는 사랑하는 사람에 대한 그리움으로 인해 서서히 소멸된다. 생명이 꺼져가는 순간에도 그녀는 그를 기다린다.

마침내 오이디푸스는 돌아오지만 그녀를 구하기에는 이미 늦었다. 그는 이오카스테의 죽음을 받아들일 수 없다. 그녀 없이는 그 역시 존재의 의미를 찾을 수 없기 때문이다. 그에게 이오카스테는 죽지 않았다. 그는 자신의 몸속에 그녀가 있음을, 둘이 하나가 되었음을 느낀다. 홀로 남은 독백 장면에서 오이디푸스는 탄생 이전의 상태로 돌아가 이오카스테와 하나가 된다.

식수의 이오카스테는 남성들에 의해 만들어진 금기를 파괴하고 어머니의 법이 존재하는 새로운 세계를 창조하는 여인이다. 그녀가 이룩한 새로운 세계는 무의식이 지배하는 세계, 친부 살해와 근친상간에 대한 죄의식과 자기 처벌이 거부되는 세계이다. 식수는 『외디프의 이름, 금지된 몸의 노래』를 통해 오이디푸스 신화를 해체함으로써 신화 속에 교묘히 감추어져 있는 가부장적 남성우월주의를 고발하고 여성성에 대한 인식을 새로이 하고자 한다. 오이디푸스 신화에 대한 새로운 해석인 이 작품은 상징적 질서에 대한 전복과 위반이라는 점에서 현대적 의미를 갖는다.

3. 파이드라와 금지된 욕망

크레타의 왕 미노스의 아내 파시파에는 아프로디테의 증오로 인해 황소와 깊은 사랑에 빠진다. 그 결과 태어난 것이 괴물 미노타우로스이다. 미노스 왕은 크레타섬 깊은 곳에 미노타우로스를 감추고 매년 제물을 바쳤는데 아테네의 왕자 테세우스가 찾아와 이 괴물을 처치하게 된다. 테세우스는 크레타의 공주 아리아드네의 도움으로 괴물이 갇혀 있던 미궁을 빠져나오는 데 성공하지만, 그녀와의 약속을 저버리고 그녀의 동생 파이드라Phaedra를 납치한 연후

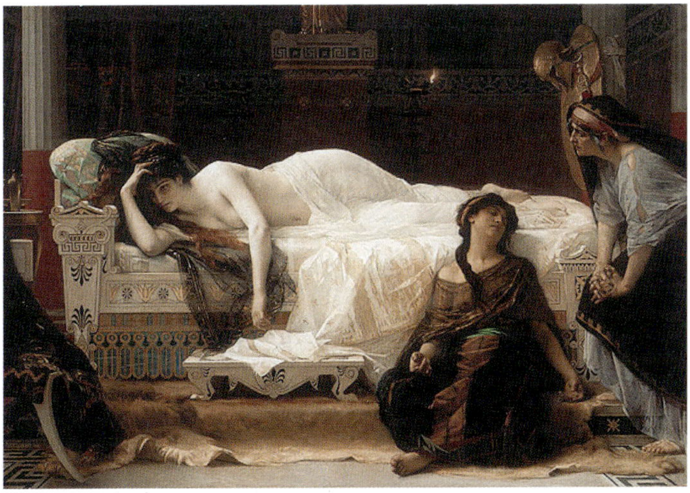

파이드라 알렉상드르 카바넬, 1880년

히폴리토스의 죽음 페테르 파울 루벤스, 1611년

에 결혼까지 한다. 그러나 아프로디테의 증오는 대를 이어 파이드라에게서도 계속된다. 파이드라는 의붓아들인 히폴리토스Hippolytos에게 정념을 품게 된다. 그녀의 근친상간적 사랑으로 인해 히폴리토스는 아버지 테세우스의 미움을 사고 추방당한 뒤 포세이돈이 보낸 바다의 괴물에게 죽임을 당한다. 파이드라 역시 자살한다.

신화 속 이야기에서 파이드라는 그리 큰 비중을 차지하지 않는다. 그녀는 테세우스의 두 번째 부인으로, 그의 영웅담 중 하나의 일화를 제공할 뿐이다. 그러나 이 신화는 후대 문학가들에게 금지된 욕망이라는 주요 모티프를 제공한다. 고대 그리스와 로마의 작가들은 이 비극적인 이야기를 어떻게 다루고 있으며, 17세기의 프랑스 작가 라신은 이 신화를 어떻게 해석하고 있는지, 또한 20세기의 파이드라는 어떻게 다시 태어나는지 살펴보자.

에우리피데스의 『왕관을 쓴 히폴리토스』

고대 그리스 극작가 에우리피데스의 『왕관을 쓴 히폴리토스*Hippolytos stephanêphoros*』(기원전 428)에서는 아름다운 청년 히폴리토스의 모습이 파이드

라의 정념보다 더욱 부각된다. 파이드라는 자신의 정념을 물리치려고 애쓴다. 그러나 여주인을 돕고 싶었던 유모가 계략을 세우고, 파이드라의 사랑을 히폴리토스에게 말해버린다. 여자를 증오하는 히폴리토스로부터 폭언을 들은 파이드라는 목을 매기로 결심한다. 그녀는 죽어가며 히폴리토스가 자신을 강간하려 했다는 글을 서판에 남긴다. 순례를 마치고 돌아온 테세우스는 분노하여 포세이돈에게 히폴리토스를 벌할 것을 탄원하면서 그를 내쫓는다. 히폴리토스는 바닷가 벼랑 위에서 처참하게 죽어간다. 그러나 그는 아버지를 용서하고 아버지에게 애정을 바치면서 숭고한 죽음을 맞는다. 이처럼 에우리피데스의 극에서는 히폴리토스의 영웅적 면모가 부각된다. 마지막 장에서 한 전령이 히폴리토스의 죽음을 전할 때, 아르테미스가 등장하여 이 모든 비극의 주동자는 아프로디테라는 사실을 밝힌다. 히폴리토스는 아르테미스를 숭배하고 아프로디테를 경멸했던 것이다. 결국 파이드라의 비극은 신들 간의 다툼이 초래한 것이었다.[7]

세네카의 『파이드라』

고대 로마 극작가 세네카Seneca는 소포클레스와 에우리피데스의 극을 종합하여 『파이드라*Phaedra*』(49–62)를 썼다. 에우리피데스와 마찬가지로 세네카에게 있어서도 파이드라의 비극은 아프로디테와 아르테미스 두 여신 간 갈등의 결과이다. 파이드라는 사랑의 감정을 일종의 저주라고 생각한다. 그러나 유모의 권유로 그녀는 히폴리토스에게 사랑을 고백한다. 감정이 격해진 히폴리토스는 칼을 뽑아들고 그녀를 죽이려다가 칼도 버린 채 도망친다. 전장에서 돌아온 테세우스가 칼을 들고 있는 파이드라를 보고 무슨 일이냐고 다그치고, 이에 파이드라는 눈물을 흘리며 히폴리토스가 자신을 욕보이려 했다고 대답한다. 그리고 그 증거로 히폴리토스의 칼을 보여준다. 분노한 테세우스는 아

7 아리안 에슨, 앞의 책, pp. 295–299 참조.

들을 저주하면서 포세이돈에게 그를 벌할 것을 간청한다. 이후 히폴리토스의 죽음에 절망한 파이드라는 테세우스에게 진실을 고백한 후 자살한다. 테세우스는 자신과 아내를 저주하면서 아들의 장례를 치른다. 에우리피데스의 히폴리토스와 달리, 세네카가 그린 히폴리토스는 영웅적인 면모를 보이지 않는다. 아버지와의 정면 대결도, 아버지에 대한 용서의 장면도 없다. 세네카의 작품에서는 정념에 사로잡혀 자신을 제어하지 못하고 죄를 지은 후 스스로 죽음을 택한 파이드라가 주인공이다.[8]

라신의 『페드르』

17세기 프랑스 고전 비극의 정수라고 일컬어지는 라신Jean-Baptiste Racine의 『페드르*Phèdre*』(1677)는 신 또는 권력이 상징하는 운명에 저항하면서 자유를 추구하지만, 결국 그것을 관철하지 못하고 격렬한 정념의 노예가 되어 파멸하고야 마는 인간의 처절한 모습과 내면적 갈등을 그리고 있다. 라신 비극의 독창성은 아리시Aricie의 등장에 있다. 아리시는 테세우스와는 정적이 되는 집안의 딸로, 이폴리트는 아버지가 금지한 여자를 사랑함으로써 아버지에게 반항한다. 한편 아리시에 대한 질투로 인해 페드르의 정념은 더욱 치열해진다. 남편이 죽은 줄만 알았던 페드르는 이폴리트에게 사랑을 고백하지만 테세우스의 귀환으로 인해 궁지에 몰리자 남편에게 아들을 모함하는 거짓 고백을 한다. 분노한 아버지의 저주로 아들은 죽임을 당하고, 이에 절망한 페드르는 독약을 먹은

연극 <페드르>의 한 장면

8 같은 책, pp. 300-303 참조.

후 남편에게 자신의 죄를 고백하면서 죽어간다. 17세기 장세니즘Jansénisme의 금욕주의적 세계관의 영향을 크게 받았던 라신에게 있어 페드르의 정념은 저주받은 정념이다. 그러나 작가는 여기에서 인간 조건의 근원적 문제를 제기한다. 즉 죄악인 줄 알면서도 어쩔 수 없이 정념의 노예가 될 수밖에 없는 인간 조건을 그리고 있는 것이다. 라신은 『페드르』를 통해 인간의 자유의지란 존재하지 않는다는 것을 보여주고 있다.

이 밖에 문학 작품은 아니지만 파이드라 신화를 현대적 감각으로 각색한 1962년 영화 <페드라Phaedra>를 앞의 작품들과 비교해서 살펴볼 수 있다. 멜리나 메르쿠리Melina Mercouri와 안소니 퍼킨스Anthony Perkins가 주연을 맡고 줄스 다신Jules Dassin이 연출한 이 영화는, "페드라"를 외치며 죽는 주인공의 절규와 바하 음악의 배경이 어우러지는 사운드트랙으로도 유명하다. 음악은 밀키스 테오도라키Milkis Theodoraki가 맡았다. 이 영화에서는 두 남녀의 금지된 사랑이 결실을 이룬다. 페드라와 그의 의붓아들 알렉시스Alexis는 서로 사랑함으로써 남편에게 그리고 아버지에게 반항한다. 영화에 나타난 페드라의 이미지는 자신의 운명을 거부하지 않고 정면으로 돌파하는 강한 여인상이다. 그녀는 다가오는 사랑을 기꺼이 받아들이고, 권위의 상징인 남편에 맞서 당당히 자신의 사랑을 찾고자 한다. 즉 그녀는 더 이상 남편의 사랑의 대상이 아니라 욕망을 지닌 주체적인 인간으로 다시 태어나고자 하는 것이다. 알렉시스 역시 어머니 페드라의 사랑을 받아들인다. 그러나 그는 그 상황을 견딜 만큼 강하지 못하다. 페드라가 진실을 밝힌 후 아버지로부터 추방당한 그는 경주용 자동차를 몰고 달리면서 목이 터져라 페드라를 외치며 반대편에서 오는 트럭과 충돌하여 죽는다. 20세기에 새로이 탄생한 파이드라 신화는,

| 영화 <페드라>의 한 장면

운명이 아닌 자유의지에 자신을 내던지는 인간의 모습을 그린다. 그러나 그 결과는 파멸과 죽음이다.

4. 신의 형벌과 인간의 의식

시시포스Sisyphos는 바람의 신 아이올로스Aiolos의 아들이다. 그는 신들을 엿보고 엿듣기를 좋아하며, 입이 가볍고 교활하기 짝이 없고 거짓말쟁이인 종잡을 수 없는 인간이었다. 그러나 인간들의 입장에서 보면 그는 신들의 일에 참견하여 바른말을 잘하고, 지혜롭고, 임기응변과 수시변통에 능하여 인간을 이롭게 하는 존재였다. 그의 행적을 살펴보자.

어느 날 시시포스는 태어난 지 얼마 되지 않은 헤르메스가 살며시 집을 나가는 장면을 목격한다. 헤르메스는 자신의 이복형 아폴론의 소를 훔쳤는데, 교활하게도 소발에는 떡갈나무 껍질로 신을 신기고 소꼬리에는 싸리 빗자루를 매 바닥을 쓸게 함으로써 발자국을 지워 증거를 없앴다. 그렇게 소를 훔친 헤르메스는 다시 동굴로 돌아가 태연히 아기 행세를 했고, 이 모든 과정을 지켜본 시시포스는 자신이 목격한 바를 아폴론에게 일러바친다.

또한 제우스가 독수리로 둔갑하여 섬 그늘에서 아이기나Aigina라는 요정을 취하는 것을 엿보던 시시포스는 그녀의 아버지인 강의 신 아소포스Asopos를 찾아간다. 딸 걱정을 하고 있는 그에게 시시포스는 자신의 도시인 코린토스에 물을 나누어준다면 딸의 행방을 가르쳐주겠다고 제안하고, 아소포스의 약속을 받고는 비밀을 알려준다.

시시포스가 분수를 모르고 신들의 일을 엿본다는 사실에 대해 괘씸해 하고 있던 제우스는 죽음의 신 타나토스Thanatos에게 시시포스를 데려갈 것을 명령한다. 그러나 꾀 많은 시시포스는 그 일을 미리 알고 있었고, 자신을 찾아온 타나토스를 사슬로 묶어 가두어버린다. 화가 난 제우스는 전쟁의 신 아레스를 보내어 타나토스를 구하고 시시포스를 다시 잡아들이도록 한다.

이를 안 시시포스는 아내 멜로페Melope를 불러 제사를 지내지 말 것, 장례를 치르지 말 것, 그리고 매장하지 말 것을 지시한다. 그렇게 저승에 간 시시포스는 저승의 왕비 페르세포네를 접견한 후, 아내가 제사를 지내지 않은 것은 하데스에 대한 무례요, 장례를 치르지 않음으로써 자신의 죽음을 천명하지 않은 것은 제우스에 대한 불충이며, 시신을 매장하지 않은 것은 지신 데메테르에 대한 모욕이니 사흘의 여유를 허락한다면 아내의 죄를 단단히 물은 연후에 다시 오겠노라고 한다. 하지만 사흘 말미를 얻어 이승으로 온 시시포스는 신과의 약속을 지키지 않는다. 저승에 다녀온 시시포스에게 햇빛과 모래와 바다의 온기와 온갖 곡식과 과실의 단맛 등 지상의 모든 즐거움은 너무도 소중했던 것이다. 시시포스는 타나토스가 와서 그 약속을 환기시킬 때마다 모르는 일이라며 시치미를 뗀다.

바위를 밀어 올리는 시시포스 기원전 5세기경, 그리스 항아리

그렇게 그가 땅에서의 천수를 다하고 죽은 후, 저승의 신 하데스는 그에게 저승 왕궁 뒤의 바위산 기슭에 있는 큰 바위 하나를 꼭대기까지 밀어 올려 바위가 늘 그 꼭대기에 있게 하라는 벌을 내린다. 시시포스는 손으로 바위를 밀고 발로는 산의 사면을 버티며 바위를 산정으로 밀어 올린다. 그러나 바위는 산정에 오르는 순간 그 엄청난 질량에 걸맞은 속도로 다시 기슭으로 굴러 떨어진다. 그러면 시시포스는 다시 바위가 있는 곳으로 내려와 떨어진 돌을 다시 밀어 올린다. 그러나 바위는 또다시 굴러 떨어지고, 시시포스는 또 내려와 바위를 굴려 올린다. 이처럼 시시포스는 영원히 이 바위를 밀어 올리는 일을 계속해야 한다.

알베르 카뮈의 『시지프 신화』

20세기 프랑스 작가 알베르 카뮈Albert Camus(1913-1960)는 현대인의 부조리한 삶을 노래하면서 시시포스의 신화를 떠올린다. 일종의 철학 에세이라고 할 수 있는 『시지프 신화*Le Mythe de Sisyphe*』(1942)에서 돌을 산 위로 굴려 올리는 시시포스의 모습을 작가는 다음과 같이 묘사한다.

> 경련하는 얼굴, 바위에 밀착한 뺨, 진흙에 덮인 돌덩어리를 떠받치는 어깨와 그것을 고여 버티는 한쪽 다리, 돌을 되받아 안은 팔끝, 흙투성이가 된 두 손 등 온통 인간적인 확신이 보인다. 하늘 없는 공간과 깊이 없는 시간으로나 헤아릴 수 있는 이 기나긴 노력 끝에 목표는 달성된다. 그때 시지프는 돌이 순식간에 저 아래 세계로 굴러 떨어지는 것을 바라본다. 그 아래로부터 정점을 향해 이제 다시 돌을 끌어올려야만 하는 것이다. 그는 또다시 들판으로 내려간다. (p. 185)[9]

우리의 흥미를 끄는 것은 돌아서는 바로 그 순간의 시시포스이다. 시시포스 신화의 의미는 그가 자신의 운명을 의식하고 있다는 데 있다.

> 마치 내쉬는 숨과도 같은 이 시간, 또한 불행처럼 어김없이 되찾아오는 이 시간은 곧 의식의 시간이다. 그가 산꼭대기를 떠나 제신의 소굴을 향하여 조금씩 더 깊숙이 내려가는 그 순간순간 시지프는 자신의 운명보다 더 우월하다. 그는 그의 바위보다 더 강하다. (pp. 185-186)

부조리는 바로 이 '의식'에 의하여 발견되는 것이다. 의식은 바위를 굴려

---

9 알베르 카뮈, 『시지프 신화』, 김화영 옮김, 책세상, 2004; 이하의 인용 쪽수는 이 책에 의거한 것임.

올리는 일상적 행위들이 정지된 순간에 찾아온다. 인간은 무반성적인 삶의 관성을 따라 '일상적인' 삶을 살아간다. 그것이 습관이기 때문이다. 그러나 광채 없는 하루하루의 삶에 대한 반성을 할 때가 있다. 산 위로 바위를 굴려 올리는 일의 반복이 광채 없는 습관적 삶이라면, 굴러 떨어지는 바위를 따라 내려가면서 자신의 삶을 되비춰보는 그의 의식은 자신의 삶에 대한 '반성'이다. 신에게 반항하면서 명철한 의식을 가지고 자신의 운명을 직시하는 시시포스에게 우주는 무익한 것으로 보이지 않는다. 따라서 스스로 부조리한 삶을 선택한 시시포스에게서 카뮈는 행복을 발견한다.

알베르 카뮈의 『시지프 신화』 표지

매일매일 똑같은 일을 반복하는 현대인들의 삶은 시시포스의 삶만큼이나 부조리하다. 매일 반복되는 무의미한 현대인의 삶에 대한 묘사는 희망 없이 돌을 굴려야 하는 시시포스의 운명과 다르지 않다.

> 아침에 기상, 전차를 타고 출근, 사무실 혹은 공장에서 보내는 네 시간, 식사, 전차, 네 시간의 노동, 식사, 수면 그리고 똑같은 리듬으로 반복되는 월·화·수·목·금·토, 이 행로는 대개의 경우 어렵지 않게 이어진다. 다만 어느 날 문득, '왜?'라는 의문이 솟아오르고 놀라움이 동반된 권태의 느낌 속에서 모든 일이 시작된다. '시작된다'라는 말은 중요하다. 권태는 기계적인 생활의 여러 행동들이 끝날 때 느껴지는 것이지만, 그것은 동시에 의식이 활동을 개시한다는 것을 뜻한다. (p. 28)

권태와 의식은 습관의 세계에 대한 거부이며 새로운 삶의 시작이다. 이것이 바로 '부조리'에 대한 '각성'이다. 모든 것은 의식, 즉 생각에 의해 시작된다. 무반성적인 습관으로부터 벗어나 부조리를 발견한 인간은 자살을 거부한 채 명철한 의식을 가지고 부조리에 정면으로 저항하면서 열정적으로 죽는 순간까지 반항한다. 이미지를 통해서 생각하고자 하는 카뮈에게 시시포스의 이미지는 삶과 죽음 사이의 극적 긴장을 표상하기에 매우 적절한 신화였던 것이다.

5. 절대와 불멸에의 욕망과 허구

연금술은 인간이 물질을 창조함으로써 자연의 과정을 대체할 수 있다는 대담한 신화로부터 출발한다. 오랜 세월 동안 서양의 연금술사들은 부와 영생, 그리고 완전함을 추구하기 위해 이성의 한계선을 넘었고 그에 대한 대가 또한 만만치 않았다.

연금술사들은 금이 모든 금속 중 유일하게 변하지 않고 영원히 존재하는 완전함을 상징한다고 생각했고, 엘릭시르, 즉 현자의 돌을 이용하여 비속한 물질을 금으로 만들어서 부를 얻거나 그것을 복용함으로써 영생을 획득할 수 있다고 굳게 믿었다. 따라서 그들은 유황과 수은 등을 이용하여 현자의 돌을 만들고자 했으며, 그 과정에서 많은 사람들이 수은 중독으로 죽는 희생을 치르기도 했다. 그러나 신에 대한 도전과 그에 따른 파멸이라는 연금술적 테마는 작가들의 상상력을 자극하기에 충분했다. 문학 속에서 연금술은 어떻게 표현되는지 살펴보자.

메리 셸리의 「불멸의 인간」

메리 셸리Mary Shelley(1797-1851)는 낭만파 시인 퍼시 비시 셸리의 아내이며 『프랑켄슈타인*Frankenstein*』(1818)이라는 불후의 명작을 남긴 작가이다. '생명의 창조'라는 신만이 할 수 있는 일에 도전했던 한 인간과 그의 피조물이 겪는 불행과 파멸을 그린 이 작품은, 과학의 힘을 맹신하며 지구를 인간이 살 수 없는 땅으로 만들어가고 있는 현대인의 모습을 예견한 듯하다. 그 외에도 메리 셸리는 단편 「불멸의 인간Mortal Immortal」(1833)에서 불로장생의 꿈을 추구하는 인간이 실제로 그 목표를 달성했을 때 어떤 모습으로 살아가게 될 것인가를 뛰어난 상상력을 동원하여 탐구하고 있다. 이 작품의 주인공은 실존했던 독일의 연금술사 코넬리우스 아그리파Cornelius Agrippa의 조수로 설정된 윈지이다. 어느 날 실수로 불로장생약을 마신 뒤 외롭고 지루하게 삶을 이어가게 된 윈지의 모습을 사색적으로 그린 이 작품은, 자연의 섭리에 도전한 인간의 불행을 다루었다는 점에서 그 주제가 『프랑켄슈타인』과 비슷하다.

메리 셸리

이 이야기는 323세가 된 윈지가 지나간 삶을 회상하는 형식으로 기술되어 있다. 언젠가부터 연금술사 아그리파의 실험실에 관한 소문이 하나 돌기 시작한다. 그것은 스승이 없는 사이 자기도 모르게 악마를 깨운 제자 하나가 악마에게 죽임을 당했다는 소문이었다. 이 소문으로 인해 아그리파의 제자와 조수들은 모두 그의 곁을 떠났고, 아그리파는 실험을 도와줄 새 조수를 구하게 되었다. 한편 윈지에게는 어려서부터 함께 자란 버사라는 연인이 있었다. 버사는 어린 시절 고아가 되어 한 부유한 노부인의 집에서 성장하게 된 인물로, 윈지는 거만한 그녀의 비위를 맞추기 위해 돈이 필요했다. 그래서 그는 소문 때문에 꺼려지긴 했지만 돈이 급해 어쩔 수 없이 코넬리우스의 조수 자리에 지원하게 되었다.

그런데 막상 일을 시작하고 나니 눈코 뜰 새 없이 바쁜 실험 일정 때문에 버사를 만나기가 쉽지 않아졌고, 버사는 점점 더 심하게 그를 다그쳤다. 심지어 버사는 노부인이 소개해준 남자인 앨버트 호퍼와 함께 돌아다니는 모습을 일부러 윈지가 보게 하기도 했다. 어느 날 코넬리우스가 한 불그레한 용액을 가열하던 중, 가열이 끝나갈 때쯤 자기를 깨워달라고 하고는 잠이 들었다. 그러면서 그는 거짓 경고를 하는데, 만약 윈지가 이 용액을 입에 댄다면 버사에 대한 그의 사랑이 없어져버릴 것이라는 경고였다. 사랑의 고통을 벗어날 수 없던 윈지는 용액이 금빛을 발하고 향기를 뿜기 시작하자 그것을 들고 마시기 시작했다. 반쯤 마셨을 때 잠자던 코넬리우스가 움직였고, 그러자 그는 놀라서 그릇을 떨어뜨렸다. 그날 밤 잠 속에서 윈지는 천국과도 같은 영광과 축복을 경험했다. 심지어 잠에서 깨어서도 현실 역시 천국과 같이 보였다. 윈지는 사랑의 고통이 치유되었다고 믿고, 당당하게 버사의 앞에 나타나 자신의 무관심을 보여주려고 했다.

한편 버사는 자신이 윈지에게 보인 경멸적인 태도 때문에 윈지를 잃지 않았나 생각하며 후회의 눈물을 흘리고 있었다. 이에 버사의 진심을 알게 된 윈지는 완전히 황홀경에 빠지고 말았으며, 버사 또한 엘릭시르 덕분에 당당해지고 활기 넘치게 된 윈지에게 마음을 사로잡혔다. 버사와 윈지는 결혼하여 행복하게 살았다. 5년 후 죽음을 맞이하게 된 코넬리우스는 윈지를 병상으로 불러, 그가 만들었던 약이 사실은 사랑을 제거하는 약이 아니고 불로장생약임을 알려준다.

세월이 흘러 버사의 육신에는 노쇠의 흔적이 완연해졌으나 윈지는 결혼할 당시의 모습을 그대로 유지하고 있었다. 버사는 점점 질투심이 강해져서 그를 못살게 굴기 시작했다. 그러나 윈지는 자신이 그렇게도 사랑했고 애써 얻은 아내를 끝까지 소중하게 생각했다. 이제 버사는 쉰 살이 되었고, 윈지는 여전히 스무 살의 청년처럼 보였다. 마을 사람들은 그들을 점점 멀리했으며, 그들이 경작한 농산물조차도 사주지 않았다. 마을에서 살기가 어렵게 된 그들은 프랑스 서부에 있는 낯선 고장으로 이주한다. 그곳에서도 버사는 화장과 젊은 옷차림 등으로 윈지와의 격차를 메워보려고 발버둥치지만, 결국은 죽음을 맞이하게 된다.

윈지는 지루하고도 외로운 삶을 계속해야 했다. 자살이나 전쟁 등 자신의 생명을 끝낼 방법을 숙고하던 끝에 323세가 된 그는 극지방으로 탐험을 떠나기로 결심한다. 그의 육신이 추위와 배고픔으로 파괴되면 영혼은 육신의 감옥으로부터 해방될 것이고, 그의 육체가 파괴되지 않는다면 그는 탐험가로서 역사에 기록될 것이기 때문이다.

엘릭시르로 얻은 불로장생은 결코 윈지를 행복하게 만들지 않았고, 그에게 고통스러운 삶을 안겨주었으며, 자신의 죽음을 스스로 획책해야 하는 어려움까지 떠안게 만들었다. 메리 셸리는 초월적 영역을 넘보는 인간의 꿈이 가져올 논리적 결과를 상상 속에 펼쳐보임으로써 인간의 초월에 대한 욕망을 재고해볼 것을 촉구한다.

오노레 드 발자크의 『절대의 탐구』

오노레 드 발자크Honoré de Balzac(1799-1850)는 <인간극*La Comédie humaine*>(1830-1856)[10]을 통해 한 시대의 한 사회를 창조함으로써 신적인 전능을 스스로에게 부여하고 시간의 한계를 극복하고자 했던 작가이다. 인간의 무한한 가능성을 신뢰했던 연금술사들처럼 발자크는 시간을 정복하고 자연과 경쟁할 수 있다는 신념을 가졌다. 그가 창작을 시작한 1829년부터 죽을 때까지 20여 년 동안의 폭포 같은 창작은 다름 아닌 인간에 대한 그의 무한한 신뢰로부터 연유한다고 볼 수 있다.

그러나 인간에 대한 발자크의 신뢰에는 회한이 따른다. 연금술사들의 소망이 근원적으로 불가능한 것이듯, 발자크의 연금술적 소망 역시 실패하도록 운명 지어진 것일까? 연금술사들은 금을 만들 수 없음을 잘 알면서도 실험을 계속한다. 발자크는 자신의 창작 행위에 따른 과도한 에너지 소비가 죽음을 초래할 것임을 알면서도 창조를 계속하는 일종의 연금술사였던 것이다.

『절대 탐구*La Recherche de l'Absolu*』(1839)는 금강석을 제조하려는 야심을 품은 한 연금술사의 이야기이다. 플랑드르 지방의 귀족 발타자르 클라에스는 젊은 시절 라부아지에의 실험실에서 일한 경험이 있지만, 이제는 과학에 대한 꿈을 접은 채 사랑하는 아내와 네 자녀와 함께 행복하게 살고 있었다. 그러던 어느 날, 그는 생계를 위해 군인이 된 한 폴란드 수학자를 만나게 되고

---

10 <인간극>은 발자크가 집필했던 전 작품을 총괄하여 붙인 총서명이다. '풍속 연구', '철학적 연구', '분석적 연구'의 세 계열로 나누어 총 137편의 소설을 채우고자 했으나 결국 91편만을 완성했다. 발자크는 이 <인간극> 속에 19세기 프랑스 사회의 모든 양상을 완벽하게 담아내고자 했다.

오노레 드 발자크

함께 화학 연구에 대한 대화를 나누게 된다. 그 수학자에 따르면 현대 과학은 단순한 물질을 분해함으로써 모든 물질에 공통적으로 존재하는 하나의 법칙을 발견하기에 이르렀다는 것이다. 그가 떠난 후 발타자르는 다시금 과학에 대한 과거의 열정에 사로잡혀 값비싼 실험 도구를 사들이고 실험실을 만들기에 이른다. 그는 질소를 분해하여 금강석을 만들겠다는 야망을 갖는다. 그러고는 하인 하나와 함께 실험실에 틀어박혀 사랑하는 아내도 아이들도 안중에 없이 실험에만 몰두한다. 그렇게 그는 재산을 모두 탕진하고 만다. 그리고 고귀한 영혼의 소유자인 그의 부인 조세핀은 가계가 파산 지경에 이르렀음을 알고 가족의 명예와 아이들의 생계를 걱정하면서 그 고통을 감내하지 못한 채 죽고 만다. 아내의 죽음에 충격을 받은 발타자르는 다시는 실험을 하지 않겠노라 딸과 약속하지만 그의 광적인 열정이 식어버린 것은 아니었다. 몇 년이 흐른 후 그는 또다시 전 재산을 팔고 빚을 내어가면서 실험에 몰두한다. 아이들의 놀림을 받을 만큼 초라한 70대 노인의 모습이 된 그는 중풍에 걸려 신음하다가, 마지막 순간 "유레카(나는 발견했다)!"라고 외치면서 죽는다. 금강석을 제조하고자 전 재산을 탕진함으로써 가족을 파멸시켰을 뿐 아니라 그 자신도 광기 속에서 죽어간 한 인간을 통해 발자크는 감히 신에 도전했던 인간의 운명적 파멸을 그리고 있다.

발타자르는 과학자이지만 그의 절대 탐구는 인간이 창조의 비밀을 알아낼 수 있다는 믿음에 그 의미가 있다. 그의 외침을 들어보자.

> "(……) 만일 내가 제일 먼저 발견했다고 생각해보시오! 내가 만일 발견한다면, 내가 만일 발견한다면, 내가 만일 발견한다면! (……) 나는 금속을 만들고, 금강석을 만들고, 나는 자연을 재현하는 것이라오!"[11]

이처럼 발타자르의 절대 탐구는 인간 자신을 자연의 초점에, 창조의 근원점에 놓는다. 그는 존재하는 모든 현상을 과학적으로 분석할 수 있다고 믿었으며, 그러한 논리를 밀고 나가 사물을 창조할 수 있다고 생각했다. 그러나 그의 발명은 그가 부재할 때 일어났고 그는 죽어간다. 죽는 순간 "나는 발견했다."라고 외치지만 과연 그가 무엇을 발견했는지 우리는 알지 못한다. 흥미로운 것은 절대를 발견했다고 믿는 바로 그 순간 발타자르는 죽는다는 사실이다. 현자의 돌을 찾기 위해서는 죽음을 통해 재탄생되어야 하듯이, 발타자르는 절대 탐구라는 현자의 돌 찾기를 위해 죽음에 이른 것이다. 그가 재탄생되었는지, 원하던 절대를 찾았는지는 중요하지 않다. 중요한 것은 탐구의 결과가 아니라 탐구의 과정이기 때문이다.

파울로 코엘료의 『연금술사』

브라질 작가 파울로 코엘료Paulo Coelho(1947-)는 『연금술사*O Alquimista*』(1988)를 통하여 현대인의 삶에서 상실하기 쉬운, 그러나 항상 찾고자 몸부림치는 자아의 회복 혹은 정체성 추구의 여정을 연금술의 여정으로 파악한다.

| 파울로 코엘료의 『연금술사』 표지

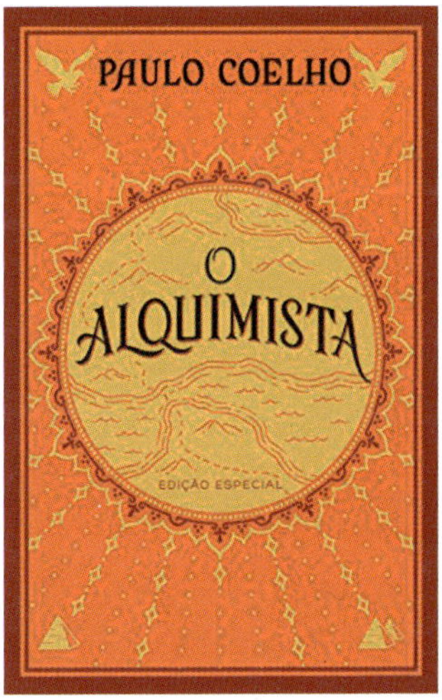

연금술이란 결국 철이나 납을 금으로 바꾸는 신비로운 작업이 아니라, 만물과 통하는 우주의 언어를 꿰뚫어 궁극적으로 '하나'에 이르는 길이다. 인간은 모두 각자가 자신의 참된 운명, 즉 자아의 신화를 산다. 양치기 소년 산티아고는 며칠간 계속해서 반복되는 꿈을 꾼다. 양과 함께 놀던 한 아이가 자신의 손을 잡고 피라미드로 데려가는 꿈이다. 그러던 어느 날, 그에게 어떤 노인이 나타나 양들을 주면 피라미드에 묻혀 있는 보물을 찾는 방법을 가르쳐주겠다고 한

11 오노레 드 발자크, 『절대의 탐구』, 한필규 옮김, 박영사, 1984, p. 115.

다. 산티아고는 양들을 그에게 넘긴 후, 마음의 속삭임에 귀를 기울이고는 자신의 보물을 찾아 길을 떠난다. 집시 여인의 예언, 늙은 왕의 조언, 카페에서 만난 도둑, 화학자, 낙타몰이꾼, 아름다운 여인 파티마에 대한 사랑, 절대적인 사막의 침묵과 죽음에 대한 위협, 그리고 마침내 연금술사를 만나 자신의 보물을 찾기까지, 산티아고의 험난한 여정은 연금술사가 현자의 돌을 찾는 연금술적 과정과 다르지 않다. 이러한 연금술의 과정을 통해 산티아고는 마침내 만물과 대화할 수 있는 '하나의 언어'를 이해하게 되며, 그리하여 영혼의 연금술사가 되기에 이른다.

> 바로 그게 연금술의 존재 이유야. 우리 모두 자신의 보물을 찾아 전보다 더 나은 삶을 살아가는 것, 그게 연금술인 거지. 납은 세상이 더 이상 납을 필요로 하지 않을 때까지 납의 역할을 다 하고 마침내는 금으로 변하는 거야.[12]

12 파울로 코엘료, 『연금술사』, 최정수 옮김, 문학동네, 2001, p. 241.

음악

2장

1. 오르페우스 신화와 오페라의 탄생

오르페우스Orpheus는 오이아그로스Oiagros와 무사이 여신들Mousai(뮤즈 여신들Muses) 중 서사시를 담당하는 칼리오페Calliope 사이의 아들이며, 고대 그리스 현악기 리라를 창조한 음악의 신이다. 그는 트라키아의 산들을 돌아다니면서 달콤한 음악을 들려주었는데, 그의 리라 연주가 어찌나 훌륭했던지 그 소리에 매혹되지 않은 사람이 없었다. 그의 음악은 인간뿐 아니라 짐승들까지 길들였으며, 풀과 나무들도 위로해주었다. 그런 이유에서 이아손은 아르고호 원정 때 카론Charon(저승으로 가는 입구에서 나루를 지키는 노인 뱃사공)의 충고에 따라 오르페우스를 원정단에 합류시켰다. 오르페우스는 항해 도중 노 젓는 이들의 흥을 돋우었으며, 그들의 소란을 음악으로 잠재웠다. 특히 세이렌Siren[1]을 잠들게 함으로써 그녀의 치명적인 유혹으로부터 선원들을 보호한 것도 바로 그의 음악이었다.

1 아름다운 인간 여성의 얼굴에 독수리의 몸을 한 존재로, 노랫소리로 선원들을 유혹해 바다에 뛰어들어 죽게 만든다.

기원전 4세기부터 오르페우스 신화에는 신비적인 요소가 첨가되고, 오르페우스는 사랑하는 아내 에우리디케Eurydike를 찾으러 저승세계를 다녀온 신으로 추앙된다. 그는 또한 삶과 죽음의 비밀을 알고 있는 신이기에 신비교의 창시자가 되기도 한다.

오르페우스 신화에 새로운 이야기를 부여한 작가는 베르길리우스Publius Vergilius Maro(기원전 79-기원전 19)이다. 베르길리우스는 오르페우스를 에우리디케라는 요정과 결혼시킨다. 에우리디케는 자신을 뒤쫓아오는 양봉꾼 아리스타이오스Aristaios를 피하려다 뱀에 물려 죽고 만다. 사랑하는 아내를 잃은 오르페우스는 아내를 찾아 저승으로 내려가, 아름다운 노래로 저승신인 하데스와 페르세포네를 감동시킨다. 그리고 그 대가로 오르페우스는 아내를 되찾을 수 있는 특별한 은혜를 입는다. 에우리디케는 오르페우스를 따라가기만 하면 지상으로 돌아갈 수 있는 것이다. 단 여기에는 한 가지 조건이 있다. 즉 그들이 저승세계를 빠져나오기 전에는 절대 뒤를 돌아보아서는 안 된다는 것이다. 그러나 죽음에서 벗어났다고 생각한 오르페우스는 아내가 잘 따라오고 있는지 확인하고자 몸을 뒤로 돌려 그녀를 바라보고 만다. 그리하여 그는 사랑하는 에우리디케를 영원히 잃게 된다. 이처럼 베르길리우스는 오르페우스 신화를 사랑 이야기로 변형시켰으며, 후대의 많은 작가들이 이 사랑 이야기로부터 영감을 얻는다.

오르페우스와 에우리디케 장-바티스트 카미유 코로, 1861년

오르페우스의 이야기는 그의 죽음 이후까지 이어진다. 또다시 아내를 잃은 오르페우스는 7일 동안 먹지도 자지도 않으면서 강가에 앉아 저승세계 신들의 무자비함을 비난하며 노래로 세월을 보냈다. 오르페우스는 여자를 멀리하고 노래로 추억만을 되새기며 살았다. 트라

키아 지방의 처녀들이 그의 마음을 사로잡으려고 온갖 노력을 기울였지만 그는 아무와도 결혼하려 들지 않고 그녀들을 멀리했다. 그러던 어느 날, 디오니소스 축제에 다녀온 처녀들 중 하나가 오르페우스를 보고는 흥분하여, "저기 우리를 모욕한 사내가 있다!"라고 외치며 그에게 창을 던졌다. 그러나 창은 리라 소리에 힘을 잃고 그의 앞에 떨어지고 말았다. 그러자 처녀들은 소리를 질러 리라 소리가 들리지 않게 한 뒤 오르페우스를 향해 다시 창과 돌을 던졌다. 오르페우스는 피를 흘리며 쓰러졌다. 흥분한 처녀들은 그의 사지를 갈기갈기 찢고 그의 머리와 리라를 강물에 던져버렸다. 그 후 강에서는 그것들이 부르는 슬픈 노랫소리가 들려왔다. 무사이 여신들은 조각난 오르페우스의 몸을 모아 레이베트라라는 곳에 묻었으며, 제우스는 오르페우스의 리라를 별자리(거문고자리)로 박아주었다고 한다.[2]

오르페우스 귀스타브 모로, 1865년

오르페우스가 음악의 신인만큼 음악에서의 그의 지위는 특별했다. 특히 오르페우스와 에우리디케의 사랑 이야기는 가수의 노래와 악기의 연주가 어우러지면서 이야기를 만들어가는 오페라의 형식에 부합했을 것이다. 음악적 효과를 통해 고조된 감정을 극대화할 수 있기 때문이다. 따라서 오페라가 오르페우스 신화와 함께 탄생한 것은 우연이 아니다. 처음 공연된 오페라는 자코포 페리Jacopo Peri의 <다프네Dafne>(1597)와 <에우리디체Euridice>(1600)이다.

---

2 오르페우스는 많은 화가들의 소재가 되기도 했다. 대표적으로 귀스타브 모로Gustave Moreau의 <오르페우스>(1865), 쟝 델빌Jean Delville의 <오르페우스>(1893), 존 윌리엄 워터하우스John William Waterhouse의 <오르페우스의 머리를 발견한 님프들>(1900), 오딜롱 르동Odilon Redon의 <오르페우스>(1903년경)가 있다.

몬테베르디의 오페라 <오르페오>의 장면들, 2002년, 바르셀로나

그러나 근대적 의미의 오페라 형식을 처음으로 사용한 작가는 몬테베르디Claudio Monteverdi이다. 몬테베르디는 1607년 대규모의 합창과 관현악, 무용 등으로 이루어진 오페라 <오르페오Orfeo>를 무대에 올린다. 그 밖에도 오르페우스를 주제로 한 오페라로는 독일 작곡가 글루크Christoph Willibald Gluck의 <오르페오와 에우리디체Orfeo ed Euridice>(1762), 프랑스 제2제정 시대의 대표적인 작곡가 오펜바흐Jacques Offenbach의 <지옥의 오르페Orphée aux enfers>(1858) 등이 있으며, 이외에도 수십 편의 오페라가 오르페우스를 주제로 하고 있다.[3]

몬테베르디의 <오르페오>

몬테베르디의 <오르페오>의 각본은 스트리조Alessandro Striggio가 썼는데, 사랑의 테마에 중점을 두고 있다. 1막에서는 사람들이 젊은 부부의 결혼을 축하해주고 두 사람은 행복해한다. 오르페우스는 에우리디케에게 다시 한번 사랑을 고백하기 전에 아버지 아폴론을 경배하며 태양의 찬가를 부른다. 2막에서 아내의 죽음을 알게 된 오르페우스는 절망에 빠진다. 3막에서는 저승으로 가는 오르페우스가 카론을 향해 기도를 올린다. 죽음의 왕국으로 향하는 강을 건너야만 하기 때문이다. 그는 저승 신들의 마음을 움직인 후 아내와 재회한

3 오르페우스를 주제로 한 오페라들에 관해서는 아리안 에슨, 앞의 책, pp. 269-272 참조.

다. 하지만 그녀와 함께 저승을 빠져나오려는 순간 그는 아내를 보고 싶은 충동에 휩싸인 나머지 뒤를 돌아본다. 이에 에우리디케는 점점 멀어지고, 그는 멀어지는 에우리디케를 따라가고 싶어한다. 그러나 보이지 않는 어떤 힘이 향기가 나는 빛으로 그의 발걸음을 돌리게 만든다. 4막에서 오르페우스는 절망한다. 이때 아폴론이 천상의 세계로 그를 데려와 태양과 별들 속에 살고 있던 에우리디케의 아름다운 얼굴을 되찾게 해준다. 희망의 시기인 르네상스시대의 오페라는 이렇게 신적인 사랑과 세속적인 사랑의 조화를 노래한다.

글루크의 <오르페오와 에우리디체>

글루크의 <오르페오와 에우리디체>는 신적인 초월성이 배제된 채 아주 인간적인 내용으로 이루어져 있다. 오르페우스는 지하세계에서 아내를 데려올 때 절대 뒤돌아보아서는 안 된다는 규칙을 지키고자 하는데, 에우리디케는 자신을 돌아보지 않는 남편이 변심하지 않았을까 의심하며 계속 여러 가지 질문을 한다. 결국 오르페우스는 뒤돌아보고, 에우리디케는 다시 죽게 된다. 비통해진 오르페우스는 자살하려고 하지만 사랑의 신 에로스가 이를 만류하며 에우리디케를 다시 살려준다. 이에 부부가 에로스를 찬미하는 노래를 부르는 합창이 이어진다. 18세기 독일의 작곡가답게 글루크는 오르페우스와 에우리디케의 사랑에서 천상적인 요소를 배제한 채 지상에서의 인간의 이야기로 해석했던 것이다.

오펜바흐의 <지옥의 오르페>

오펜바흐는 <지옥의 오르페>에서 아리스타이오스라고 하는 인물을 등장시킴으로써 연인들의 삼각관계 구도를 만든다. 작품 속의 에우리디케는 실패한 바이올리니스트인 남편 오르페우스보다 아리스타이오스를 더 좋아하는 것처럼 보인다. 그런 아내가 죽자 오르페우스는 남몰래 기뻐한다. 그는 죽

오펜바흐의 <지옥의 오르페> 4막의 캉캉춤 장면 튜랭 극단, 2003년

은 아내를 구하기 위해 저승으로 가지는 않을 것이다. 그런데 제우스가 하데스를 시켜 에우리디케를 오르페우스에게 돌려주라고 한다. 그리고 올림포스의 모든 신들은 저승으로 가는 오르페우스를 뒤따른다. 그 후 오르페우스는 에우리디케와 함께 지상으로 돌아오는데, 이때 제우스가 그녀에게 반하고 만다. 제우스는 이들이 지상에 닿기 전 벼락을 내리쳤고, 그 소리에 놀란 오르페우스가 그만 몸을 돌리는 바람에 다시 에우리디케를 잃고 만다. 이후 에우리디케는 바쿠스Bacchus의 여사제(오페라 속에서 바쿠스의 여사제들은 캉캉춤의 무희들로 나온다)가 되어 모든 남성들의 넋을 빼놓는다.

오펜바흐는 오르페우스 신화를 이렇게 익살극으로 패러디했다. 당시 프랑스 제2제정기의 사회는 무기력하고 위선적이고 경박한 취향이 유행하던 퇴폐적인 사회였고, 이러한 사회 분위기를 노골적으로 풍자한 것이다.

2. 드뷔시와 아프로디테 신화 : <기쁨의 섬>과 <목신의 오후 전주곡>

클로드 드뷔시Claude Debussy(1862-1918)는 모리스 라벨Maurice Ravel과 함께 프랑스의 대표적인 인상주의 작곡가이다. 인상주의라는 용어는 원래 회화의 한 유파를 가리키는 말로 대략 1870-1900년에 모네Claude Monet, 피사로Camille Pissarro, 시슬리Alfred Sisley, 르누아르Pierre-Auguste Renoir, 세잔Paul C zanne, 모리조Berthe Morisot 등이 참여한 사조인데, 이 개념을 음악에 적용한 것이다. 인상주의 음악은 그 이전의 고전주의나 낭만주의 음악과는 달리, 사물의 이

키테라섬으로의 순례 장앙투안 와토, 1717년

미지를 회화적 기법으로 나타낸 것이 특징이다.

드뷔시는 그의 여러 작품에서 사물의 이미지를 감각적으로 표현했는데, 1904년에 작곡한 피아노 독주곡 <기쁨의 섬L'Ile Joyeuse>은 아프로디테의 탄생을 소재로 삼고 있다. '기쁨의 섬'이란 아프로디테가 근처에서 탄생했다고 전해지는 지중해상의 키테라섬을 가리킨다. 이 섬은 크레타섬의 북서쪽에 자리잡고 있는데, 당시 많은 연인들이 아프로디테의 사랑을 배우기 위해 이 섬을 찾았다고 한다. 드뷔시는 연애 감정이 유달리 풍부하여 이 관능과 사랑의 섬을 기쁨이 넘치는 음악으로 표현했다. 이 곡은 길이는 짧은 편이지만, 기교적으로 어렵고 연주 효과가 뛰어나서 많은 사람들의 사랑을 받는 곡이다.

<기쁨의 섬>에는 크나큰 표현력과 풍부한 상상력, 그림 같은 색채성이 넘쳐 흐른다. 드뷔시는 시인 스테판 말라르메Stéphane Mallarmé, 화가 모네를 비롯한 당시의 여러 예술가들과 교분을 나누면서 문학이나 미술에 대한 조예가 깊어졌는데, 루브르박물관에 있는 18세기 프랑스 화가 와토Jean-Antoine Watteau의 명화 <키테라섬으로의 순례Embarquement pour Cythère>를 보고 영감을 떠올려 이 명곡을 쓰게 되었다고 한다.

<기쁨의 섬>은 드뷔시의 많은 작품들 가운데서 가장 쾌락적이다. 피아노

판과 님프 시링크스 니콜라 푸생, 1637-38년

라는 한 개의 악기로 연주되지만 교향악적인 음향을 내는가 하면 피아노가 지닌 모든 기법을 구사하고 있어서 이를 데 없이 화려하다. 특히 장식음으로 색채적인 효과를 잘 나타냈을 뿐 아니라 리듬의 갑작스러운 변화와 템포를 조정하는 기법이 교묘하다. 미세한 입자로 부서진 물질의 무지갯빛 반짝임과 빛무리 같은 것을 표현하는 듯한 그의 기법은 모네의 인상파적 기법을 연상시킨다. 순수한 피아노 소리로 그림보다 더 화려한 색채의 정경을 펼쳐가는 이 곡은 대가다운 피아노 기교를 필요로 한다.

<목신의 오후 전주곡Prélude à l'après-midi d'un faune>은 말라르메의 상징시 「목신의 오후L'Après-midi d'un faune」를 1892년에 드뷔시가 음악화한 것이다. 이 곡은 자연의 순간적인 인상을 유연하고 신비스럽게 표현하고 있다. 이 곡에서 형상화된 말라르메의 시의 내용은 다음과 같다. 나른한 여름날 오후 시칠리아섬 해변 숲 그늘에서 졸고 있던 목신 판Pan[4]은 아련한 꿈속과 같은 상태에서 나무 사이로 목욕을 하고 있는 요정을 발견한다. 꿈인지 현실인지 잘 구분할 수도 없지만 저편의 가물거리는 뿌연 실체에 마음을 빼앗긴다. 그는 어떤 힘에 이끌리듯 달려가 사랑의 신 비너스를 껴안는다. 둘은 몽롱한 관능적 기쁨에 빠지고 둘의 욕망이 충족된 후 환상의 요정은 사라진다. 망연한 권태가 그의 마음을 감싸고, 목신은 또다시 오후의 고요함과 그윽한 풀내음 속에 잠들어버린다.

4 라틴어 명칭은 파우누스Faunus이며, 그리스의 사티로스Satiros와 동일한 존재이다. 제우스의 아버지인 크로노스 혹은 일명 사투르누스의 손자로 염소의 하반신과 사람의 상반신, 염소의 뿔을 가진 반수신으로서 숲에 살며 야성과 육욕이 강하다.

드뷔시는 과장되고 복잡하며 대규모적인 표현보다는 환상적인 꿈처럼 아물거리고 아기자기한 분위기의 순간적인 인상을 정묘한 음색에 고정시키고자 했다. 그는 이 주제로 전주곡, 간주곡, 그리고 그것들의 마지막 장식인 피날레, 이렇게 세 부분을 계획했으나 실제로 작곡된 것은 전주곡뿐이다. 하지만 이 곡은 단순한 전주곡 이상으로 드뷔시의 독특한 회화적 영상을 인상적으로 나타내며, 독립적으로 충분한 시정을 표현하고 있다.

3. 바그너의 <니벨룽의 반지>

네 개의 작품으로 구성된 이 거대한 오페라는 빌헬름 리하르트 바그너 Wilhelm Richard Wagner(1813-1883)의 필생의 대작이다. 1848년에 시작된 이 작품은 완성하는 데 무려 25년이 넘는 세월이 걸렸다. <니벨룽의 반지> 4부작, 즉 '라인의 황금', '발퀴레', '지크프리트', '신들의 황혼'이 모두 함께 공연된 것은 1876년에 열린 제1회 바이로이트 축제에서였다.

이 작품은 배금주의자인 난쟁이 알베리히가 사랑을 포기한 대가로 얻은 황금의 힘을 통해 신들의 세계를 위협하며 세계 지배를 획책하고, 신들의 최후가 다가오고 있는 시기에 최고신인 보탄[5]이 신들의 세계와 인간들의 세계를 구하고자 노력하는 과정을 그리고 있다. 본래 게르만 신화에서 오딘 일족과 대립하는 세력은 야만적 자연력을 상징하는 거인족이며, 거인족과의 싸움을 통해 신들은 파멸을 맞게 된다. 그러나 이 작품에서 신들이 지키고자 하는 사랑과 낭만과 영웅적 가치의 세계를 위협하는 것은 거인들의 세력이 아닌 알베리히의 배금주의적 음모이다. 보탄은 신들의 세계를 지키기 위해 인간 영웅들을 훈련할 발할라를 지었는데, 그 결과 거인들과 무리한 거래를 하

5 오딘과 동일한 신이다. 이외에도 지구르트는 지크프리트로, 안드바리는 알베리히로, 브륀힐트는 브륀힐데로, 등장인물들의 이름이 신화와는 조금씩 다르게 변형되어 있다.

<니벨룽의 반지> 1876년 초연 캐스팅

게 되고 그로 인한 자승자박의 연쇄에 빠지게 된다. 보탄은 인간 여자에게서 낳은 영웅적인 아들 지그문트를 자신의 대리자로 세워 이 멸망의 과정을 돌이켜보려 하지만, 이러한 그의 계획은 모두 수포로 돌아가고 오히려 자기 손으로 아들을 죽여야 하는 운명에 처한다. 이후 어머니와 아버지의 죽음으로 인해 태생을 모른 채 자라난 손자 지크프리트는 보탄을 무력화시키는 데 일조한다. 알베리히의 동생 미메에게 발견되어 양육된 지크프리트는 거인 파프니르가 차지하여 지키고 있던 알베리히의 보물을 빼앗고, 보탄의 딸이자 발퀴레였던 브륀힐데와 사랑으로 결합한다. 그러나 그들의 사랑은 군터 일가의 방해로 이루어지지 못하고, 지크프리트는 알베리히가 낳은 아들이자 군터 왕의 이복동생인 하겐의 손에 죽게 된다. 잠시 지크프리트의 배반을 의심했던 브륀힐데는 오해를 풀고 지크프리트를 화장하는 불길에 몸을 던지며, 이어서 신들의 세계도 멸망한다. 이 작품에서 용맹하게 살다가 두려움을 모른 채 죽은 지크프리트, 그리고 그에 대한 사랑을 불태우며 죽어간 브륀힐데는 모두 자신들의 소중한 가치를 지켜낸 정신적 승리자라고 할 수 있다. 한편 알베리히가 라인강 바닥에서 훔친 황금도 다시 라인강 바닥으로 돌아가 제자리를 찾음으로써 알베리히의 계획 역시 실패로 돌아간다.

무한한 보물을 만들어낼 수 있으며, 따라서 거대한 권력을 손에 넣을 수 있는 도구이기도 한 반지, 그 소유자에게 죽음을 초래하리라는 저주가 따라다니는 반지, 그것이 악인의 수중에 들어갔을 때는 세계의 존립을 위협하는 위험성을 지닌 이 반지는 톨킨의 『반지의 제왕』에서 다시 한번 강력한 상상력의 도구로 활용된다.

<니벨룽의 반지> 4부작의 각 부분은 다음과 같은 이야기로 구성되어 있다.

라인의 황금

게르만 신화에서 오딘과 로키가 황금을 필요로 하게 된 이유는 수달로 변장한 농부 흐라이트마르의 셋째 아들 오테르를 우연히 죽였기 때문이다. 이 작품에서는 보탄이 두 거인의 힘을 빌려 발할라를 지었으나 그 대가를 지불하지 못하여 황금을 필요로 한다. 또한 신화에서는 오딘이 난쟁이 안드바리의 황금을 무작정 빼앗는 것으로 되어 있으나, 이 작품에서는 원래 라인의 딸들이 지키고 있던 황금을 알베리히가 훔쳐서 보물더미를 만든 것이므로 그의 황금을 빼앗아오는 것이 좀 더 정당성을 가질 수 있는 행위로 제시된다. 더구나 세계 지배의 야욕을 가지고 있는 그의 뜻을 좌절시키는 것은 필수적이다. 신화에서 파프니르는 흐라이트마르의 아들로서 혼자 보물을 차지한다. 하지만 이 작품에서 파프니르는 발할라를 건설한 거인들 중 한 명으로서 동생을 죽이고 역시 혼자 보물을 차지한다. 신화가 우연한 사건들이 만들어 낸 함정에서 헤어나려다가 점점 더 깊이 빠져드는 오딘의 모습을 그리고 있다면, 바그너의 작품은 보탄이 우연보다는 지도자로서의 의지와 목적성을 가지고 행동하는 것

<니벨룽의 반지>의 '라인의 황금'의 한 장면

으로 그리고 있다.

발퀴레

신화에서 지구르트(지크프리트)는 지그문트의 아들이라고만 언급되어 있다. 그런데 이 작품에서는 지크프리트가 지그문트와 그의 누이 지글린데 사이에서 태어난 아들로 설정되어 있다. 『에다』에는 지그문트와 지그니 사이에 진피오틀리와 지구르트(지크프리트) 이렇게 두 아들이 있었다는 언급이 있긴 하지만 두 이야기를 논리적으로 연결시키기는 어렵다. 그리고 이 작품에서 지그문트는 보탄이 세상을 구할 인간 영웅이 필요하여 일부러 인간 여자의 몸을 빌려 낳은 아들이라고 되어 있다. 세상을 배금주의 세력으로부터 구하려는 보탄의 의도적 노력을 부각시키고 있는 것이다. 또한 신화 속 브륀힐트는 단지 발할라로 데려올 전사를 선택하는 과정에서 오딘의 명을 어긴 발퀴레로만 제시되어 있다. 하지만 이 작품에서 브륀힐데는 보탄의 딸로서, 아버지가 낳은 인간 영웅 지그문트를 보호하기 위하여 아버지의 뜻을 어기고 벌을 받은 것으로 제시된다. 즉 세상을 구하려는 아버지의 노력에 협조하지만, 역설적으로 그 때문에 아버지의 분노를 사는 인물로 그려지는 것이다.

지크프리트

신화에서 지구르트를 키운 것은 농부의 둘째 아들로서 황금을 차지하지 못한 레긴이다. 그런데 이 작품에서는 알베리히의 동생 미메가 들판에 버려진 지크프리트를 데려다 키우는 것으로 되어 있다. 이 작품에서 지크프리트는 파프니르를 죽인 후 미메도 죽이지만, 정작 신들의 적대 세력인 알베리히는 죽이지 못한다. 지크프리트의 낭만성과 영웅성이 알베리히나 미메의 비열한 배금주의와 뚜렷이 대조를 이루면서 제시된다. 바그너가 이 작품을 쓸 당시 금융계를 지배하고 있던 집단은 유태인들이었는데, 그가 배금주의를 배척

하며 독일 민속 전통 속에 존재하는 낭만주의를 옹호한 것은 그 자신의 반유태주의의 발로로 해석되기도 한다. 또한 보탄은 계약의 수호자로서의 자신의 의무 때문에 아들 지그문트의 죽음에 기여할 수밖에 없는 시련을 겪게 되는데, 이는 신화에는 없는 부분이다. 보탄의 손자인 지크프리트가 아버지의 원수를 갚기 위해 보탄을 무력화시키는 사건도 신화에는 없다. 세계를 구원하려는 보탄의 모든 노력이 점점 더 깊은 자승자박의 구렁텅이로 빠져들어가게 만드는 과정이 이 작품에서 강조되고 있다. 더불어 신을 능가할 수도 있는 인간의 영웅성이 부각된다.

<니벨룽의 반지>의 '지크프리트'의 한 장면

신들의 황혼

신화나 서사시에서 하겐은 단지 군터의 신하 혹은 동생으로 설정되어 있으나, 이 작품에서는 알베리히가 세상의 지배권을 확보하기 위하여 사랑 없이 낳은 아들로 설정되어 있다. 알베리히와 보탄의 대립 구도를 더욱 부각시키는 설정이다. 비록 연인들은 죽고 발할라도 무너지고 보탄의 뜻은 좌절되지만, 알베리히의 세계 지배 야욕 또한 같이 분쇄되고 만다. 지크프리트에게 받은 사랑의 징표이자 부의 원천으로서 탐욕의 대상인 반지를 찾은 브륀힐데는 이것을 라인강 바닥으로 던져버린다. 이로써 알베리히가 훔친 황금에서 시작된 반지의 저주를 풀고 세계의 질서가 회복된다. 여기서 신들의 황혼은 어두운 멸망이 아니라 새로운 세계의 건설을 위한 원초적 질서의 회복으로 부각된다.

3장 미술

1. 고구려 고분벽화의 신화 : 인면조에서 신선으로

신화는 예술가들에게 끊임없는 상상력을 부여해왔으며, 특히 미술 분야에서 주된 모티프로 사용되어왔다. 고구려 고분벽화에는 동아시아 신화와 연단술에 관한 다양한 주제들이 뛰어난 솜씨로 형상화되어 있다. 불의 신, 농업의 신, 학이나 용을 탄 신선들, 그리고 청룡青龍 · 백호白虎 · 주작朱雀 · 현무玄武 등의 신성한 동물들이 역동적으로 묘사되어 당시 고구려인의 기상을 유감없이 표현하고 있다. 일찍이 당나라 시인 이백李白은 고구려의 문화적 특성을 다음과 같이 노래했다.

> 깃털 모양 금장식 절풍모를 쓰고
> 흰색 무용신을 신고 망설이다
> 삽시에 팔을 저으며 훨훨 춤을 추어
> 새처럼 나래 펼치고 요동에서 날아왔도다.[1]

백호 고구려 강서중묘 벽화

주작 고구려 강서중묘 벽화

농업의 신 염제 지안의 고구려 오회분 오호묘 벽화

불의 신 지안의 고구려 오회분 오호묘 벽화

이 시에서 이백이 포착해낸 이미지는 사실상 고구려 고분벽화에 나타난, 공간을 압도하는 분위기라고 해도 과언이 아니다. 그 이미지란 과연 무엇인가? 그것은 비상飛翔의 이미지로서, 벽화 공간을 가득 채운 비조飛鳥·비수飛獸·비선飛仙·비천飛天 등의 존재가 이룩해낸 분위기이다. 이러한 이미지는 고구려 및 동이계 신화의 바탕을 이루는 종교·풍속 등과 관련이 있다. 즉 샤머니즘과 조류 숭배가 그것으로서, 역사 문헌에 의해 이러한 경향은 대체로 입증되고 있다. 가령 고구려에서 관모冠帽에 새깃을 꽂아 그것으로 직급을 표시했던 것이나, 변한弁韓·진한辰韓 등지에서 장례 때 죽은 사람이 승천할 수 있도록 큰 새깃을 함께 매장하는 풍속이 있었다는 기록은 오늘날에도 남아 있는 무속에서의 조류 숭배와 연관된다.

앞서 말한 바와 같이 고구려 벽화는 이러한 비상의 이미지들로 충만해 있는데, 그 가장 원초적인 형태는 인면조人面鳥의 형상으로 표현된다. 평안남도 덕흥리德興里 고분에 그려진 만세萬歲, 그리고 삼실총三室塚·무용총舞踊塚 벽화의 이름을 알 수 없는 인면조들이 그것이다. 이들의 형상은 모두 『산해경』에서 유래한다. 『산해경』은 본래 무서巫書로서 동이계 신화의 중요한 내용들이 담겨 있으며 그중에서도 인면조의 형상은 『산해경』 내 조인일체鳥人一體 신화의 대표적 표현이다. 「해외동경海外東經」에 등장하는 동방의 신 구망句芒을 비롯해 「남차이경南次二經」의 주鴸, 「남차삼경南次三經」의 구여瞿如·옹顒, 「서산경西山經」의 탁비橐, 「서차이경西次二經」의 부혜鳧徯, 「서차사경西次四經」의 인면효人面鴞, 「북산경」의 송사竦斯, 「해외남경海外南經」의 필방畢方 등이 모두 인면조 부류이다. 그런데 이들은 대부분 흉조이다. 탁비

인면조 고구려 무용총 벽화

1 이백李白, 「고구려高句麗」.

의 경우만이 그 깃털을 차면 천둥을 두려워하지 않는다는 긍정적 의미를 지니고 있을 뿐, 구여와 송사는 무해무익하며 나머지는 가뭄(옹·인면효)·전쟁(부혜)·귀양(주)·화재(필방) 등을 유발하는 상서롭지 못한 새들이다.

그러나 분명히 이들로부터 유래했을 덕흥리 고분의 만세는 천년만년 산다는 새로서 길조로 변신해 있다. 흉조가 내세의 평안을 보증하는 길조로 바뀐 까닭에 대해서는 다음과 같은 설명이 가능하다. 이른바 '독으로써 독을 제압한다(이독제독以毒制毒)'는 적극적인 주술 원리에 의해, 흉물凶物에게 '악을 물리치고 복을 불러오는(벽사진경辟邪進慶)' 능력을 부여하는 것이다. 흉악한 괴물의 형상인 도철문饕餮紋·귀면문鬼面紋 등은 이러한 상징의 실례이다.

인면조보다 조금 더 발전된 형태의 조인일체 표현은 『산해경』에서 날개 돋친 인간의 모습인 우민羽民·환두讙頭 등의 우인羽人 형상으로 나타난다. 「해외남경」에서의 이들에 대한 묘사는 다음과 같다.

> 우민국이 그 동남쪽에 있는데 그 사람들은 머리가 길고 날개가 나 있다.

> 환두국이 그 남쪽에 있는데 그곳 사람들은 사람의 얼굴에 날개가 있고 새의 부리를 하고 있으며 물고기를 잡고 있다.

동진東晋의 곽박郭璞은 특히 우민에 대해 "날 수는 있지만 멀리는 못 간다. 알을 낳으며 그림을 보면 마치 신선 같다."라고 주석을 달아 이러한 존재의 신선 형상으로의 변모를 언급하고 있다. 고구려 벽화에서는 이와 동일한 형상이 나타나지는 않으나, 오회분五盔墳 오호묘五號墓 천장부 고임 부분과 사호묘四號墓 널방 벽 부분에 그려진 제신諸神 및 신선들이 우의羽衣를 걸친 모습은 보다 인간화된, 혹은 그에 상응하는 표현

우민국 사람
청나라 오임신吳任臣의 『산해경광주山海經廣注』에서

새를 탄 신선 지안의 고구려 오회분 사호묘 벽화

일 것으로 생각된다.

우인 형상의 또 다른 표현으로는 조류로의 완전한 변신이 있다. 신선 정령위丁令威는 득도해서 학이 되어 요동성으로 돌아오고, 왕자교王子喬는 큰 새가 되기도 하고 한 쌍의 오리가 되기도 한다. 그러나 이러한 형상은 설화 속에서나 나타날 뿐 화상석이나 벽화에서는 보이지 않는다.

조인일체 형상의 마지막 단계는 아마도 학이나 봉황 종류의 조류에 올라탄 신선 형상일 것이다. 이러한 승조신선乘鳥神仙의 형상은, 인면조와 같은 반인반수형半人半獸形이 자연으로부터 미분화된 인간 개념의 소산인 것에 반해 이미 분화되어 자연력을 어느 정도 제어하게 된 인간 존재의 개념 위에 빚어진 것이다. 원시 자료집인 『산해경』에는 아직 승조신선의 형상이 보이지 않으며, 후한後漢 말에서 위진魏晉 무렵 편성된 가장 오랜 신선설화집인 『열선전列仙傳』에 이르러서야 학을 탄 왕자교나 봉황을 탄 소사蕭史 등의 신선이 등장한다. 한편 고구려 고분에서는 무용총, 오회분 오호묘, 오회분 사호묘, 통구通溝 사신총四神塚, 강서대묘江西大墓, 삼실총三室塚 등의 벽화에서 학, 봉황 등의 조류를 탄 신선들이 다수 출현한다.

우리가 이미 살펴본 바 『산해경』으로부터 유래된 조인일체의 신화 관념은 고구려의 신화 속에서 하나의 체계를 이루고 있다. 요약컨대 인면조 → 우인 → 승조신선 등으로 이어지는 일련의 조인일체 신화 체계는 『산해경』 등 동이계 신화에서 도교로의 발전 노선과 동일한 궤도 위에서 수립된 것이며, 우리는 고구려 벽화에 표현된 수많은 비상飛翔의 이미지들을 이상과 같은 체계를 통해 다시금 읽어낼 수 있는 것이다.

2. 서양 미술 속의 아프로디테

미의 여신 아프로디테 혹은 비너스는 고대에서 현대에 이르기까지 서양의 조각가와 화가들의 끊임없는 탐구 대상이었다. 먼저 대다수 사람들에게 익숙한 아프로디테 상으로는 <밀로의 비너스Venus de Milo>(기원전 130-기원전 90)라고 불리는 조각상이 있다. 이 조각상은 1820년 에게해의 밀로스섬에서 한 농부에 의해 발견되었다. 팔이 잘린 채 발견된 이 비너스는 원래 어떤 자세를 하고 있었을까 하는 상상이 불러일으키는 신비감의 대상인 동시에, 중후하면서도 당당하고 균형 잡힌 고전미의 전형이라 할 수 있다.

| 밀로의 비너스

화가들이 즐겨 그려온 소재 가운데 하나인 '비너스의 탄생'에 관해서는 여러 가지 설이 있는데, 『일리아드』에는 제우스와 디오네의 딸이라고 되어 있지만 그 후의 시에서는 크로노스가 아버지 우라노스의 남근을 절단하여 바다에 던지자 남근 주위 정액의 거품 속에서 그녀가 태어났다고 되어 있다. 비너스의 탄생을 그린 그림 중 가장 유명한 것은 보티첼리Sandro Botticelli의 <비너스의 탄생La Nascita di Venere>(1498)이다. 키테라섬 근방의 바다 거품에서 탄생한 비너스는 조개껍질에 실린 채 바람에 떠밀려 키프로스까지 오게 되었고, 키프로스섬에 도착했을 때 봄의 여신이 그녀를 영접하며 아름다운 옷을 입히고 신들이 모인 궁전으로 인도했다고 한다. 그리스시대에는 인간의 육신을 지성이나 감성 못지않게 중시했기 때문에 인간의 나신은 예술의 중요한 소재였다. 그러나 인간의 육신을 억압하고 영성을 중시하던 중세시대에는 인간의 나신에 대한 표현이 억제되었다. 이후 르네상스시대에 이르러 다시 나신이 예술의 중요한 소재가 되었는데, 피렌체 출신인 보티첼리의 <비너스의 탄생>은 르네상스 초기의 대표적인 작품이다.

비너스의 탄생
산드로 보티첼리, 1498년

보티첼리는 비너스를 육체적 사랑과 구분되는 순결하고 정신적인 사랑을 표상하는 존재로 재창조해낸다.[2] 이를 위해 그는 기독교적 교리를 그림에 담는다. 작품을 보면, 화면의 왼쪽에서 서풍 제피로스Zephyros가 연인인 바다의 요정 클로리스Chloris를 안고 비너스의 사랑을 상징하는 장미꽃을 뿌리며 조개껍질을 탄 비너스를 키프로스 해안으로 인도하고 있다. 그리고 오른쪽에는 봄의 여신이 붉은 망토를 들고 비너스를 지상으로 영접하고 있다. 제피로스는 기독교 성화의 천사와 같은 역할을 한다. 더불어 따뜻한 사랑과 생명의 탄생을 상징하는 봄의 여신이 비너스를 맞이하게 함으로써 비너스는 관능적 사랑보다는 자애로운 사랑, 생명의 보존자로서의 사랑이라는 의미를 부여받는다. 가볍게 보이는 비너스의 벗은 모습에서는 지극히 절제된 선적 묘사가 드러나는데, 이는 관능미보다는 고귀함과 영성을 부각시킨다. 또한 수줍은 듯

---

2 노성두, 『보티첼리가 만난 호메로스』, 한길아트, 1999, pp. 19-22 참조.

고개를 숙인 그녀의 모습은 순결함마저 느끼게 한다.

잠자는 비너스
조르조네, 1510년

보티첼리의 비너스가 수줍고 영적인 모습을 하고 있다면, 그 이후의 비너스의 이미지는 성숙한 모습, 인간의 육욕의 대상을 형상화한 모습으로 그려진다. 전성기 르네상스시대의 베네치아 화가들인 조르조네Giorgione의 <잠자는 비너스>(1510)와 티치아노Vecellio Tiziano의 <우르비노의 비너스>(1538)가 그 예이다. 조르조네는 여신의 아름다움을 가진 완벽한 여인을 만들고자 하는 그리스 전통을 살리면서도 고전 시대와는 달리 최초로 누운 비너스를 그리게 된다. 고대의 비너스가 든든한 골격과 적당히 근육을 드러내는 균형 잡힌 몸매를 가지고 있다면, 조르조네의 비너스는 골격이 작으며 근육도 별로 보이지 않는 원통형의 매끄럽고 부드러운 모습으로 표현되어 있다. 구겨진 시트는 매끈한 피부를 더욱 강조하고 있다. 또, 비너스는 밝은 옥외의 광선 아래 풍경과 어울려 누워 있긴 하지만 시트는 침실을 연상시키며, 그 자세와 모습은 욕망을 유발한다.

티치아노의 비너스 역시 살집이 좋은 육감적이고 관능적인 지상의 여인으로 묘사되어 있다. 배경은 실내로 바뀌었고, 멀리 있는 듯하던 <잠자는 비너스>는 바로 눈앞에 누워 있는 듯한 실제의 여인으로 바뀌었다.[3] 침대에 비스듬히 누워 교태 섞인 눈길을 보내고 있는 비너스의 자태는 에로티시즘의 절정을 보여주고 있는데, 화가는 당시의 실력자였던 우르비노 구도발도 2세의 결혼 축하 기념으로 이 아름다운 누드화를 제작했다고 전해진다.[4] 이제 그림

3 이은기·김미정, 『서양미술사』, 미진사, 2006, p. 210.

우르비노의 비너스 티치아노, 1538년

의 제목에 들어가는 비너스라는 이름은 하나의 허울에 불과하게 되며, 비너스는 그 신화적인 의미를 잃고 욕망의 대상으로서의 침실 속 누드가 된다.

티치아노의 <비너스와 오르간 연주자>(1548-1549) 같은 그림은 서양 미술에서 빈번히 다루어지는 나부와 옷 입은 남성을 그리고 있는데, 여기서 나부를 비너스라고 명명하여 관음증적 설정이 가지는 성적 쾌락성을 살짝 은폐하고 있다. 그림 속의 비너스는 당대의 취향대로 원숙한 여인의 풍만한 몸매를 가지고 있다.

티치아노는 비슷한 소재의 그림을 여러 편 그렸다. 베를린미술관 소장 작품에서는 오르간 연주자의 욕망이 다소 부드러우며 간접적으로 표현되어 있다면, 프라도미술관 소장 작품(1548)에서는 성적인 묘사가 좀 더 분명해진다. 여기서 오르간 연주자는 비너스에게 더 가까이 다가가서 그녀의 은밀한 부위를 뚫어져라 응시하고 있다. 한편 배경에서는 남근을 연상시키는 분수가 뿜

4 정은미, 『화가는 왜 여자를 그리는가』, 한길아트, 2002, p. 51.

어져 나오며, 그 옆으로 포옹하는 한 쌍의 연인을 볼 수 있다. 티치아노는 전경과 후경의 연관관계를 강조하기 위해 오르간 파이프를 일렬로 세워진 나무로 연장시키는 시각적인 재치를 발휘했다.[5]

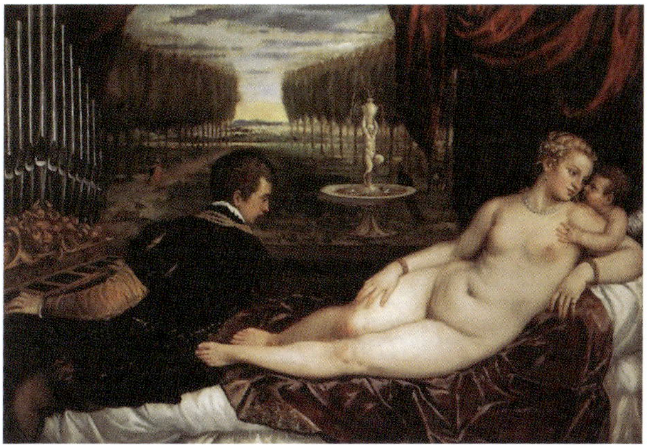

비너스와 오르간 연주자 티치아노, 1548년

르네상스 원숙기의 매너리즘이 너무 상투적으로 흐르게 되자 17, 18세기에는 새로운 화풍을 추구하는 바로크 사조가 자리잡게 된다. 바로크를 선도한 화가로는 플랑드르 지방의 루벤스가 있는데, 루벤스는 인체 묘사에서 사실성과 세밀함을 추구하는 동시에 화려하고도 풍부한 테크닉을 구사하여 풍만한 여인들의 역동적인 모습을 표현했다. <파리스의 심판>(1635-1638)은 『일리아드』에 나오는 트로이와 그리스 사이의 전쟁 원인이 된 사건을 묘사하고 있다. 헤라와 비너스, 그리고 아테나 세 사람이 산속에서 목동 노릇을 하고 있는 트로이의 왕자 파리스에게 미를 과시하고 있는 장면을 묘사한 이 그림은 세 여신의 양옆과 앞뒤를 고루 제시함으로써 여체의 특성을 여러 각도에서 보여주고 있다. 방패와 투구를 들고 있

파리스의 심판 페테르 파울 루벤스, 1635-38년

5 톰 필립스, 『음악이 흐르는 명화 이야기』, 황혜숙 옮김, 예담, 2003, pp. 186-187 참조.

는 여신은 아테나를, 머리에 화려한 장식을 하고 주위에는 큐피드가 놀고 있으며 남자의 마음을 움직이는 허리띠를 갖고 있는 금발의 여신은 비너스를, 사랑과 결혼을 상징하는 공작을 데리고 다니는 여신은 헤라를 표현한 것이다. 이 그림은 신화적 소재를 복원함으로써 침실에 누운 비너스가 연상시키는 관능성과는 구별되는 좀 더 객관적인 여체미를 탐구할 수 있는 계기가 된다.

스페인의 바로크를 선도한 벨라스케스Diego Velázquez는 신비성을 철저히 부정한 사실주의 화가이면서 궁정화가로서 루벤스의 화려하고 풍부한 취향을 동시에 가졌다. 그는 비너스를 새롭게 해석했다. <비너스의 화장>(1647-1651)의 경우, 보통 그림들과 달리 등 뒤에서 여체를 바라보고 있다. 비너스가 단장을 하고 있다는 설정 자체가 그녀를 현세적으로 인간화시킨 것이다. 거울을 들여다보는 비너스의 시선은 자신의 나신을 엿보고 있는 우리의 시선을 인식하면서도 그것을 방관하고 있는 듯하다.[6] 거울을 들여다보는 모습에는 세속적이면서도 덧없는 아름다움이 표현되어 있는데, 영원한 아름다움의 표상인 비너스의 여신으로서의 면모와는 정면으로 충돌하는 해석이라 할 수 있다.

로코코 미술은 바로크 말기 잠시 프랑스에 나타났던 자유로운 화풍으로서 부드럽고 화려하고 섬세하며 향락적이다. 이 당시에는 화려한 옷이나 표정에 십대처럼 체구는 작지만 성숙한 몸을 가진 여성이 이상적으로 간주되었던 것 같다.[7] 부셰François Boucher의 <화장하는 비너스>(1751)는 전체적으로 사치와 향락을 즐기던 당시의 분위기를 보여준다. 벨라스케스의 <비너스의 화장>과 마찬가지로 영원한 미의 상징으로서의 비너스와는 거리가 먼 표현이다.

19세기 이후에는 부르주아 계급이 지배적 계급으로 떠오르면서 그들의 취

6 정은미, 앞의 책, p. 58.
7 같은 책, p. 151.

비너스의 화장
디에고 벨라스케스,
1647-1651년

화장하는 비너스
프랑수아 부셰,
1751년

향이 화풍에 반영된다. 비너스의 탄생은 이 시기에도 여전히 화가들이 즐겨 그리는 소재였다.

카바넬Alexandre Cabanel의 <비너스의 탄생>(1863)과 섀넌Charles Shannon의 <비너스의 탄생>(1907)은 조개나 돌고래 대신에 신화의 이야기를 따라 거품에서 탄생하는 비너스를 그리고 있다. 거품을 그리다 보니 서 있는 자세보다는 누운 자세가 더 바람직했던 것 같다. 누워 있는 여신의 모습[8]은 서 있는 모습보다 더욱 유혹적이다. 풀어진 듯한 표정과 흐트러진 자세, 그리고 무엇인가에 도취된 듯한 몽롱한 분위기를 풍기기 때문이다. 성과 생식을 상징하는 물의 흐름에 몸을 맡기고 있는 여신의 모습은 좀 더 관능적인 상징성을 부각시키고 있다.

한편 마네Edouard Manet는 <우르비노의 비너스>를 패러디한 <올랭피아 Olympia>(1863)라는 누드화를 1865년 봄 살롱전에 출품하고서 외설적이라고 비난받았다. 그러나 당시의 당선작 중 하나인 카바넬의 <비너스의 탄생>은 사실 마네의 <올랭피아>보다 훨씬 퇴폐적인 측면이 있다. 얼굴을 가리고 누워 있는 이 누드에는 여성의 주체적 의식도, 감상자를 바라보는 응시의 시각도 없다. 노골적으로 드러난 나체는 감상자의 시각에 완전히 몸을 내맡기고 있으며 감상자는 아무런 거리낌 없이 편안하게 나신을 감상할 수 있다. 이 작품에서 비너스라는 제목은 부르주아적 도덕성을 가장하는 도구에 지나지 않는다.

이에 비하면 당대에 외설 시비를 일으켰던 마네의 <올랭피아>는 이런 위선적 도덕성에 대한 일종의 도전이라 볼 수 있다. 원작인 <우르비노의 비너스>와 비교하면 인체 타입이 바뀌어 여신의 모습을 장대하게 이상화하거나 우아하게 묘사하지 않았다는 특징이 있다. 고객이 가져다준 꽃다발과 이것을 들고 있는 흑인 하녀는 주인공의 직업을 암시한다. 당시 창녀들의 시중을 드는 것은 흑인 하녀들이었다. '올랭피아'라는, 당시 화류계 여자들이 즐겨 쓰던

8 같은 책, p. 109.

비너스의 탄생
알렉상드르 카바넬,
1863년

비너스의 탄생
찰스 섀넌, 1907년

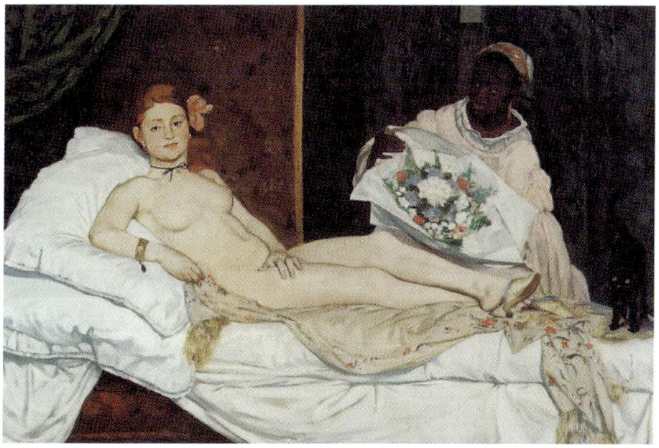

올랭피아
에두아르 마네,
1863년

이름, 선물의 포장처럼 목에 맨 검은색 리본 또한 창녀의 신분을 상징한다. 여러 가지 면에서 이 작품은 당시까지 지켜져 오던 전통과 관행을 깨고 있다. 스스로의 시선을 가지고 당당히 관객 혹은 남성 고객을 응시하는 이 여자를 당시 남성들은 편안히 즐길 수 없었으며, 이 그림의 '외설성' 시비는 진정한 퇴폐성보다는 도전과 불편함에 대한 당시 관객들의 알레르기 반응에서 비롯된 것이었다고 볼 수 있다.[9]

한편 1912년에 그린 비너스 그림에서 르동Odilon Redon은 좀 더 적극적이고 능동적으로 자신의 욕망을 드러내는 여성상을 표현하고 있다. 이 비너스는 조개껍질 앞에 서 있는 자세로 묘사되어 있는데, 이 조개는 껍질이 어두운 색으로 휘말려 있는 데다 세로로 세워져 있어 의도적으로 여성의 성을 상징하려 한 듯이 보인다.[10] 보티첼리의 비너스가 아름답고 신비하게 표현되었다면, 르동의 비너스는 도발적인 포즈를 취하고서 적나라하게 욕망을 드러내고 있다. 어두운 갈색과 선명한 보랏빛의 조합 역시 선정적 자극을 유발한다. 그런가 하면 여신의 얼굴은 잘 보이지 않고 몸만 부각되어, 영성보다는 육신성이 강조된다.

지금까지 다룬 비너스들이 모두 남성의 시각에서 조망된 비너스라면, 현대에 이르러서는 여성들 스스로가 자신들이 바라본 비너스를 창조했다. 드 생팔Niki de Saint Phalle은 1965년부터 <나나 시리즈>를 선보였다. 그녀는 과거의 조각처럼 매끈하고 아름답기만 한 팔등신 여성, 즉 남성들의 관점에서 만들어낸 이미지 대신에 여성의 관점에서 비너스의 이미지를 재창조했다. 하얀 피부 대신 건강한 검은 피부를 한 <나나 시리즈>의 비너스는 뚱뚱하고 건강하며 자유롭고 활기에 찬 모습으로 거꾸로 서기도 하고 뛰어가기도 하는 등의 모습으로 다시 태어나게 되었다.[11]

9 같은 책, p. 20.

10 이주헌, 『신화 그림으로 읽기』, 학고재, 2000, pp. 108-109 참조.

11 정은미, 앞의 책, pp. 375-376 참조.

비너스의 탄생 오딜롱 르동, 1912년

검은 비너스
니키 드 생팔, 1967년

지금까지 살펴본 바와 같이 다양한 비너스의 미술적 표현들은 여성과 사랑, 육체와 정신에 대한 각 시대의 태도 및 화풍의 변화를 풍부하게 반영하고 있어 신화적 소재가 문화에서 구현되는 다양한 방식을 섬세하게 읽어낼 수 있는 장을 제공한다.

연극과 영화

4장

1. 새로운 여성 영웅의 탄생: 애니메이션 <겨울왕국 2>[1]

애니메이션은 작동 방식 자체가 물활론物活論적이어서 민감하게 신화적 원형을 반영하는 장르이다. 그럼에도 시대의 변화와 발전에 따라 애니메이션이 담아내는 담론 또한 달라졌다. 대표적으로 디즈니 스튜디오의 경우 과거 여성 캐릭터를 수동적으로 그려내며, 오리엔탈리즘과 제국주의적 함의를 내포하는 애니메이션을 재생산한다는 지적을 받아왔다. 물론 <포카혼타스Pocahontas>(1995), <뮬란Mulan>(1998) 등 유색 인종 여성을 주인공으로 하는 애니메이션도 존재했지만, 이들 역시 타자를 할리우드 혹은 아메리카 스타일로 변용하여 재생산한다는 한계가 있었다. 그러나 최초로 흑인 여성을 주인공으로 채택한 <공주와 개구리The Princess and the Frog>(2009)를 기점으로 인

1 이 글은 정유경·정재서, "<겨울왕국 2>의 다층적 의미와 그 지향", 『만화애니메이션연구』 3, 2020의 일부를 전재한 것임을 밝혀둔다.

애니메이션 <겨울왕국 2> 포스터

종의 다양화를 시도한 바 있으며, 특히 <모아나Moana>(2016)의 경우 유색 인종의 정체성을 살리면서도 여성 주체의 지위를 잃지 않도록 각색했다는 점에서 긍정적 평가를 받은 바 있다. 이처럼 디즈니 스튜디오는 시대의 변화에 발맞춰 여성 영웅을 주인공으로 한 애니메이션을 꾸준히 시도해왔다.

디즈니 스튜디오가 제작한 <겨울왕국Frozen 2>(2019)도 이러한 시대적 변화의 연장선상에서 읽어볼 수 있다. <겨울왕국> 시리즈의 서사적 기반은 본래 북유럽 신화에서 유래한 눈의 여왕 이야기이다. 주인공 엘사는 그리스 로마 신화의 타율적 여신 속성에서 벗어나 주도적으로 문제를 해결하고 세상을 구하는 여성 영웅의 성격을 지닌다. 이에 따라 전편에서 이미 남성을 보조자, 여성을 문제 해결자로 재현하며, 모험가 남성과 기다리는 존재인 여성이라는 전통적인 남녀 캐릭터의 관계를 역전시킨 바 있다. <겨울왕국 2>는 이에서 더 나아가 여성과 자연 그리고 인종의 문제를 작품 속에 교직交織시켜 더욱 풍부한 함의를 구현했는데, 이 과정에서 기존의 서구 서사 및 세계관과 대척점에 있는 비서구, 특히 동양 신화의 수용에 주목할 필요가 있다.

사원소에서 오행으로: 물을 통한 여성성의 강화

신화에서 여신은 근원적 힘의 존재를 상징한다. 다시 말해 가부장적 의식이 침투되기 이전의 신화에서 여신은 독립적·생산적·치유적 특성을 지닌 생명력의 근원을 표상한다. 이러한 맥락에서 <겨울왕국 2>의 주인공이 여성 영웅이라는 점은 신화적 의미와 맞닿아 있다. 그리스에서는 가이아, 동양에서는 여와 내지는 서왕모와 같은 신화 속 여신의 속성이 해당 영화에서는 여성 캐릭터 엘사를 통해 구현되었기 때문이다. 가령 「목천자전穆天子傳」에서 주목왕周穆王은 무너진 세상을 갱신할 수 있는 근원적 힘을 얻고자 곤륜산의 서왕모를 찾아간다. <겨울왕국 2>에서는 왜곡된 과거의 진실을 바로잡기 위해 정령들이 엘사를 소환한다. 즉 신화 속 여신의 역할을 하기 위해 엘사는 신적인 존재로 거듭난다.

인간에게는 어머니의 자궁과 같이 모든 것을 생산하는 근원적 힘, 원천으로 돌아가고 싶어하는 본능인 모태회귀 본능이 존재한다. 그렇기에 가부장 사회로 이행하며 지배자가 남성신으로 변모하기 이전인 초기 신화에서는 생명력을 상징하는 대모신을 숭배했던 양상을 보인다. 이러한 견해에 따르면 <포카혼타스>부터 <뮬란>, <모아나>, <겨울왕국> 시리즈 등 디즈니 영화에서 여성 영웅의 잦은 등장은 시대의 변화에 따라 인간 내면에 잠복했던 여신 숭배라는 신화 원형이 소멸되지 않고 점차 부상하고 있는 징표라고도 할 수 있다.

나아가 제5의 정령이 된 엘사는 인간과 자연을 이어주는 매개, 즉 샤먼(무당)으로서 존재하게 된다. 이때 샤먼의 의미는 해당 영화에서 등장하는 자작나무를 통해 추측할 수 있다. 자작나무는 북방 샤머니즘에서 샤먼이 천계에 오르는 통로로 간주되어왔다. <겨울왕국 2>에서 노덜드라인들은 자연을 숭배하며 자작나무 숲에서 살아간다. 더불어 추장이 나이 든 여성이라는 설정은 노덜드라가 모계 중심 사회이며 여성 샤먼이 지배하는 질서에 따라 살아가는 종족임을 암시한다. 이에 따라 제5의 정령이 된 엘사는 인간과 자연을 중재하

자작나무 숲에서 생활하며 족장이 여성인 노덜드라 족 (왼쪽)

불의 정령과 소통하는 엘사 (오른쪽)

는 샤먼이 된다. 샤먼으로서 엘사의 모습은 그녀가 물, 불, 대지, 바람의 정령을 잠재우고 그들에게 말을 걸며 소통하는 장면을 통해 찾아볼 수 있다.

이때 정령이 다섯 명이라는 설정은 해당 작품에 동양의 음양오행 사상이 반영되었음을 보여준다. 해당 영화에서는 물, 불, 바람, 대지의 4원소에 더해 이들과 인간을 연결해주는 제5의 정령인 얼음으로 엘사를 내세운다. 본래 서양의 자연철학은 만물이 물, 불, 공기, 흙으로 이루어져 있다는 4원소설에 한정된다. 반면 동양철학에서는 물, 불, 공기, 흙, 나무의 다섯 가지 요소가 상호작용하며 변화를 만들어나간다고 본다. 세상을 구성하는 요소가 다섯 가지라는 논리는 네 가지 원소를 중재해주는 요소가 필요하다는 사고에 기인한다. 고대 동양에서는 이러한 다섯 개의 큰 기운을 신격화하여 숭배했는데, 여기에서 다른 원소들을 중재해주는 원소는 바로 흙이다. 중국 신화에서 흙은 황토, 즉 최고신인 황제黃帝를 상징한다.

그런데 <겨울왕국 2>에서는 엘사의 속성을 흙이 아닌, 보다 여성성이 강하게 나타나는 물, 곧 얼음으로 설정한다. 물론 흙(대지)도 신화에서 대지모신 등 여신을 상징하기는 하나, 동양 신화에서는 황제, 곧 세계의 중심인 중국 제국이자 가부장적 황권을 표상한다. 반면 해당 작품에서 끊임없이 강조되는 물은 신화에서 창조와 생성, 그리고 파괴를 상징하는 동시에 여성성을 내포

<겨울왕국 2>에서 재현된 5원소

한다. 한편 신화의 여신 또한 자연과 친밀한 연관성을 지니며 영원한 생명력과 창조력을 소유한다. 여성의 출산이 죽음과 재탄생의 생태적 순환과 동일시되기 때문이다. 이에 얼음, 곧 물을 속성으로 하는 여성 영웅 엘사는 자연과 일체화된 존재로 간주될 수 있다. 이러한 맥락에서 <겨울왕국 2>는 여성성을 강조하기 위해 본래 오행의 중재자인 흙을 물로 바꾸었고, 이로써 남성이 아닌 여성이 세계의 중재자가 되었음을 보여준다.

모녀 관계를 통한 여성 영웅 서사의 재구성

보글러Christopher Vogler는 캠벨이 제시한 영웅의 여정을 구체화하여 12단계로 나눈 바 있다. <겨울왕국 2>에서의 영웅 엘사의 서사 구조를 살펴보면, 보글러의 여정을 차용하되 일부 변형했는데 그 양상은 다음 표와 같다.

<겨울왕국 2>가 재현하는 영웅 서사

구분 번호	영웅의 여정(보글러)	<겨울왕국 2>
1	일상 세계	아렌델에서 안나, 크리스토프, 올라프와 평화로운 일상을 보내는 엘사
2	모험에의 소명	정령의 소리를 듣는 엘사
3	소명의 거부	정령의 소리를 무시하려는 엘사
4	정신적 스승과 만남	정령에 응한 후 트롤족 족장을 만나 소명을 다하기를 결심하는 엘사
5	첫 관문의 통과	불의 정령을 잠재운 엘사
6	시험, 협력자, 적대자	시험: 정령들의 시험 / 협력자: 안나, 크리스토프
7	동굴로의 접근	아토할란으로 향하는 엘사
8	시련	물의 정령과 고군분투하는 엘사
9	보상	아토할란에 도달해 과거의 진실을 찾은 엘사
10	귀환의 길	안나에게 진실을 알리고 얼음이 된 엘사
11	부활	안나에 의해 부활하는 엘사
12	영약과 함께 귀환	댐 붕괴로부터 아렌델을 지키지만 귀환을 거부하는 엘사

이처럼 <겨울왕국 2>는 전형적인 영웅 서사를 차용하고 있지만, 결말 부분에서 귀환을 거부한다는 특이점을 지닌다. 다시 여왕으로서 아렌델을 통치하는 것이 아니라 노덜드라로 회귀하기 때문이다. 물론 영웅 서사 구조의 원형을 제시한 캠벨에 따르면 귀환의 거부 항목이 존재하기는 하지만, 이는 서구 서사에서는 예외적인 것으로 취급된다. 반대로 역시 영웅 서사 구조를 지닌 동아시아 신선설화의 경우 귀환의 거부 모티프는 일반적이다. 아울러 <겨울왕국 2>의 엘사처럼 여성 영웅이나 여신이 등장하여 자신의 소명을 다하고 세상을 구한다는 서사 구조는 서구 신화에서보다 동양 신화에서 더 잘 나타난다. 가령 한국 무속 신화 '바리데기'의 경우, 바리데기는 시련을 거쳐 생명수를 구해 죽음의 위기에 처한 부왕의 생명을 살린다. 이 부왕은 곧 가부장 사회를 상징한다. 여기에서 바리데기는 딸이라는 이유로 버림받은 가부장제 규범의 희생양이다. 그러나 그녀는 자기극복과 희생을 통해 시련을 이겨내고 신적 존재로 거듭난다. 이때 주목해야 할 것은 바리데기가 현세의 통치자로서 군림하는 것이 아니라, 지하세계를 주관하는 길을 택했다는 점이다. 역시 현세로의 귀환을 거부한 것이다. 엘사를 주인공으로 하는 <겨울왕국 2>의 서사 구조는 이러한 동양의 신선 및 여성 영웅 설화의 그것과 유사성을 보인다고 하겠다. 이러한 사실은 디즈니 내지 할리우드식 서사 구조의 중요한 변화로 간주된다.

다시 엘사의 조부는 서구의 근대 과학 내지는 이와 공모 관계에 있는 가부장 권력을 상징한다. 이에 작품은 가부장 권력의 과오로 인한 대가를 왕국, 곧 아렌델의 붕괴로 현시하며, 이것을 복구하고 아렌델과 노덜드라를 위험으로부터 지키는 역할은 여성 영웅 엘사가 맡게 된다. 이러한 엘사의 소명은 돌아가신 부모님의 배를 발견하고 자신을 탓하는 엘사에게 안나가 건네는 대사를 통해 직접적으로 드러난다.

> 언니의 마법은 선물이야. 아렌델을 구하고 마법의 숲을 되돌리게 하기 위해 언니한테 마법의 힘을 준 거라구.

한편 소명을 다하기 위한 시련의 과정에서 엘사는 자신의 정체성과 근원을 찾는다. 영웅이 자신의 근원을 찾아가는 여정은 영웅 서사의 핵심 중 하나이기도 하다. <겨울왕국 2>의 초반부에서 엘사는 아렌델이 자신이 있어야 할 곳이 아니라고 말하며, 아렌델의 여왕이라는 자신의 정체성에 혼란을 느낀다. 엘사는 자신의 진정한 자아를 얼음으로 이루어진 강인 아토할란에서 찾는다. 아토할란은 과거의 진실을 담고 있는 곳이자, 엘사의 근원을 찾게 하는 공간이다. 엘사는 여기에 도달하여 자신의 마법의 힘이 노덜드라 출생의 어머니로부터 왔다는 것, 그리고 자신의 정체성이 인간과 자연을 매개하는 제5의 정령이라는 것을 깨닫는다. 이는 아토할란에서 엘사가 자신의 과거 기억 조각들 가운데 유년 시절 자장가를 불러주던 어머니와 마주하는 장면을 통해 알 수 있다. 어머니 이두나는 엘사에게 집으로 돌아오라고 말하고, 엘사는 "내가 찾았죠."라고 답한다. 아토할란이 바로 집, 엘사가 있어야 하는 공간이자 엘사의 근원임을 의미하는 것이다. 그리고 이러한 아토할란은, '물은 모든 것을 기억한다'며 아토할란을 신격화하는 노덜드라와 밀접한 관련이 있다. 이는 <겨울왕국 2> 영웅 서사의 축이 모녀 관계에 있음을 의미하는 것이기도 하다. 보편적인 영웅 서사는 부자 관계가 서사의 중심으로, 주인공이 아버지를 계승하여 모험을 시작하고 왕위를 물려받는 결말로 귀결된다. 마찬가지로 신화에서부터 현대 대중문화 콘텐츠에서의 여성 영웅 서사를 살펴보면 대부분의 주인공은 아버지의 딸로서 역시 남성과 동일한 영웅의 여정을 답습한다. 이에 모녀 관계가 서사의 중심이라는 것은 <겨울왕국 2>가 기존의 남성 중심적 영웅 서사와 구별되는 지점이다.

나아가 자신의 근원을 찾은 엘사는 아렌델의 왕으로 남지 않고, 왕위를 안나에게 물려준 뒤 어머니의 부족인 노덜드라로 회귀한다. 앞서 언급한 바와 같이 신화에서 자연과 여성과 물은 순환적이라는 측면에서 궤를 같이한다. 이러한 맥락에서 속성이 얼음, 곧 물을 상징하는 엘사가 가부장 질서에 편입되지 않고 어머니·자연으로 돌아간다는 결말 또한 기존의 남성 영웅 서사와는 차이점을 보인다. 더불어 엘사가 안나의 남편인 크리스토프가 아닌 여동생 안나에게 엘사의 왕위를 물려주었다는 점에서도 현세의 아렌델이 가부장제 사회에서 여성 중심적이며 자연과의 조화를 중시하는 모계 사회로 이행했음을 드러낸다. 이는 최근 사회의 여성주의적 성향 혹은 여권의 부상을 반영한다.

캠벨과 보글러가 제시한 영웅의 여정을 보면, 여성이 영웅으로 거듭나기 위해서는 누군가(남성)의 지배 아래 있거나 가부장제 질서와 논리 아래 남성성을 답습해야만 한다. 여기에는 온전한 여성 영웅이 탄생하기 어렵다는 한계가 존재한다. <겨울왕국 2>는 보글러의 영웅 서사 구조를 차용하되, 동양의 서사적 상상력을 원용하여 귀환의 거부와 어머니 자연으로의 회귀, 그리고 엘사가 얼음(물)의 화신이라는 설정을 통해 그 한계를 극복하고 온전한 여성 영웅 엘사를 만들어냈다. 따라서 <겨울왕국 2>는 영웅의 성별만 여성일 뿐 사실은 남성 영웅 서사를 답습한 콘텐츠가 아니라, 고유의 여성 영웅 서사를 생산하고자 노력한 작품이라 볼 수 있다.

다만 신자유주의 세계 경제 체제라는 근본적 구도를 염두에 두고 사유할 때 이러한 시도를 조건 없이 긍정하기 어려운 것은, 동양적 세계관과 서사 구조를 수용하는 탈종족·탈영토적 기획이 디즈니 문화 산업의 영역 확장과 일정한 상관관계가 있으리라는 정치적 해석을 완전히 떨쳐내기 어렵기 때문이다.

2. 피그말리온 신화의 현대적 재해석 : 버나드 쇼의 희곡 <피그말리온>

아일랜드 태생의 극작가 조지 버나드 쇼George Bernard Shaw(1856-1950)는 20세기 초 영국을 무대로 예측할 수 없는 여러 가지 양식과 기법을 이용하여 자신의 지적인 주장을 과감하게 펼쳤던 작가이다. 그의 사고에는 사회주의적 요소와 과학적 요소, 철학적 요소가 모두 존재하지만 보통의 사회주의자나 과학자 혹은 철학자들에게 쉽사리 받아들여질 수 없는 내용이 많았다. 그는 찰스 디킨스Charles Dickens와 같은 희극적 활력을 가졌으며, 그의 주인공들은 활기와 에너지로 충만해 있다.

그는 <피그말리온Pygmalion>(1913)[2]이라는 작품에서 그리스의 피그말리온 신화를 재치 있게 현대화시킨다. 아름다운 조각을 만듦으로써 자신의 여성미에 대한 욕구를 구현한 피그말리온은 쇼에 의해 아름답고 완벽한 언어의 구현을 꿈꾸는 저명한 음성학자 히긴스 교수로 변신한다. 쇼는 서문에서 영어 스펠링의 음성학적 무관성에 대하여 풍자적 논평을 한 후에, 계급적 전통이 강하게 남아 있는 영국 사회에서 계급을 구분하는 징표의 하나인 영어 발음을 과학적으로 습득하는 기술을 익히면 결국 그 계급적 장애를 뛰어넘을 수 있고, 결과적으로는 계급의 벽을 허물 수 있다고 주장한다. 작품의 주인공 히긴스 교수는 어느 날 형편없는 하층 계급 영어를 구사하는 일라이자 두리틀이라는 꽃 파는 처녀를 길에서 만나게 되고, 자신이 3개월만 그녀를 훈련시키면 대사의 가든파티에서 공작부인으로 속일 수도 있다고 장담한다.

며칠 후 일라이자는 히긴스의 집으로 찾아와 수업료를 낼 테니 자기에게 완벽한 영어를 가르쳐달라고 한다. 그녀의 목표는 길거리에서 꽃을 파는 대신 점잖은 영어를 구사하여 꽃가게의 점원으로 당당히 취업하는 것이다. 음성학자로서 흥미를 느낀 그는 제안을 받아들여 6개월 시한부로 철저한 교육과정을 거쳐 그녀의 발음을 교정해나간다. 유명한 산스크리트어 학자이자 히긴스 교수의 친구인 픽커링 대령은 일라이자가 대사의 가든파티에서 공작부인으로 행세할 수 있다면 자신이 그녀의 수업료를 부담하겠다며 내기를 건다. 즉 피그말리온-히긴스 교수는 일라이자를 교육하여 그녀를 완벽한 영어를 구사하는 갈라테아-일라이자로 만드는 작업을 시작하게 된 것이다.

비록 가난한 하층 계급 출신이지만 자존심이 강하고 팔팔한 성품의 일라이자와, 독신주의자로서 지적인 우월의식과 냉소로 일관하는 히긴스 교수 사

---

2 George Bernard Shaw, *Pygmalion*, Penguin Books, 2003(초판 1916).

연극 <피그말리온>의 한 장면
2004년

이의 대결은 드라마에 재치와 희극성을 부여한다. 피그말리온의 여성혐오증을 쇼는 히긴스의 독신주의와 냉소주의 및 지적인 우월의식, 그리고 독단적 성품으로 형상화시켰다. 고된 훈련과 좌절 끝에 드디어 일라이자의 영어는 완벽에 가깝게 된다. 아직 6개월의 시한이 채 되기 전에 그들은 일라이자를 동반하고 대사관 파티에 참석한다. 아름다운 옷과 보석으로 치장한 일라이자는 타고난 미모와 새로 배운 언어, 그리고 예법 덕분에 사교계의 관심을 한 몸에 받게 되며, 히긴스도 스스로 만들어낸 작품에 감탄하게 된다.

파티가 끝나고 집으로 돌아온 히긴스와 픽커링은 실험이 성공적으로 끝난 것을 축하하며 해방감을 느낀다. 그러나 새로운 정체성을 획득하고 새로운 생활에 익숙해진 일라이자는 그 생활이 끝나간다는 데에 불안감을 갖는다. 그리고 그녀는 히긴스와 픽커링이 자신의 미래에는 아무런 관심이 없으며, 그저 자신은 그들의 언어학적 실험의 도구였을 뿐이라는 생각에 그들을 향한 분노를 폭발시킨다. 또한 그녀는 이제 자신에게, 보통 여자들이 하듯이 스스로를 남자에게 파는 길, 즉 자신의 미모를 이용하여 적당한 남자와 결혼하는 길밖에는 남지 않았다고 한탄한다. 일라이자는 그럴듯한 외양을 갖추게 되었지만, 자신의 힘으로 생계를 꾸려가는 자립적 여성의 활력은 포기해야 하는 상태에 이르렀다는 것이다. 갈라테아는 수동적인 조각상으로서 그 모습이 피그말리온에 의해 일방적으로 완성되었지만, 생동감 넘치는 처녀로서 히긴스의 음성학적 조각술에 몸을 내맡기게 된 일라이자는 이상적 영어 구사자로 변신하는 과정에서 정체성의 혼란을 겪으며, 자신의 인격을 실험의 대상으로만 보는 언어학자들에게 반발하게 된 것이다. 섭섭함을 느껴 가출한 일라이자는 히긴스의 어머니에게 가서 도움을 청하고, 히긴스의 어머니는 일라이자를 독립된 인격으로서 존중할 것을 히긴스에게 충고한다.

일라이자의 가출을 알고 당혹해하는 히긴스의 모습에서 우리는 그가 피그말리온처럼 자신이 창조해낸 새로운 일라이자의 이미지와 사랑에 빠진 것을 알 수 있다. 그러나 그들 사이에는 나이, 계급, 지적 수준 등 넘어야 할 벽들이 많으며, 이런 차이들은 그들에게 고민과 갈등을 안겨준다. 히긴스는 일라이자에게 청혼을 하는 대신 히긴스, 픽커링, 일라이자, 이렇게 세 사람이 독신으로 한 집에 살면 좋겠다는 제안을 한다. 이야기의 배경이 20세기 런던의 현실 속으로 옮겨졌기 때문에 그들 이야기의 결말은 피그말리온의 신화처럼 완벽할 수 없다. 즉 피그말리온-히긴스는 자신의 피조물 갈라테아-일라이자와 결혼하지 않는다. 히긴스 교수와 픽커링 대령은 모두 독신주의자들이고 여자를 숭배하는 일보다는 자신들의 학문에 빠져 있는 사람들이다. 한편 일라이자는 현실적이며, 결혼을 원하는 평범한 여자이다. 그녀는 그와의 결혼이 불가능하리라는 현명한 본능의 인도에 따라 자신에게 흠뻑 빠져 있는 프레디와 결혼하여 꽃가게를 운영하며 살아가게 된다.

연극 <피그말리온>의 한 장면
1996년

그러나 그녀는 평생 히긴스 교수에게 깊은 관심을 가지며 그의 살림에 참견을 한다. 둘 사이에는 신화에서처럼 일종의 사랑이 존재하고 있는 것이다. 그러나 그녀는 히긴스 교수와 자신 사이에 항상 그가 좀 더 열중하고자 하는 학문의 세계가 있다는 것을 알고 있다. 현실의 여자를 마다하고 자신의 상상 속의 여인상에 열중하는 신화 속 피그말리온의 특이한 면모는 이상적이고 정신적인 세계를 추구하는 히긴스의 지적 성향으로 재현된다.

버나드 쇼는 초자연적 기적이 개입된 원래의 신화를 20세기의 런던으로

| 영화 <마이 페어 레이디> 포스터

옮겨 사실적으로 재현하는 데 성공한다. 그리고 이 신화는 자신이 투영하거나 창조한 이미지와 사랑에 빠지는 사랑의 자기도취적 본질의 항구성을 드러냄과 동시에, 영국 사회의 계급적 편견, 빈부의 차, 그리고 상류 사회의 자기도취성 등을 풍자하는 도구로 사용된다. 이 작품은 신화적 모티프가 영구히 유효한 상상력의 보고인 동시에 그 변주 방법에 따라 원전보다도 훨씬 풍부한 문학적 반향을 일으킬 수 있음을 증거하고 있다.

이 희곡은 조지 쿠커George Cukor 연출, 오드리 헵번Audrey Hepburn과 렉스 해리슨Rex Harrison 주연의 뮤지컬 영화 <마이 페어 레이디My Fair Lady>(1964)로 각색되어 선풍적 인기를 끌기도 했다.

3. 인간의 구원을 위해 자신을 희생하는 신의 아들 : 영화 <토르>

영화 <토르Thor>(2011)는 마블 코믹스에서 출판한 수퍼 히어로 시리즈 중 <토르Thor> 시리즈를 원작으로 한 실사 영화로 국내에서는 2011년에 <토르: 천둥의 신>이라는 제목으로 개봉했다. 이후 제작된 <토르: 다크월드Thor: The Dark World>(2013), <토르: 라그나로크Thor: Ragnarok>(2017), <토르: 러브 앤 썬더Thor: Love and Thunder>(2022)는 같은 제작사가 제작한 속편이며 <어벤저스> 시리즈도 같은 인물들과 출연진이 나오는 일종의 연작이라 할 수 있으나, 이 장에서는 이 연작의 첫 편으로서 게르만/북구 신화의 갈등 구조를 비교적 충실하게 유지하고 있는 <토르>만을 다루기로 한다.

이 영화는 게르만/북구 신화를 일부 차용하는 한편, 이것을 현대적 허구와 같이 엮어서 현대의 관객에게 신화의 역동적 세계를 접하게 해준다. 이 영화의 주인공은 게르만/북구 신화의 신 토르인데, 이 신화에서 토르는 오딘, 로키와 함께 가장 활동적인 신 중의 하나이다. 토르는 오딘의 장자로서 어머니는 대지이다. 그는 하늘의 신이며 천둥의 신이기도 하다. 하늘에서 폭풍우와 대지에 생명을 주는 비를 통제하는 그는 농부와 선원의 숭배를 받는다. 토르는 특히 신들과 대립하는 집단인 거인들의 살해자로 잘 알려져 있다. 두 마리의 염소가 끄는 전차를 타고 하늘을 가로질러 다니는 그는 위대한 전사이다. 그는 신들의 적에게 대항하는 전투를 거의 다 담당하며, 그의 자손들도 강한 전사들이다. 그가 가장 소중히 여기는 소유물은 망치와, 쇠장갑, 그리고 그에게 힘을 주는 허리띠이다. 오딘이 교활하고 생각이 깊다면 토르는 직선적이고 생각보다는 행동이 앞서며, 야수적인 힘에 의존한다. 때로 그는 어리석고 잘 속지만 싸움에 임해서는 빈틈없고 기민하게 움직인다.

토르의 아버지인 오딘은 신화에서는 귀족과 전사와 시인의 수호자이다. 전사들의 운명을 결정하고 산 자의 세계와 죽은 자의 세계를 왕래하는 오딘은 사제의 역할과 전사의 역할을 겸하고 있다. 그는 후긴Hugin과 무닌Munin이라는 두 마리의 까마귀를 인간 세계로 보내어 소식을 듣고 오게 하고, 그들에게서 들은 모든 것을 기억한다. 이 두 까마귀의 이름은 사유와 기억이라는, 마음의 두 측면과 관련이 있다. 오딘은 위험하고 변덕스러운 신이기도 해서 승리한 전사들에게 베풀었던 호의를 거두기도 한다. 오딘은 마법의 힘이 있는 룬 문자에 대한 지식을 얻기 위해 아흐레 동안 나무에 매달려 있다가 창에 찔리는 시련을 견디기도 한다. 또한 그는 거인 미미르가 지키는 지혜의 샘물을 마시고 지혜를 얻기 위해 미미르에게 한쪽 눈을 내어줄 정도로

영화 <토르> 포스터

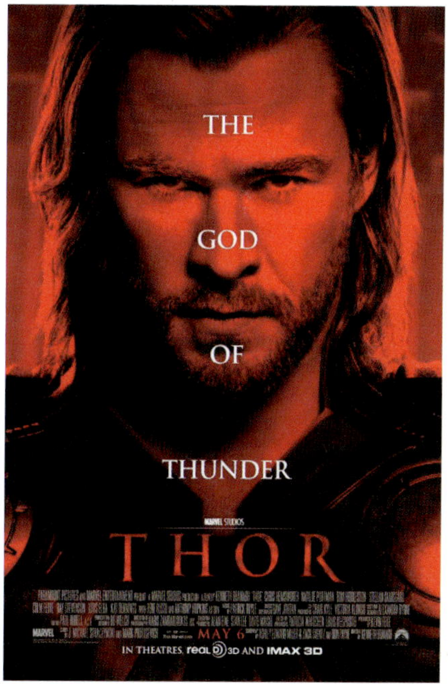

지혜를 갈구하는 신이다.

로키는 장난꾼·말썽꾼의 성격을 지닌 인물이다.[3] 장난꾼·말썽꾼은 메소포타미아나 미주 지역의 이야기에서도 발견되는 인물의 유형으로서 때로는 문화 영웅의 역할을 하기도 하고 반사회적 개인으로 나타나기도 한다. 그들은 사회의 주변부에 살며, 전적으로 선하지도 않고 전적으로 악하지도 않은 인물이다. 활발한 기동성을 지닌 그들은 모험과 재난과 해학으로 청중을 즐겁게 하는 존재이다. 그들은 종종 외양과 성별까지도 바꾸는 재주가 있다. 『에다』에서는 로키가 에지르족이라는 설도 있지만 주로 거인 파르바우티Farbauti와 라우피Laufey의 아들로 알려져 있다. 그러나 로키의 부모에 대해서는 이름 이외에 언급된 바가 없다. 그는 오딘의 의형제로도 알려져 있다.

로키는 때로 오딘의 어두운 그림자와 같은 측면이 있다. 둘은 모두 복잡하고도 위험한 인물들이다. 둘 다 술책에 능하고 여성 편력을 즐기며 외양을 바꾸는 능력이 있다. 마법에 의해 일어나는 외양의 변화는 게르만/북구 신화에 자주 등장하는 요소이다. 로키는 신들을 도와 인간을 보호할 요새를 쌓는 과정에서 암말로 변하여 준마와 결합하고, 오딘이 타고 다니는 다리가 여덟 개인 세상에서 가장 빠른 말 슬레입니르Sleipnir를 낳는다.

로키는 배반과 속임수에 능한 인물로서 재치와 계략으로 신들의 문제를 일시적으로 해결해주지만, 궁극적으로는 신들의 종말을 초래하는 인물이다. 그는 보물을 만들어내는 재주가 있는 어둠의 요정들을 속여서 스키드블라드니르Skidbladnir라는 배, 토르의 무적의 무기인 묠니르Mjolnir, 오딘의 창 궁니르Gungnir, 그리고 오딘의 마법의 반지 드라우프니르Draupnir를 얻어낸다. 이 반지는 9일마다 무게가 같은 반지를 여덟 개씩 만들어낸다. 이처럼 로키는 신들에게 둘도 없는 무기와 유용한 물건들을 보급한다. 어로용 그물을 만들어낸 인물로도 알려진 그는 문화 영웅이라고 할 수 있는 면모를 지닌 인물이기도 하다. 그의 아내는 에지르족의 시긴Sigyn인데, 그녀와의 사이에 두 아들을

3 「로키」, 『신에다』, pp. 274-275.

둔 그는 거인 여성 앙그르보다Angrboda와의 사이에서도 세 명의 괴물 같은 자녀를 두었다. 지하세계를 지키는 헬, 땅을 둘러싼 바다를 휘감고 있는 미드가르드의 뱀, 그리고 늑대 펜리르가 그들이다.[4] 로키는 외양이 아름답고 상냥하며 교활한 지혜를 지녔지만, 그의 본성은 악하여 절대 신뢰할 수 없는 인물이다.

영화는 신화적 원본의 특질들을 잘 살려서 인물들을 각색하고 있다. 단지 오딘의 경우 때로 어둡고 변덕스러운 모습보다는 준엄하고 지혜로운 모습이 더욱 강조된다. 그리고 에지르 신들, 신들과 인간들의 적대 세력인 서리거인들, 그리고 신들의 보호를 받는 인간들이라는 구도는 그대로 유지되고 있으나 세부적 에피소드는 많이 각색되었다.

영화에서 오딘은 오래전 인간들을 추위와 얼음으로 공격했던 서리거인들의 영역으로 쳐들어가 그들을 정복하고, 그들의 힘의 근원인 얼음상자를 탈취해와서 그들을 무력화시킨다. 오딘은 처음부터 명분 있는 전쟁만을 하는 정의로운 존재로 그려진다. 한편 토르와 로키는 어려서부터 왕위를 이어받을 자격을 지닌 동등한 형제로 키워진다. 그러나 로키는 사실 서리거인의 왕 라우피의 아들로서, 오딘이 서리거인들을 정복하러 갔을 때 신전에 버려진 채 울고 있는 것을 불쌍히 여겨 구출했던 것이다. 신화에서 라우피는 로키의 생부이자 거인으로 언급될 뿐이지만 영화에서 그는 서리거인의 왕이라는 좀 더 구체적이고 중요한 정체성을 부여받는다. 오딘은 로키를 데려옴으로써 장차 두 영역 간의 화합을 도모하고자 했다. 그러나 로키는 어려서부터 토르에게 열등감을 느끼며 자라 끝없는 질투심을 품고 있다. 그는 신화 속의 로키처럼 교활한 배신자로 성장한다.

영화 초반의 토르는 용맹하고 강하고 정의로우나 단순하고 성급하며 현명하지 못한 인물로 그려진다. 토르가 쇠약한 오딘에게서 왕위를 물려받으려는 순간 로키의 사주를 받은 서리거인들의 침입으로 대관식은 중단된다. 분노한

4 같은 책, p. 327.

토르는 왕의 금령을 어기고 동료 전사 몇 명과 함께 서리거인의 영역인 요툰하임으로 침투하여 그들과 결전을 벌이려 한다. 로키는 물론 성급한 토르의 성정을 부추긴다. 그는 그러한 행동이 토르를 왕의 눈 밖에 나게 하고, 점차 이것이 자기에게 왕위가 돌아올 수 있게 만드는 기회가 될 것임을 계산하고 있었다. 이후 서리거인의 나라에서 궁지에 몰린 토르와 친구들은 오딘의 개입으로 무사히 귀환하게 된다. 결국 토르의 성급한 행동은 오딘의 준엄한 심판을 받는다.

그는 신들의 세계인 아스가르트로부터 추방되어 인간 세계로 오게 된다. 게르만/북구 신화에서처럼 세계는 이그드라실이라는 우주목이 지탱하고 있는데, 이 우주목은 아스가르트, 바나하임, 미드가르드, 요툰하임 등의 아홉 개 영역으로 이루어져 있다. 영화에서 이 아홉 영역은 아홉 개의 천체로 표현되며, 신화에서 신과 인간의 세계를 연결하는 다리인 무지개다리 바이프로스트Bifrost는 영화에서 아홉 영역으로 나아갈 수 있는 다리로 표현된다. 이곳을 지키는 수문장은 신화에서처럼 하임달이라는 이름을 가지고 있다. 오딘의 충성스러운 부하인 그의 역할을 영화에서는 흑인 배우가 맡고 있다. 한때 에지르족의 적대 세력이었으나 이제 그들과 동맹 관계로 존재하는 바니르신족이 영화에서 동양인으로 표현되어 있는 점도 특이하다. 북구 신화의 세계를 지구상의 3대 인종이 고루 참여하는 세계로 만들어보려 한 의도가 엿보인다.

추방된 토르는 현대의 지구 위 미국 뉴멕시코주의 작은 도시 푸엔테 안티구오Fuente Antiguo에서 이상 기상 현상을 관찰하고 있던 천체물리학자 제인 포스터, 에릭 셀빅, 그리고 그들의 연구보조원에게 발견된다. 섬광과 회오리바람을 동반하며 지구에 떨어진 토르는 학자들이 탄 차와 충돌하게 되고, 현대 관객의 흥미를 끄는 존재로 다시 태어난다.

아스가르트에서는 서리거인들의 나라에 쳐들어갈 때 토르와 동행했던 동료들이 로키의 첩자 같은 행동에 의문을 품기 시작한다. 한편 오딘에게서 자신의 아버지가 서리거인의 왕인 라우피라는 사실을 듣게 된 로키는 아스가르트에서 소외된 삶을 살도록 자신을 데려온 오딘을 원망한다. 토르의 추방과 로키의 원망 등 타격에 타격이 거듭되자 오딘은 더욱 쇠약해져 의식을 잃게 되며, 로키는 오딘을 대신하여 왕의 권위를 행사하려 한다.

지상에 떨어진 토르는 차 사고로 병원에 입원하고, 지상의 생활에 익숙지 않아 벌인 이상행동 때문에 정신병원에 구금되는 등의 시련을 겪게 되자 특유의 완력으로 구속을 뚫고 나와 자신의 무기인 묠니르를 찾아 나선다. 이 과정에서 토르와 제인은 서로에게 끌리게 된다. 묠니르는 자동차로도 끌어낼 수 없을 정도로 땅에 깊게 박힌 채 움쩍하지 않고, 이것이 이상 천체 현상의 일부임을 간파한 정보기관 쉴드 요원들은 묠니르의 주변에 요새를 구축하는 한편, 이상 천체 현상을 연구하던 제인과 셀빅 박사의 연구 자료들을 몰수해간다.

아직 인간보다는 강한 힘을 지녔으나 신의 능력을 잃은 토르는 쉴드의 삼엄한 감시망을 뚫고 묠니르가 박혀 있는 곳까지 가지만, 이제 신들의 왕이라는 자격을 상실하여 그는 그것을 뽑을 수가 없다. 묠니르는 신화에서처럼 로키가 난쟁이를 속여 만들게 한 무기가 아니고, 죽어가는 별로부터 벼려진 무기라고 영화는 설명한다. 이는 오딘에게 왕의 자격을 부여받은 자만이 능히 지닐 수 있는 특별한 무기로 지칭되기도 한다. 즉 아서 왕의 신검 엑스칼리버와 같은 의미를 지닌 무기인 것이다. 묠니르를 뽑을 수 없음에 자포자기한 토르는 쉴드 요원들이 자신을 체포하도록 내맡긴다. 쉴드 요원들은 그의 무술 실력을 보고 아프가니스탄이나 남아공의 용병이 아니냐고 추궁하기도 한다. 미국이 가능적 적대 세력에 대하여 가지는 무조건적 의심에 일침을 가하는 에피소드이다. 쉴드 요원들이 잠시 자리를 비운 사이 로키가 나타난다. 그는 아버지 오딘이 사망했으며, 어머니도 그의 귀환을 원하지 않는다고 거짓말을 전하고, 순진한 토르는 그 순간에도 로키에게 자신을 찾아와줘서 고맙다고 말한다.

쉴드 요원들을 찾아온 셀빅 박사는 토르가 자신의 지인이라고 거짓말을 하고 그의 신분증까지 위조해와서 그를 구해낸다. 쉴드 요원들은 석방된 그를 미행하기 시작한다. 셀빅 박사와 술을 마신 후 만취한 박사를 데리고 제인에게 온 토르는 그날 밤 그녀와 못다 한 이야기들을 나누게 된다. 그는 제인이 그린 천체도를 보고 거기에 나오는 아홉 개의 혹성이 바로 우주목 이그드라실의 아홉 영역임을 알려준다. 과학자인 제인은 신화의 세계가 실재할 가능성을 보게 된다.

한편 토르의 동료들은 로키에게 토르의 귀환을 허용해달라고 요청하나, 로키는 왕의 권위를 행사하며 이를 허용치 않는다. 그들은 할 수 없이 아스가르트로 귀환할 수 없을지도 모른다는 하임달의 경고에도 불구하고 직접 토르를 찾아 지상으로 내려오고, 제인의 연구실에서 토르와 조우하게 된다. 그들의 모습을 본 제인과 셀빅 박사는 토르의 신성을 믿는 쪽으로 설득되어간다. 토르의 동료들이 지상으로 토르를 구하러 간 사실을 알게 된 로키는 디스트로여라는 무적의 로봇을 지상으로 내려 보내 모든 것을 파괴하라고 명령한다. 영화 속의 아스가르트는 단순한 원시적 신화의 세계가 아닌, 기계적 장치들과 과학의 힘이 작동하고 있는 세계임이 드러난다.

아스가르트로 돌아온 로키는 요툰하임에 침투하여 라우피에게 아스가르트로 와서 쇠약해진 오딘을 죽이라고 사주한다. 왜 직접 죽이지 않느냐는 라우피의 반문에 로키는 아스가르트의 왕이 되기 위해서는 그런 일을 할 수 없다고 대답한다. 대화를 마치고 돌아오는 길에 하임달에게 저지당한 로키는 그를 얼려서 무력화시킨다.

디스트로여의 활동으로 인간세상이 무참히 파괴되는 것을 보다 못한 토르는 디스트로여의 앞에 나서서 인간세상과 동료들을 구하기 위해 자신의 목숨을 희생하려 한다. 디스트로여의 일격에 혼절한 토르에게 묠니르가 날아서 돌아온다. 이제 자신을 희생해서라도 세상을 구하고자 하는 토르는 드디어 신의 왕으로서의 자격을 획득하여 묠니르의 주인이 될 자격이 생긴 것이다. 다시 신의 힘을 회복한 토르는 묠니르를 휘둘러 디스트로여를 파괴하고, 친구들과 함께 하임달에게 무지개다리인 바이프로스트를 보내달라고 요청한다. 토르의 진면목을 보게 된 제인은 토르와 완전히 사랑에 빠져버린다. 한편 얼음 속에 갇혀 꼼짝 못 하던 하임달은 마지막 힘을 짜내어 그들의 요청에 응답

한다.

로키의 사주대로 아스가르트에 침투한 라우피는 오딘의 의식이 돌아오려는 순간 그를 살해하려 한다. 하지만 그때 놀랍게도 로키는 자신의 생부인 라우피를 죽이고 오딘을 구한다. 오딘의 인정을 받고자 하는 그의 집념이 나타나는 순간이다. 오딘은 회생하고, 지구에서 귀환한 토르는 로키의 이중성을 폭로한다. 로키는 그 길로 요툰하임으로 가서 서리거인들을 몰살하겠다고 나선다. 그러나 이번에는 토르가 그를 저지한다. 그들을 몰살하는 것은 불가능하며, 생명의 희생은 어떻게 해서든지 막아야 한다는 새로운 가치관이 그를 지배하고 있는 것이다. 그는 로키가 요툰하임으로 가는 것을 막기 위하여 지구와의 통로이기도 한 무지개다리를 묠니르로 끊어버린다. 이 행위는 그에게 이제 가장 소중한 존재가 된 제인 포스터와 재회할 수 없게 되었음을 의미하기도 하지만, 한편으로 개인적 욕망보다는 전체의 안녕을 책임지려는 지도자의 심성을 가지게 되었음을 보여주는 것이기도 하다.

대결 끝에 심연으로 추락하던 토르와 로키는 때마침 나타난 오딘이 내민 손에 매달려 구원을 받게 되는데, 서리거인들을 몰살하고자 한다는 로키의 말에 오딘은 그것은 옳지 않다고 말한다. 끝까지 아버지의 인정을 받을 수 없음을 확인한 로키는 스스로 손을 놓고 심연으로 추락해버린다. 영화의 후편을 보면 추락한 로키가 인간세계로 간 것을 알 수 있다. 자신의 생부를 죽이면서까지 오딘의 인정을 받고자 했던 로키가 애정결핍으로 괴로워하는 불행한 모습은 인간적 연민을 자극한다.

토르는 이제 맹목적인 용기보다는 지혜와 연민과 겸양, 그리고 자신이 책임져야 하는 집단을 위해 자신을 희생할 줄 아는 정신을 갖춘 진정한 지도자로 성장해 있으며, 이것이 오딘을 기쁘게 한다. 위험천만한 모험이었지만, 지상으로 토르를 추방한 것은 훌륭한 교육적 경험이었음이 분명하다.

토르는 현대 관객의 공감을 얻기 위해 지상의 여인과 사랑에 빠지도록 설정되고, 그 때문에 신화 속 그의 아내인 시프가 영화에서는 토르를 연모하는 동료 여전사로 등장하게 된다. 시프를 포함하여 어떠한 경우라도 토르에게 의리와 충성을 바치는 그의 동료 그룹 역시 영화적 각색이 창조한 부분이다. 동양인의 모습을 한 바니르족과 여자인 시프, 식탐이 대단한 거구의 전사를 포함하는 이 다채로운 그룹은 영화적 흥미를 더해주는 장치이다.

지상에 내려와 인간들의 희생을 막기 위하여 스스로를 희생하는 신의 아들 토르는 예수와 유사한 면모를 지니고 있다. 영화 속의 오딘은 게르만/북구 신화의 오딘보다는 좀 더 자애로운 사랑과 평화의 신으로 표현된다. 오딘과 그의 아내 프리그, 그리고 토르는 배반을 계속하는 로키를 안타까운 연민으로 바라보는 사랑의 존재들이다. 오딘은 전쟁이 불가피할 때는 그것을 수행하지만, 전쟁의 목적이 달성된 이상 상대방을 몰살하거나 쓸데없이 상대방에게 의심과 적개심을 품거나, 필요 없는 유혈 사태를 유발하는 것을 최대한으로 자제하는 존재이다. 결국 이 영화는 게르만/북구 신화의 소재를 차용하고 있음에도 불구하고, 토르라는 역동적 인물이 주는 흥미를 이용하여 진정한 기독교적 행위가 무엇인가를 관객들에게 다시 생각해보게 한다. 특히 수퍼파워로서의 미국의 입지에서 이 기독교 정신을 어떻게 작동시켜야 하는가에 대한 의견 표명이라고도 볼 수 있다. 후편인 <토르: 다크월드>에서 아스가르트의 신들은 어둠의 요정들과 대립하게 되는데, 사실 신화에서 어둠의 요정들은 신들과 대립하는 존재가 아니고, 신들의 대장장이·공예사 노릇을 하는 난쟁이와 동급인 존재들이다. 그러므로 게르만/북구 신화적 요소가 많이 약화된 영화라고 하겠다. 이것은 같은 인물들이 출연하는 <어벤저스> 시리즈의 경우도 마찬가지이다. 단지 순진무구하고 정의로운 토르와 간교한 로키의 대결이라는 점에서, 이 영화들은 아직도 신화적 모티프를 활용하고 있는 셈이다. 묠니르를 휘두르는 정의의 사나이 토르와 그를 끊임없이 기만하는 간교한 로키는 수 편의 이야기를 이끌어갈 만큼의 역동성을 지닌 절묘한 인물의 조합이라 하겠다.

4. 게르만 신화의 판타지화 : 영화 <반지의 제왕> 시리즈

톨킨John Ronald Reuel Tolkien(1892-1973)은 1954-1955년 게르만 신화를 바탕으로 3부작 『반지의 제왕*The Lord of the Rings*』을 썼다. 『반지의 제왕』은 25개 이상의 언어로 번역되어 전 세계 10억이 넘는 독자들의 사랑을 받은 20세기 최고의 판타지 소설로, 중간 대륙을 정복하려는 악의 무리들의 음모, 그리고 이에 맞서 대항하는 정의의 용사들의 싸움을 그리고 있다. 피터 잭슨Peter Jackson 감독은 이 거대한 서사물을 영화화할 것을 계획하고, 2001년부터 3년 동안 <반지의 제왕> 3부작, 즉 1편 <반지의 제왕: 반지원정대The Lord of the Rings: The Fellowship of the Ring>, 2편 <반지의 제왕: 두 개의 탑The Lord of the Rings: The Two Towers>, 3편 <반지의 제왕: 왕의 귀환The Lord of the Rings: The Return of the King>을 제작한다. 총 3억 7천만 달러라는 사상 최대의 제작비를 투입하고 최대의 인력과 장비, 그리고 컴퓨터 그래픽 등의 첨단 과학기술을 총동원한 이 영화는 각국 평론가들의 극찬을 받으며 3년 동안 아카데미 영화상의 여러 부문을 석권했다.

영화 <반지의 제왕: 두 개의 탑> 포스터

아주 먼 옛날 중간 대륙에서는 모두 열한 개의 반지가 만들어졌다. 그 반지들은 그것을 소유하는 자에게 초월적인 힘을 부여하는 마법의 반지들이었다. 사악한 암흑의 군주 사우론은 난쟁이의 기술을 빌려 모든 반지를 지배하는 하나의 절대 반지를 만들고, 그것을 통하여 중간 대륙을 지배하려는 음모를 꾸민다. 그러나 그는 엔렌딜과의 싸움에 패한 결과 반지를 빼앗긴다. 엔렌딜의 아들 이실두르는 중간 대륙의 평화를 위해서는 그 반지를 '운명의 산'에 던져버려야 한다는 것을 알

고 있었음에도 불구하고 절대 권력에 대한 욕망으로 그 반지를 소유했고, 결국 반지의 저주로 인해 살해된다. 그 후 반지는 안두인강에 빠진 채 오랜 세월 동안 자취를 감춘다. 절대 반지라는 제재부터가 지크프리트 신화로부터 유래할 뿐더러, 반지가 물에 가라앉는다는 설정은 지크프리트의 금을 빼앗은 군나르와 호그니가 금과 반지를 라인강에 빠뜨리는 게르만 신화와 유사하다. 한편 작품에 등장하는 요정들의 언어는 고대 켈트어에 바탕을 둔 것이라고 한다.

오랜 시간이 흐른 후 반지는 데아골에 의해 발견되지만, 그의 친구 스메아골이 그를 죽이고 반지를 차지한다. 동굴로 들어간 스메아골은 반지를 낀 후 골룸이라 불리는, 파충류를 닮은 동물로 점점 변해간다. 이는 파프니르가 안드바리의 반지를 차지한 후 용으로 변화하는 것과 유사하다. 그 후 반지는 호빗이라는 난쟁이 종족의 빌보를 거쳐 프로도에게 넘어간다. 한편 암흑의 세계에서 자신의 힘을 키워나가던 사우론은 검은 탑에 은거하면서 중간 대륙의 인간과 엘프족을 멸망시키고자 한다. 그는 프로도가 가진 절대 반지를 차지하기 위해 흑기사를 보내 프로도를 추적한다. 반지를 이용하여 세계를 지배하려는 사우론의 야욕을 막는 유일한 방법은 처음 반지가 만들어진 '운명의 산'의 용암 속에 반지를 던짐으로써 그것이 영원히 사라지게 하는 것이다. 그런데 그 운명의 산은 사우론이 은둔한 곳의 중심부에 위치하고 있다. 중간 대륙 전체의 운명을 떠안은 프로도와 그의 친구들은 절대 반지를 파괴하기 위해 모험을 떠난다. 첫 작품 <반지의 제왕: 반지원정대>는 아홉 명으로 구성된 반지원정대의 여정을 그리고 있다.

| 골룸

<반지의 제왕> 시리즈의 두 번째 작품인 <반지의 제왕: 두 개의 탑>에서는 반지원정대가 해체되고 난 후, 원정대 주인공들 각각의 모

험이 펼쳐진다. 한편 빌보에게 넘어가기 전 반지의 주인이었던 골룸이 등장하여 프로도와 샘을 계속 따라다니며 그들을 위협하고, 반지원정대의 정신적 지주였으나 1편에서 모리아의 심연으로 떨어져 죽은 줄만 알았던 마법사 간달프가 다시 등장한다. 특히 이 작품에서는 동맹을 맺은 '두 개의 탑'의 군주 사우론과 사루만의 1만 대군이 로한 왕국의 헬름 협곡으로 진격하면서, 엘프의 군대 및 반지원정대 일원들의 도움을 받은 로한 병사들과 대전투를 벌이는 장면이 연출된다.

프로도와 반지원정대

마지막 세 번째 작품인 <반지의 제왕: 왕의 귀환>에서 사우론은 인류를 멸망시키고자 최종적으로 곤도르 왕국을 공격한다. 과거의 영광을 잃어버린 곤도르 왕국은 절실하게 왕을 필요로 하며, 간달프는 전투를 위해 곤도르 병사들을 모으고, 세오덴은 로한의 전사들을 규합한다. 마침내 정의는 승리하고 아라곤은 왕으로 추대된다. 한편 반지 파괴의 임무를 띤 프로도는 천신만고 끝에 '운명의 산'에 이른다. 그러나 순결한 마음을 가진 프로도조차 마지막 순간 반지를 쉽게 포기하지 못한다. 마지막 장면에서의 프로도의 순간적인 갈등은 인간에게 존재하는 권력에 대한 근원적인 욕망, 그리고 권력 앞에서의 나약함을 보여주는 것일까?

흥미로운 것은 이 <반지의 제왕> 이야기가 다른 영웅 신화들과는 다른 패턴을 보인다는 점이다. 이 이야기의 최종 목표는 절대 반지로 상징되는 절대 권력을 차지하는 것이 아니라 그것을 버리는 것이며, 또한 그러한 중요한 임무를 수행하는 존재는 헤라클레스나 지크프리트 같은 불세출의 영웅이 아니라 작고 힘없고 보잘것없는 난쟁이 호빗족이다. 이렇게 <반지의 제왕> 이야기는 게르만 신화에 일부 기대면서도 기존 영웅 신화의 도식을 뒤집어놓음으로써 신화가 가지는 함의와 상징을 더욱 풍부하게 해주고 있다.

5. 사이보그와 신화적 상상력 : 영화 <매트릭스> 시리즈

사이보그Cyborg는 주지하다시피 기계와 유기체의 복합물로서 합성인간 혹은 인조인간을 지칭한다. 여기에서 사이보그의 기원을 추리해보면 신화적 상상력과 어렵지 않게 만나게 된다. 중국의 신화집 『산해경』에는 인간과 동물의 복합 형상이 무수히 출현한다. 원시 상태에서는 토테미즘·애니미즘적 사고로 인하여 동물성에 상당한 우월성을 부여했기 때문에 이러한 인수동체人獸同體적 존재는 대개 신성을 지녔거나 비범한 능력을 보유한 것으로 표현되었다. 가령 화산和山의 신 태봉泰逢은 사람의 모습에 호랑이의 꼬리가 있고 비·구름을 일으키며, 영구산令丘山의 옹顒이라는 새는 사람의 얼굴에 네 개의 눈이 있는데 가뭄의 전조가 된다. 이렇게 보면 현대인이 사이보그에 투사하고 있는 무한한 힘에 대한 욕망 역시 원초적으로는 신화적 복합 형상에 대한 신뢰감과 무관하지 않음을 알 수 있다.

서구에서의 사이보그에 대한 기원적 인식을 우리는 앞서 본 중국에서의 경우와 마찬가지로 신화를 통해 살펴볼 수 있다. 그리스 신화에서의 복합 형상의 존재는 오비디우스의 『변신 이야기』에서 많이 표현되고 있다. 가령 크레타의 미노스 왕의 왕비 파시파에가 황소와 교접하여 낳은 인신우수人身牛首의 미노타우로스를 비롯하여, 오디세우스를 노래로 유혹한 인면조 세이렌, 사자의 몸에 여인의 얼굴을 한 스핑크스, 반인반마인 켄타우로스 등을 들 수 있다. 그러나 이들은 『산해경』의 인수동체적 존재에 비해 덜 신성시되었다. 그리스 신화에서 신들의 형상은 이미 인간을 표준으로 자리 잡혔기 때문이다.

그리스 신화 중 이카로스 이야기는 오늘날의 좁은 의미의 사이보그 개념에 가장 접근해 있다. 크레타의 명공名工 다이달로스는 아들 이카로스와 함께 미노스의 왕궁에서 탈출하기 위해 새 깃털로 날개를 만들었다. 이들 부자는 양 어깨에 날개를 달고 순조롭게 날아올랐다. 그러나 하늘을 나는 데 재미를 붙인 아들 이카로스가 무리하게 태양 가까이 치솟았고, 이에 새 깃털을 이어 붙인 밀랍이 녹아버려 그만 이카로스는 추락하여 죽고 만다. 이카로스는 기계와 인간의 결합이라는 측면에서 서구 신화에 나타난 최초의 사이보그라 할 만하다. 이 신화로부터 유래한 이른바 '이카로스 패러독스'는 이利·해害의 양면성을 말하는 것이지만, 테크놀로지에 대한 교훈적인 시사로도 읽힐 수 있다. 즉 기계는 적절히 사용하면 득이 되지만 과도히 남용하면 인간을 파멸시킬 수도 있다는 취지를 함축하고 있는 것이다.

이카로스의 추락
페테르 파울 루벤스, 1636년

근대 과학의 성립 이후 오늘에 이르기까지 테크놀로지는 인간 욕망의 구현을 위해 끊임없이 발전해왔다. 과학은 이제 신체 기능의 도구적 확장을 통해 완벽한 합성인간을 생산해내고자 진력하고 있다. 이러한 추세를 따라 인간과 사이보그의 밀접한 상호의존적 관계는 흔히 영화 속에서 '인간의 사이보그 지향'과 '사이보그의 인간 지향'이라는 두 가지 방면으로 표현된다.

'인간의 사이보그 지향'의 경우, 기계에의 의존도가 높아지면서 이제 인간은 기계와의 교감 없이 스스로의 존재성을 실감할 수 없게 된다. 데이비드 크로넨버그David Cronenberg 감독의 영화 <크래쉬Crash>(1996)에서 주인공 제임스 발라드는 상대와의 어떤 섹스에서도 쾌감을 얻지 못한다. 섹스는 정체성 상실의 이 시대에 그래도 서로의 존재성을 확인시켜주는 유효한 소통 방식일 것이다. 그러나 이 영화에서 섹스는 그나마의 의미도 지니지 못한다. 결국 발라드는 자동차의 충돌 장면을 보며 쾌감을 경험하게 되고, 이후 기계와의 강렬한 접촉을 통해 자신의 존재성을 확인해나가다가 파멸에 이른다. 브렛 레너드Brett Leonard 감독의 <론머맨Lawnmower Man>(1992)은 기계와의 이러한 교감이 극단적으로 추구될 때 인간이 기계로 전락하는 경지를 보여준다. 영화에서 안젤로 박사가 인위적으로 지능을 고양시킨 잔디깎이 소년 조브는 가상현실 속에 몸을 던져 컴퓨터 회로를 지배하는 절대적 존재가 되고자 한다.

'사이보그의 인간 지향'의 경우를 보자. 피노키오 이야기 이래 기계는 끊임없이 인간을 닮고자 노력해왔다. 제임스 캐머런James Cameron 감독의 <터미네이터Terminator 2>(1991)에서 사이보그 T-101이 암살자 T-1000을 제거하고 스스로 용광로에 뛰어들기 전, 그는 소년 존 코너에게 눈물의 의미를 알 것 같다고 감동 깊게 고백한다. 바야흐로 사이보그에게 인성이 부여되는 순간인 것이다. 기계의 인간으로의 완벽한 전환은 크리스 콜럼버스Chris Columbus 감독의 <바이센테니얼맨Bicentennial Man>(1999)에서 행복하게 이루어진다. 안드로이드(인조인간)인 앤드류 마린은 주인의 손녀딸 포샤에게 사랑을 느끼고 영원한 기계로 사느니 인간으로 죽고 싶다는 소망을 피력한다. 종국에 그는 포샤와의 결혼을 법원에 청원하고 인간의 몸으로 변환하여 그녀와 함께 늙어 죽는 길을 택한다.

영화 <바이센테니얼맨>의 한 장면

인간과 사이보그 간의 두 가지 방면에서의 서로 다른 접근은 리들리 스콧Ridley Scott 감독의 <블레이드 러너Blade Runner>(1982)에서처럼 양자의 구분이 어려워질 지경에까지 이르게 된다. 안드로이드를 생산하는 타이렐 사의 모토는 '인간보다 더 인간답게'이다. 그리하여 과거와 추억까지 프로그램된 복제인간은 자신이 복

제인간인지조차 인식하지 못한다. 이 영화의 흥미로운 점은, 인간의 경우 기계화되어 마비된 인성을 보여주는 데 반해 복제인간은 오히려 인간적인 고뇌에 빠져 있는 모습을 보인다는 것이다. 인간과 복제인간의 이 같은 전도된 모습이야말로 인간 정체성의 위기 상황을 극명하게 표현하는 것이 아닐 수 없다.

영화 <매트릭스>의 한 장면

결국 우리에게 절실히 요청되는 것은 인간의 정체성에 대한 새로운 자각일 터인데, 그것은 정신과 육체의 이원 구분을 철폐한 통합적 사유로부터 비롯되고, 그 현실화는 과학과 내면 세계의 유기적 결합에 의해 이루어질 수 있을 것이다. 워쇼스키 형제Larry & Andy Wachowski가 감독한 <매트릭스The Matrix> 시리즈에서 우리는 이러한 사유의 단초를 보게 된다.

<매트릭스> 시리즈는 단순한 흥행 영화를 넘어선 21세기 초기의 명작으로 평가된다. 그것은 이 영화들이 그저 최첨단 촬영기법을 사용하여 현란한 볼거리를 제공해주었기 때문이 아니라 수많은 철학적 의미소를 담고 있기 때문이다. 이 영화들은 '꿈이 생시요, 생시가 꿈'이라는 장자의 '호접지몽胡蝶之夢'을 연상시키면서 "우리가 사는 이 세상은 꿈에 불과하며, 진짜 세상은 다른 곳에 있는 것이 아닐까?"라는 질문을 던진다. 그리고 이를 통해 실상과 가상, 이미지와 현실의 문제를 제기한다. 그런 점에서 <매트릭스>(1999)의 주인공 네오가 친구에게 디스켓을 넘겨주는 장면은 이 영화의 주제를 암시한다. 네오는 보드리야르Jean Baudrillard의 『시뮬라크르와 시뮬라시옹*Simulacres et Simulations*』(1981) 중 '허무주의에 대하여'라는 장을 펼친 후 그 속에서 디스켓을 꺼낸다. 보드리야르는 실재가 이미지와 기호의 안개 속으로 사라지고 시뮬라시옹이 지배하는 시대가 도래할 것임을 주장한 철학자이자 사회비평가

이다.

<매트릭스> 1편은 '매트릭스'라고 하는 인공두뇌를 가진 컴퓨터가 지배하는 가짜 세계에 살고 있는 인류를 구원할 '그The One'를 찾아내는 여정을 그리고 있는데, 마치 구세주의 탄생과 성장, 그리고 죽음을 담아내고 있는 것 같다. 미몽 중에 있던 네오가 모피어스를 만나 깨달음을 얻는 과정은 명상·기공 등의 내면 수행을 통해 이루어지고 있어 마치 도교나 선불교 혹은 무술에서 수련 과정을 통해 초인으로 거듭나는 과정과 유사하다. 네오는 도교 수행자가 분신을 만들어내듯이 아바타avatar(분신)를 가상현실 속에 진입시켜 사이보그와 투쟁한다.

한편 기독교의 삼위일체를 나타내는 트리니티Trinity라는 이름은 기독교적 구원의 색채를 농후하게 드러내는 기호이다. 가짜 세계에 대항하여 인류를 구원하기 위해 모피어스는 '그'를 찾아나선다. 모피어스가 찾은 '그'는 유능한 컴퓨터 프로그래머이자 해커로, 네오Neo라는 이름부터가 구세주인 '그The One'의 철자 순서를 바꾼 애너그램anagram이다. 모피어스라는 이름 역시 그리스 신화에 나오는 꿈의 신 모르페우스Morpheus의 영어식 발음이다. 또한 <매트릭스>에는 예언이라고 하는 다분히 그리스 신화적인 요소가 등장한다. 네오는 모피어스, 트리니티와 함께 과연 자신이 '그'인지를 알아보기 위해 예언이라는 뜻의 이름을 가진 예언자 오라클Oracle을 찾아간다. 그런데 영화에 나오는 예언자 오라클은 맹인의 모습이다. 여기서 우리는 오이디푸스 신화에 나오는 맹인 예언자 테이레시아스를 떠올리지 않을 수 없다. 그러나 매트릭스의 예언은 그리스시대의 그것과는 다르다. 오라클이 부여한 예언은 부정됨으로써 역설적으로 실현되기 때문이다. 오라클은 네오가 아

영화 <매트릭스 리로디드> 포스터

직 '그'가 아니라고 말하지만, 모피어스는 여전히 네오가 '그'일 것이라고 믿고, '그'를 대신하여 스미스 요원에게 붙잡힌다. 네오 역시 자신이 '그'가 아니라고 생각함에도 불구하고, 모피어스를 구하러 가서 스미스 요원과의 한 판 대결 끝에 죽임을 당하고 만다. 그러나 트리니티의 사랑의 입맞춤으로, 마치 예수가 부활하듯 네오는 다시 살아난다. 이제 그는 자신이 '그'임을 인정하고 받아들인다.

2편 <매트릭스 리로리드The Matrix Reloaded> (2003)는 깨달음을 얻은 네오가 자신이 구원자 '그'임을 자각하고 노예 상태로 전락한 인류를 구원하는 여정을 그리고 있으며, 3편 <매트릭스 레볼루션The Matrix Revolutions>(2003)은 인간과 기계가 공존하는 세계를 그림으로써 승리와 패배, 선과 악의 이원론적 세계관으로는 설명할 수 없는 그 무엇을 제시하고자 한다. 네오가 스미스의 몸에 들어가 자신의 부정적인 측면, 자신의 또 다른 모습이 됨으로써 악마 스미스를 물리친다는 설정은 의미심장하다.

3부

신화의 이론과 연구 방법론

세계의 모든 민족은 고유의 신화를 가진다. 인간은 신화를 통하여 우주와 인간에 대한 자신들의 기본적인 세계관을 표현해왔다. 그러나 신화란 무엇인가 하는 문제는 그리 간단한 문제가 아니다. 각 민족마다 신화의 개념이 다를 수 있으며 신화학자들 역시 저마다의 정의를 내리고 있기 때문이다. 예를 들어 엘리아데는 신화를 신성한 역사라고 정의하는가 하면, 캠벨은 신화를 삶의 경험담으로 이해한다. 또한 융은 신화를 집단 무의식으로, 레비스트로스는 무의식적 경험의 표상으로 파악한다. 그러나 어떠한 주장도 우리가 신화라고 부르는 다양한 이야기들의 성격을 포괄적으로 설명할 수 없으며, 신화의 한 측면만을 조명할 수 있을 뿐이다. 그러므로 다양한 신화 이론들을 탐색해보는 것은 신화의 이해에 유용한 첫걸음이다.

신화학mythology은 신화를 대상으로 하는 종합적인 학문인데, 신화라는 말은 어원학적으로 고대 그리스어의 뮈토스mythos에서 유래한다. 앞서 '서론'에서도 언급했듯, 뮈토스에는 '이야기', '플롯' 외에도 '권위 있는 말'이라는 의미가 있다. 고대 그리스어에서 말을 의미하는 또 한 가지 용어로는 로고스logos가 있다. 오늘날 뮈토스는 '꾸며낸 이야기'라는 의미로, 로고스는 언어나 이성 등의 의미로 쓰이지만 고대에는 그 쓰임새가 거의 반대였다. 즉 뮈토스는 권위와 힘을 가진 자의 진실된 말을 의미했고, 로고스는 사회적인 지위가 낮은 자의 간교한 말이라는 의미로 사용되었다. 다시 말해 고대 그리스에서 신화는 꾸며낸 이야기가 아닌 권위 있고 진실된 이야기로 생각되었던 것이다. 그러던 것이 그리스 민주주의의 발달로 웅변술이 중요시되고 산문의 중요성이 부각되면서, 논쟁의 언어인 로고스가 시적인 언어인 뮈토스보다 높은 권위를 가진 이성적이고 논리적인 언어라는 의미로 사용되게 된 것이다. 이후 그리스에 이어 서양 세계의 패권을 쥐게 된 로마에서는 신화를 파뷸라 fabula라는 말로 표현하게 되었는데, 이것은 '허황된 이야기'라는 의미로서 로마 시대에 이르러 신화의 권위가 추락하게 되었음을 단적으로 보여주는 증거라 하겠다.[1] 그러나 어떤 의미에서 신화 연구는 신의 몰락과 함께 시작되었다. 신들과 현실 사이에 거리가 생기고 신들에 대한 신앙이 동요하게 될 때 인간은 신들을 객관적으로 바라볼 수 있게 된다. 인간과 신의 관계가 소원해지면서 신화의 세계는 점점 멀어져갔고, 신화는 대상화되어 신화 연구의 발단을 이루게 된다.

신화 연구는 이미 기원전 6세기부터 그리스의 철학자들에 의해 시작되었으나, 본격적으로 신화학이 학문으로 자리 잡게 된 것은 18세기 이후이다. 19세기에 제국주의 정책으로 세계 각지에 식민지를 확보하게 된 서구 국가들은 각 식민지에서 수집한 자료들을 기초로 비교신화학적 연구를 시작했다. 20세기에는 미개 사회를 대상으로 한 현지 연구를 중심으로 신화의 가치와 중요성을 재인식하게 되었다. 이렇게 신화 연구에 있어서 여러 가지 새로운 학설과 방법론은 19세기 후반과 20세기 초·중반의 풍요롭고 다채로웠던 모색과 성숙의 시기를 거쳐 오늘에 이르렀다. 다음에서 시기와 학설에 따라 신화 이론을 살펴보기로 한다.

---

1 Bruce Lincoln, *Theorizing Myth: Narrative, Ideology, and Scholarship*, The University of Chicago Press, 1999, pp. 3–43 참조.

근대 이전의 신화 이론

1장

1. 그리스의 신화 이론

그리스 철학자들은 일찍이 그리스 신화 속의 신들이 인간들처럼 비도덕적이고 불완전한 존재라는 데 대하여 불만을 표시해왔다. 특히 플라톤은 호메로스와 같은 시인들이 전하는 이야기가 실재에 대한 잘못된 이미지를 전하기 때문에 자신이 구상하는 이상 국가에서는 시인의 존재가 배제되어야 한다고 주장했다. 그러나 플라톤은 인간의 이성을 넘어서는 중대한 진리가 존재한다는 것을 인식하고 있었으며, 철학의 사명은 일상의 무상하고 변화하는 표면을 초월해 있는 무시간적이고 영원한 실재의 존재를 증명하는 것이라고 여겼다. 플라톤은 이러한 실재를 '이데아Idea' 혹은 '형상Form'이라 불렀으며, 이러한 진리를 표현하기 위하여 자신의 고유한 신화를 창조했다. 예를 들어 한때 부강했으나 바닷속으로 사라진 섬의 도시에 관한 '아틀란티스의 신화'는 플라톤의 창조물이다.

그리스의 다른 철학자들은 표면적으로는 비도덕적으로 보이는 그리스 신화들을 우의allegory적으로 해석하면 그 속에 다른 진실된 의미가 숨어 있다고 생각했다. 우의란 '표면적으로 말하고 있는 것과는 다른 것을 말하는 것'이라는 의미이다. 예를 들어 우의론자들은 아폴론 신의 사랑의 추격을 피하기 위해 월계수로 변한 처녀 다프네의 이야기를 순결의 가치를 말해주는 신화라고 해석하기도 한다.

우의적 해석은 크게 물리적 우의, 역사적 우의, 도덕적 우의의 세 범주로 나눌 수 있다. 첫째, 물리적 우의는 물리적 현상을 이야기의 형식을 빌려 표현한 것이다. 예를 들어 호메로스의 『일리아드』에 나오는 신들의 다툼은 자연현상 사이의 대립을 표현한 것으로, 태양신 아폴론과 바다의 신 포세이돈의 대립은 불과 물의 대립을 상징한다. 둘째, 역사적 우의는 역사적으로 실재했던 사건과 인물들을 변형시켜 표현한다. 우라노스나 크로노스 등은 실재했던 왕들의 이름이며, 신들의 세대 간의 권력 다툼은 왕가에서 일어난 권력 다툼이라고 본다. 기원전 3세기에 이러한 신화 해석을 시도했던 에우헤메로스Euhemeros라는 그리스 학자의 이름을 따서 이 방법을 에우헤메리즘이라 부른다. 이와 비슷한 해석 방식을 제안한 인물로 팔라에파토스Palaephatos가 있는데, 그는 신화가 언어의 은유적 표현에 대한 오해에서 비롯된다고 주장했다. 아르테미스 여신이 목욕하는 장면을 목격한 후 여신의 저주로 사슴으로 변하여 자신의 사냥개들에게 찢겨 죽은 사냥꾼 악타이온은 아마도 사냥개에 너무 많은 돈을 낭비하여 파멸한 청년이었을 것이라고 추정한다. 그의 이웃들이 "불쌍한 악타이온을 사냥개들이 삼켜버리고 있군."이라고 한 은유적 표현이 진실로 받아들여져 신화로 변했다는 것이다. 셋째, 도덕적 우의는 앞서 예로 든 다프네의 일화처럼 도덕적 교훈을 이야기로 만든 것이다. 예를 들면 제우스와 레다가 결합하여 트로이 멸망의 원인을 제공한 헬레네가 탄생했다는 일화는, 권력과 부정Injustice이 결합하면 추문을 낳게 된다는 도덕적 교훈을 담고 있다고 해석될 수 있다.

신화에 대한 우의적 해석은 아름다운 신화의 이야기들을 하잘것없고 진부한 사실이나 도덕적 교훈으로 환원시키는 경향이 있다. 3-5세기에 성행했던 신플라톤주의는 신화를 우의적으로 해석하기는 하되, 이것을 이데아 세계의 표현으로 보아 신화를 심오한 형이상학적 진리를 발견하는 수단으로 삼았다. 신플라톤주의의 창시자인 플로티노스Plotinos는 신화가 시간을 초월한 현실을 시간 속 사건의 형태로 묘사한다고 주장했다. 그는 현실의 위대한 세 가지 원칙이 태초의 신들의 존재에 상응한다고 보았다. 예를 들면 우라노스는 통일성, 크로노스는 지성, 제우스는 영혼을 상징한다고 본 것이다.

신플라톤주의자들은 이와 같은 방식으로 신화의 의미를 고차원적으로 복원시켜 확장일로의 기독교 세력에 맞서려 했으나, 종국에는 기독교 사상에 흡수되었다.

2. 중세와 르네상스의 신화 이론

플라톤주의는 기독교 신학에 강력한 영향을 미쳤다. 신화와 신화 해석 방법은 기독교가 이교의 세계로부터 물려받은 문화유산이었다. 우의적 해석 방법은 성서의 해석에도 적용되어, 「아가서」에 나오는 솔로몬의 명백한 성적 사랑의 표현은 하나님의 교회에 대한 사랑의 우의로 받아들여졌다. 중세 시대에는 독자들이 신화가 담겨 있는 고전 문학을 직접 읽는 경우보다는 신화를 간추려놓은 신화집의 형태로 읽는 경우가 많았다. 이러한 신화집들은 신화 이야기는 간단히 소개한 후에 도덕적 해석에 중점을 두었다. 예를 들어 오디세우스가 세이렌들의 유혹을 극복하고 무사히 항해를 계속하는 일화는 기독교인이 유혹을 극복하며 인생길을 가는 것의 우의로 해석되었다. 그런가 하면 포도주의 신인 디오니소스와 사랑을 나눈 테베의 세멜레 공주에게는 세 명의 자매가 있었는데, 이들은 세멜레와 함께 주취의 네 단계를 우의적으로 표현한다고 보았다. 즉 (1) 이노Ino는 과음을, (2) 아우토노에Autonoe는 주취에 의한 망각을, (3) 세멜레는 육욕을, (4) 아들의 목을 자른 아가베Agave는 광기를 상징한다. 그러니까 이들은 주취의 위험성에 대한 도덕적인 경고라는 것이다. 이러한 해석에는 중세적 가치관으로 고전 문화를 임의로 재단한 흔적이 너무도 뚜렷하다.

르네상스시대에도 신화가 고차원적인 정신세계에 대한 심오한 상징적 진리를 담고 있다는 플라톤주의의 기조는 흔들리지 않았다. 예를 들면 미의 여신 비너스는 우라노스의 성기가 잘려 바다에 던져졌을 때 그 주변에 떠오른 거품으로부터 탄생했다는 피비린내 나는 출생 배경을 가지고 있다. 이것을 여성의 아름다움 뒤에 감춰진 추악함에 대한 우의로 해석하는 방법도 있다. 그러나 보티첼리의 <비너스의 탄생>은 좀 더 고차원적인 플라톤주의적 믿음을 담고 있다고 해석될 수 있다. 피치노Marsilio Ficino는 신플라톤주의자들의 생각을 따라 우주는 유일신을 최고봉으로 하는 위계질서를 형성하고 있고, 신의 세계 아래에는 천사들의 세계가 있으며, 그 밑에는 인간들이 거주하는 저급한 물질의 세계가 있다고 가르쳤다. 원래 천사의 세계에 거주하던 영혼은 세상에 태어남과 동시에 물질의 세계에 속하게 되는데, 피조물의 아름다움을 관조함으로써 다시 원래의 천상세계로 복원될 수 있다고 생각되었다. 그러니까 비너스로 표상되는 인간의 영혼은 조개라는 육신의 껍질을 입고 물질세계로 오게 되는데, 보티첼리의 그림에 표현된 아름다운 피조물의 세계를 관조함으로써 원래의 정신세계로 돌아갈 수 있게 된다는 것이다.

3. 계몽주의적 방법론

18세기를 지배했던 계몽주의는 냉철한 이성으로 모든 전통적인 것들을 가차없이 재검토했는데 신화도 예외는 아니었다. 베르나르 퐁트넬Bernard Fontenelle은 『이야기의 기원에 대하여*De l'origine des fables*』(1724)에서 신화를 문화의 발생기에 일어난 오류와 무지의 산물로 보았다. 선교사나 식민지 관리들이 수집한 미개 사회의 신화들은 그리스의 신화들과 유사한 것으로 생각되었으며, 이들은 다시 진화되고 발전된 당대의 서구 문명과 대조되었다.

최초의 근대적 역사학자로 간주되는 지암바티스타 비코Giambatista Vico도

이와 유사한 진화론적 역사관에 기초한 신화론을 펼쳤다. 그는 역사가 커다란 주기를 가지고 발전한다고 생각하여 역사의 주기를 신의 시대, 영웅의 시대, 인간의 시대로 크게 나누었다. 신의 시대는 대홍수 이후의 시기로 인간은 육체적 생존에 매달렸으며, 자연 가까이 살면서 자연의 파괴력을 신의 분노로 이해했다. 이 시기에 신적인 신화가 탄생했다. 영웅의 시대에는 인간이 자연과 분리되었으며 제도가 마련되었다. 이러한 제도들은 인격화된 신들로 표현되었으며, 영웅에 대한 이야기들이 생겨났다. 그리하여 영웅의 시대로부터 전설이 생겨났다. 마지막으로 인간의 시대에는 이성이 본능적 상상력을 대치하며 철학이 탄생하게 된다. 비코의 이론은 사상사의 전체적인 체계 속에서 신화를 이해하려고 한 초기 이론들 중 하나이다.[1]

1 Barry Bruce Powell, pp. 629-642 참조.

2장 비교학적 방법론

르네상스 이후의 지리적 탐험과 뒤이어 온 식민지 진출은 서구인들에게 세계 각국의 문화를 접할 기회를 제공했으며, 신화 연구는 그들이 세계에 대한 이해의 지평을 넓혀가는 한 통로였다. 17세기의 유럽인들은 자신들의 생활방식만이 신 앞에 정당한 것이라는 절대적 신념을 가졌고, 다른 종족들의 생활방식은 괴상하고 왜곡된 오류라고 인식했다. 그러나 20세기 말과 21세기에 이르러서는 서구와 전 세계에서 모든 가치라는 것은 인위적으로 구축된 것이라는 인식이 일반화되었는데, 18세기에 태동하고 19세기에 융성했던 신화의 비교학적 방법론은 이 두 극단적인 태도의 중간쯤에 위치한 방법론이라고 할 수 있다.[1] 그러니까 유럽인들이 세계에서 자신들의 문화가 유일하게 옳고 타당한 문화라는 인식을 어느 정도 양보하고 다른 문화들의 가치와 차이를 인정하기는 하지만, 그럼에도 불구하고 자신들의 문화가 좀 더 선진적이며 우월하다는 인식을 기반으로 하는 방법론이라고 할 수 있다.

1 Eric Csapo, 앞의 책, p. 13.

1. 비교학적 방법론의 시초

영국의 교육기관들에서는 식민지 경영을 위해 18세기에 이미 동양의 언어들을 가르치고 있었다. 옥스퍼드에서 동양 언어들을 공부한 윌리엄 존스 William Jones는 1783년 인도 캘커타에서 벵갈의 고등법원 판사로 재직하게 되면서 업무상의 필요 때문에 산스크리트어를 공부하게 되었다. 산스크리트어에서 그리스어, 라틴어, 고딕어, 켈트어, 페르시아어 등과의 유사성을 발견한 그는 유럽인들과 인도인들의 언어와 조상이 같은 근원에서 나왔다는 가설을 세웠다. 이를 통해 그는 인도-유럽어족 혹은 인도-아리안어족이라는 개념을 도출하고, 그리스와 로마, 고대 인도, 그리고 당대 유럽 문명을 건설한 이 인도-유럽어족의 우월함을 주장했다. 이러한 비교언어학에 기초한 인종적 분류와 인종의 비교적 우월성에 대한 믿음이, 히틀러의 주도하에 '우수한 아리안족의 피를 오염시키는 아시아계 인종'인 유태인 절멸 작전으로 이어진 것은 주지의 사실이다.

존스의 연구는 독일에서 가장 영향력이 컸다. 아직 민족국가를 형성하지 못하고 여러 개의 소공국으로 갈려 있어 이들 간의 분쟁 때문에 식민지 경영에 나서지 못했던 독일에서는 언어와 문화를 공유하는 독일 민족의 통일에 대한 염원이 싹트고 있었다. 1871년에 실현된 독일 통일의 과업에서 언어, 문학, 민속은 주요한 이데올로기적 도구로 작용했다. 영향력 있는 비평가이자 철학자였던 헤르더Johann Gottfried von Herder(1744-1803)는 시를 최고의 문화적 표현으로 보았다. 그는 가장 건강한 시는 모국어로 쓰인 시로서 전통적인 민요와 민담에 뿌리를 둔 것이라고 생각했다. 반면에 합리주의는 언어와 문학을 시들게 하고 외국 문화의 영향은 그 성장을 저해한다고 주장했다. 그는 인류가 한 뿌리에서 나왔다고 보고, 새로운 기후와 지형에 적응해가면서 각각 고유한 시, 언어, 신화를 가지게 되었다고 주장했다. 따라서 한 민족의 시, 언어, 민속 신화를 역사적으로 연구하는 것이 민족적 심리를 원초적인 순수한 형태로 재구성하는 관건이라고 보았다.

헤르더의 작업은 그림 형제(야코프 그림Jakob Grimm[1785-1863], 빌헬름 그림Wilhelm Grimm[1786-1859])에 의해 계승되었다. 그들은 옛 독일의 시, 음유시, 서사시, 전설, 신화, 민담, 그리고 고대 독일의 법까지 수집하고 연구했다. 그들의 가장 주요한 업적은 독일어와 다른 언어들의 비교음운학적 연구를 통하여 독일 민족의 언어사를 연구한 것이었다.

2. 뮐러와 태양 신화

프리드리히 막시밀리안 뮐러Friedrich Maximilian Müller(1823-1900, 막스 뮐러라는 이름으로 통용됨)는 비교신화학의 창시자라고 할 수 있다. 존스의 연구를 계승한 뮐러는 인도의 종교와 언어, 문화, 사회 구조를 연구하고 그 우월성을 찬양했다. 물론 그는 인도의 토착민들을 정복한 지배 계급인 아리안계의 인도 문화와 유럽 문화가 동일한 뿌리에서 나왔다는 사실을 염두에 두고 있었고, 이러한 생각은 인도의 지배 계급과 영국인들이 협력하여 인도를 지배할 수 있는 정당성을 부여하는 데 공헌했다. 뮐러의 신화 연구는 존스의 언어 연구와 마찬가지로 영국이 필요로 하는 지배 이데올로기를 적시에 공급한 셈이다.

뮐러는 주로 힌두교 경전인 『베다』에 기록된 인도의 신화와 그리스 로마 신화, 그리고 유럽 각국의 신화를 비교 연구했는데, 『베다』는 기원전 1450년경에 쓰였으므로 『베다』의 신화는 그리스 로마 신화보다 초기의, 형성적 단계의 신화의 모습을 보인다는 것이 그의 견해였다. 인도의 신들은 이름 외에는 고정된 성격적 특징이나 고정적인 관계를 가지고 있지 않았다. 그의 연구는 비교언어학적 연구를 발전시킨 것으로서, 인도의 하늘신인 디야우스Dyaus, 그리스 신화의 제우스Zeus, 라틴어의 주피터Jupiter(고어 형태는 디에스피테르Diespiter), 북구의 하늘신인 티우Tiw가 모두 같은 어원에서 나왔다고 보았다. 라틴어에서 신을 뜻하는 데우스deus, 그리고 낮을 뜻하는 디에스dies도 같은 어원에서 나왔다고 보았다.

뮐러는 또한 '언어질병설'의 주창자로도 유명하다. 그는 인도-유럽어족의 조상이 되는 가상적인 원源인도-유럽어족을 아리아족Aryas이라 불렀다. 이들은 황금시대의 종족으로서, 그들이 사용하는 원시어에는 단어가 많지 않아서 은유에 의존해 의사소통을 해야 했으므로 모두가 필요에 의하여 시인이 되었다고 한다. 예를 들면 '해가 진다'고 말하는 대신에 '불타는 존재가 옥좌에 앉는다'는 식의 표현을 사용했다는 것이다. 언어는 점점 발달했으나 이러한 초기의 표현은 관용적 표현으로 굳어져 언어 속에 남아 있었으며, 이러한 표현의 근원을 알지 못하는 후세인들은 이 독특한 표현을 설명하는 신화를 만들어냈는데, 이와 같이 언어의 와전 혹은 타락이 신화의 근원을 제공했다는 학설이 '언어질병설'이다.

예를 들어 셀레네Selene와 엔디미온Endymion의 신화를 보자. 셀레네 여신은 젊고 아름다운 목동 엔디미온을 보고 사랑에 빠졌다. 그의 아름다움을 온전히 즐기기 위해 셀레네는 제우스에게 엔디미온을 영원히 잠들게 해달라고 간청했다. 그녀의 소원대로 엔디미온은 젊음을 간직한 채 영원히 잠들었고, 셀레네는 해가 지면 늘 엔디미온을 찾아갔다. 그들 사이에서는 50명의 자녀가 태어났다. 여기서 셀레네는 달을 뜻하며, 엔디미온이라는 이름의 어원을 추적해보면 '물속에 뛰어든다'라는 의미를 포함하고 있어 '지는 해'에 대한 은유적 표현임을 알 수 있다. 그러니까 고대인들은 "해가 지고 달이 뜬다."라고 말하는 대신에 "셀레네는 엔디미온을 바라보며 사랑한다."라고 말했을 것이며, "밤이다."라고 말하는 대신에 "셀레네가 엔디미온에게 키스하여 잠재운다."라고 말했을 것이다. 바로 이런 은유적 언어 표현들이 잠자는 엔디미온을 보며 사랑을 나누는 셀레네의 신화를 낳았다는 것이다.

뮐러의 문제점은 인도-유럽어족에서 알려진 모든 신화를 천체 현상에 대한 언급으로 귀착시킬 수 있다고 주장한 것이었다. 더 나아가 천체 현상을 일출과 일몰에 국한시키는 경향이 있었다. 예를 들어 헤라클레스, 테세우스, 오디세우스 등이 모두 태양을 상징한다는 것이다. 그러나 아리아족이 일출과 일몰에 대하여 이렇게 집요한 관심을 가지고 있었음에도 불구하고 그들에게 정작 '일출'과 '일몰'에 해당하는 단어가 없었다는 것은 좀 이해하기가 어렵다. 그리고 뮐러의 극단적인 이상화에도 불구하고 아리아인들은 시적인 존재들로 파악할 수가 없다. 그의 이론의 논리를 따라가보면 그들이 창조한 것은 시도 아니고 신화도 아니었으며 '해가 진다'든가 '해가 뜬다'든가 하는 천체 현상에 대한 진부한 논평에 불과하기 때문이다. 정작 신화를 창조한 것은 조상들의 고결하고 순수한 시대보다 타락한 시대에 살면서 조상들의 언어의 흔적을 근거로 이야기를 지어낸 후세인들이었던 것이다. 그가 이와 같이 모든 신화의 근원을 태양으로 환원시키고 싶어 했던 것은 유럽인들의 조상인 아리아인에게서 유일신 사상의 뿌리를 발견하고 싶었기 때문이다. 즉 그들의 고상한 조상이 다신교를 믿는 야만인들이었다고 믿고 싶지 않았던 것이다.

뮐러는 물질주의와 부르주아 지배 일변도로 가고 있는 빅토리아시대에 대항하여 시적 감성이 풍부하고 정신적 고상함을 지닌 귀족주의와 종교적 정통주의라는 대안을 아리아족 신화의 형태로 제시했다. 뮐러의 아리아족은 어린아이와 같은 낭만적이고 꿈꾸는 존재들로서 그들의 비실질성에 대한 뮐러의 찬양은 빅토리아 시대의 공리주의와 경제적 결정론에 대한 저항을 표현하는 도구였다.

3. 진화주의

진화론의 영향을 받은 진화주의적 인류학은 생물학의 진화론과 마찬가지로 모든 신화나 문화는 저급한 상태에서 고급한 상태로 진화한다는 입장에 선다. 타일러Edward Burnett Tylor(1832-1917)는 그의 저서 『원시 문화*Primitive Culture*』(1871)에서 신화도 다른 문화 현상과 마찬가지로 본질상 발전하는 특성을 지니고 있기 때문에 신화 연구는 저층 문화 민족의 신화 연구에서 출발해야 한다고 주장한다. 즉 그들의 신화는 인간의 원초적인 신화관을 보존하고 있으므로, 발전된 문화 세계의 신화를 이해하기 위해 그들의 신화를 연구하는 것이 합리적인 방법이라는 것이다.

『황금 가지*Golden Bough*』(1890)의 저자인 프레이저James George Frazer(1854-1941)의 주장은 타일러의 소박한 진화주의보다는 발전한 것이지만 기본적으로 크게 다르지 않다. 그는 종교의 기원과 발전에 대한 연구를 통하여 인간은 자신의 염원을 성취하기 위하여 원시 단계에서는 주술과 신화에, 그 후에는 종교에, 그리고 근대에 들어서는 과학에 단계적으로 의존했다고 주장했다.[2] 즉 현대 사회가 과학에서 추구하는 기능을 고대 미개 사회에서는 주술이나 신화를 통해 구하고 있으며, 주술과 신화가 발전한 것이 과학이라는 주장이다.

그는 세계의 모든 신화에서 곡물의 풍요로움을 위하여 인신공희人身供犧를 하던 흔적을 발견할 수 있다고 주장했다. 원시 부족들은 왕의 기력이 쇠잔해지면, 이것이 토지의 생산성에 직접적으로 영향을 미친다고 생각했다. 따라서 그들에게는 통치자를 희생하여 그 피를 땅에 뿌림으로써 땅의 생산력을 회복시키고 젊은 통치자를 다시 세우는 풍습이 있었는데, 모든 신화는 이러한 흔적을 지니고 있다는 것이다. 나르키소스나 아도니스나 히아킨토스의 신화와 같이 젊은이가 죽고 그 자리에 혹은 그의 피가 흐른 자리에 아름다운 꽃이 피어났다는 신화들은 이러한 원시 풍습의 잔재라고 한다. 그는 신의 아들이 인류의 죄를 대속하기 위하여 십자가에서 희생되어 인류에게 영생의 희망을 가져다주었다는 기독교의 신화에도 통치자의 피로써 땅의 생명력을 복원코자 했던 원시 풍습의 그림자가 드리워져 있다고 생각했다.[3]

프레이저가 상상한 태초의 신화 생산자들은 식량 증산을 최대의 과제로 여겼던 경제적 동물들로서 빅토리아시대의 실용주의와 경제주의, 합리주의적 상상력이 낳은 산물이라고 할 수 있다. 그의 이론은 얼핏 보기에 문명화된 사회와 원시적인 사회 사이의 근본적 차이를 인정하지 않는 평등주의적인 견해

---

2 같은 책, pp. 14-38 참조.

3 James George Frazer, 앞의 책, pp. 703-714 참조.

로 보이지만, 실은 원시 사회나 피식민지 사회가 신화나 종교의 단계에 머무르고 있는 반면에 서구만이 과학과 이성의 발달에 의하여 인류의 소망을 해결하려고 하는 선진적 단계에 이르렀다는 엘리트 의식의 표현이었다. 그리고 서구 유럽 안에서도 농민 등의 하층 계급은 아직도 신화와 미신, 신앙으로 자신들의 문제를 해결하려 하는 반면, 지배 계급만이 과학적 사고로 인류가 당면한 문제에 대한 진정한 해결책을 제공할 수 있다고 믿는 계급적 선민의식을 표현하고 있었다. 따라서 그의 신화론은 선진적 의식을 가진 서구의 지배계급이 식민 지배를 하고 국가의 통치를 담당하는 것은 당연하다는 이데올로기가 담긴 이론이라고 할 수 있다.

프레이저가 무차별적으로 많은 신화들을 획일적 기준에 의하여 비교하며 의미 있는 차이점들을 무시한 채 신화의 유사성과 보편성의 도출에 너무 치중했다는 비판을 받긴 했지만, 그의 비교학적 방법론이 아주 성과가 없는 것은 아니었다. 예를 들어 그리스의 창조 신화와 히타이트Hittite의 창조 신화를 비교해보면, 태초의 신들에게서 세대 간의 갈등을 공통적으로 발견할 수 있으며, 그 갈등의 양상이 상당히 유사함을 볼 수 있다. 별 연관성이 없어 보이는 두 문화 사이에 있었던 영향 관계를 짐작할 수 있게 하는 증거라 할 수 있다. 그러나 그 영향 관계는 수목형의 도표로 설명되지 않는다. 문화, 언어, 신화 등은 존스나 뮐러가 생각했듯이 하나의 시조로부터 나와 가지치기를 하며 일방적으로 진행하는 어떤 것이 아니라, 여러 군데서 발생하여 서로 영향을 주고받으며 발전하는 것이다. 유사한 이야기가 여러 군데에서 발견된다고 해도 우리는 수목형의 모델을 따라 어떤 것이 이야기의 원형인지, 어떤 것이 더 원시적 형태이며, 어떤 것이 더 발전된 형태인지를 구분해낼 수가 없다. 그들은 공존하며 영향을 주고받는 복잡한 그물망의 관계 속에 존재하는 것이다.[4]

4 Eric Csapo, 앞의 책, pp. 40-79 참조.

4. 전파주의와 문화권설

프레이저는 인류의 사고는 보편성을 지니므로 전 세계의 신화를 무차별적으로 비교해도 무리가 없다고 생각했다. 그러나 슈미트Wilhelm Schmidt(1868-1954)는 멀리 떨어져 있는 지역의 신화에서 발견되는 신화의 유사성은 인류의 사고의 동질성에 의한 것이라기보다 문화의 전파에 의한 것이라는 입장을 보인다. 또한 바우만Hermann Baumann은 수렵 문화권과 농경 문화권이 각각 다른 신화의 양상을 보인다고 주장하여, 프레이저가 전제로 한 신화보편론에 반하는 이론을 전개한다. 각 신화의 모티프는 인류 문화사상의 특정 단계 혹은 조건에서 발생한다는 주장이다. 즉 수렵 문화권에서는 동물이 중요한 역할을 담당하여 동물 신화나 뼈로부터의 재생의 테마가 자주 등장한다. 그러나 농경 문화권에서는 신화의 세계상도 변한다. 동물들에 대한 테마는 점점 사라지고 인간, 특히 죽음, 재생, 생식과 농경에 대한 상징 세계가 등장한다. 고대 문명기에 이르면 인간의 운명이 우주의 운행과 밀접한 관계를 가진다는 세계관이 지배적이 된다. 따라서 신화에도 우주적인 색채가 짙어지며, 알卵의 신화, 천부지모天父地母 신화, 양성구유兩性具有 신화, 사체화생死體化生의 신화 등이 발달하게 된다. 슈미트의 주장이나 바우만의 주장 모두 신화보편론에 대항하여 신화를 권역별 혹은 발전 단계별로 분류함으로써 무차별적 비교신화학의 방법론에 제동을 걸었다고 볼 수 있다.

5. 엘리아데의 신화론

루마니아 출신의 미르치아 엘리아데Mircea Eliade(1907-1986)는 존스와 뮐러의 아리안 문화에 대한 신비화 전통을 계승한 신화학자이다. 그는 우주적인 종교성을 인도-유럽어족의 우월한 특성으로, 시간성과 역사성을 셈족의 열등한 특성으로 이해했다.

엘리아데는 무엇보다 그리스 철학이나 기독교 전통 속에서 신화를 해석하는 방식을 거부한다. 로고스와 역사에 대립되는 의미로 신화를 해석하면서 신화를 '실재할 수 없는 것'으로 이해한 그들과 달리, 엘리아데는 신화를 '참된 이야기', '신성하고 모범적이고 중요하기 때문에 귀중한 이야기'라고 생각한 고대인들의 생각을 따른다. 신화란 인간 행위의 모범이 되고, 그 때문에 인생에 가치와 의미를 부여한다고 믿은 그는 '살아 있는' 사회를 연구 대상으로 삼는다.

엘리아데가 내린 신화의 정의는 다음과 같다. 신화는 신성한 역사를 다루며 태초에 생겼던 일들을 이야기한다. 즉 신화는 초자연적 존재의 행위를 통하여 우주와 각각의 사물, 인간 행동, 제도 등이 어떻게 존재하게 되었는지를 설명한다. 신화는 '실제로 일어난 것', 즉 초자연적 존재가 태초의 절대적인 때에 행했던 행위를 말한다. 그리고 인간은 그 신화적 사건의 결과이다. 따라서 고대 사회의 인간은 신화적 역사를 기억할 뿐 아니라 그것을 주기적으로 재연再演해야 한다고 생각했다. 이것은 역사적 사건을 일회적 사건으로 받아들이는 현대인의 인식과 대조를 이룬다. 예를 들어 1960년 4월 19일의 혁명이라는 역사적 사건은 재연될 수 없다. 그러나 고대 사회의 인간은 '처음에ab origine' 일어났던 일을 '의례' 혹은 '제식'의 힘을 통해 반복할 수 있다. 그들에게 중요한 것은 신화를 재연·기억함으로써 처음에 선조가 한 일을 반복하며 사물의 기원의 비밀을 배우게 된다는 사실이다. 뿐만 아니라 의례 행위를 통해 신화를 살려냄으로써 세속적이고 연대기적인 시간을 벗어나 원초적이고 무한히 회복 가능한 신성한 시간으로 들어갈 수 있게 된다. 신화는 역사를 초월한 절대적 시간을 계속적으로 재연하며, 그럼으로써 인간이 세속적 삶에서는 결코 이룰 수 없는 초인간적이고 초역사적인 차원으로 그들을 데려간다.

또한 엘리아데는 '성聖·The Sacred'과 '속俗·The Profane'의 개념을 인간과 문화를 포괄할 수 있는 근원적인 개념으로 파악한다. 엘리아데에 의하면 인간은 '성'과 '속'이라는 전혀 다른 두 개의 실재가 공존하는 이중적인 세계 속에 산다. 모든 사물이나 인간의 행동이 자연적인, 그 자체의 의미를 넘어서 어떤 초월적 의미를 부여받을 때 그것은 성스러운 속성을 지니게 된다. 예를 들어 하나의 거룩한 돌이 있다고 하자. 그 돌은 그 자체로는 아무런 가치를 지니지 않는다. 그러나 그 돌이 신화적 행위를 기념한다거나 마나mana를 소유한다거나 할 경우 그 돌은 거룩하게 된다. 즉 그 돌의 모양이 어떤 상징적인 모습을 하고 있다거나, 하늘에서 떨어진 운석이거나, 바다에서 나온 진주인 경우처럼 기원에 의해 주술적인 힘을 배태하게 되면 그 돌은 신성한 돌이 된다.

인간의 행위도 마찬가지이다. 인간 행동의 의미와 가치는 자연적인 육체적 조건에 따라 부여되는 것이 아니라, 원초적인 행위primordial acts를 재연하고 신화적인 범례example를 반복하는 특성과 연관되어 있다. 따라서 음식을 먹는 행위도 단순히 생리적 욕구를 충족하기 위한 행위가 아니며, 결혼이나 주연酒宴 등도 신화적인 원형prototype을 반향하고 있는 것이다. 이러한 행위들이 반복되는 것은 태초에 신들이나 조상들이나 영웅들에 의해 그런 것들이 행해졌기 때문이다. 고대인들은 어떤 존재에 의해 이미 경험된 것이 아니면 그 어떤 행동도 인정하지 않았다. 따라서 그의 삶은 이미 이전에 행해진 것이며, 그의 삶은 타자에 의해 창시된 행위를 계속해서 반복하는 것이다. 즉 자연의 산물이나 인간에 의해 가공된 사물들은 그것들이 얼마만큼 초월적 존재에 관계하느냐에 따라 실재성을 얻게 된다.

고대 세계에서는 사냥이나 농경, 유희나 투쟁, 그리고 성행위 등 의미를 지닌 모든 행위는 '성聖', 즉 거룩함에 참여하고 있는 제의적 행위였다. 그러나 현대 사회에 이르러서는 이 모든 행위에서 성스러움이 박탈되면서 속된 것이 되어버렸다. 춤을 예로 들어보자. 모든 춤은 토템이 되는 동물이나 상징이 되는 동물, 혹은 신이나 영웅 등 평범한 인간 이외의 모델을 가지고 있었다. 또한 통과제의, 주술적·종교적 의례, 결혼 등의 경우에도 사람들은 춤을 추었다. 한편 춤의 리듬은 토템 동물 혹은 상징 동물의 동작을 재현하거나 별들의 움직임을 재연했다. 어떤 모델을 가지든 어떤 리듬을 재연하든, 춤은 항상 원형적인 행동을 모방하고 있거나 신화적인 순간을 기념하고 있는 것이다. 한마디로 춤은 반복이며, 그때 그날들을 재현한다. 또 하나의 예로 건축제의를 보자. 건축제의는 우주를 창조한 원초적인 건축 행위를 반복하는 것이고, 건물을 짓고 다리를 놓을 때 희생물을 바치면서 고사를 지내는 것은 아득한 그때 이 세상이 창조되기 위해 행해진 희생제의를 인간적인 차원에서 모방하고 있는 것이다.

엘리아데는 원시인들이 원형적이지 않은 시간, 즉 역사에 대해 강하게 저항하고 있다는 사실에 주목하면서, 이것이 단순히 미래의 발전을 거부하는 보수적 성향 때문이 아니라 초월성이 결여된 실존에 대한 거부, 다시 말해서 '속'에 대한 거부 때문이라고 보았다. 제의를 통한 신화의 재연 속에서 시간은 정지되고 근원적인 혼돈이 회복되며 '시작이 다시 시작'되는 것이다.

심리학적 방법론

3장

1. 프로이트와 정신분석학적 접근법

지그문트 프로이트Sigmund Freud(1856-1939)가 의식과 무의식의 관계, 그리고 그것이 상징화의 과정에 미치는 영향에 대하여 기술한 바는 신화에 대한 현대의 모든 정식분석학적 접근법의 기틀이 되었다. 성적인 욕망을 인간의 가장 근원적인 욕망으로 보았던 프로이트는 이러한 욕망, 그리고 욕망의 억제에 대한 사회적 요구가 개인 안에서 잘 조화를 이루지 못하면 신경계 질환이 발생한다고 보았다.

프로이트가 신경계 질환을 일으키는 원인을 찾기 위하여 사용한 방법 중의 하나는 환자의 꿈 분석이었다. 꿈이라는 것은 자는 동안, 즉 무의식에 대한 의식의 억압적 활동이 이완되어 있는 동안 생겨나기 때문에 인간의 욕망을 비교적 알아보기 쉬운 형태로 표출한다. 꿈을 간접적인 욕망 충족의 수단으로 보았던 프로이트는 문학이나 예술도 꿈과 같이 현실 원리에 억압된 인간의 욕망을 간접적으로 표출하는 방법이라고 생각했다. 특히 인류의 유아기에 생산된 문학이라고 할 수 있는 신화는 꿈, 그중에서도 욕망을 비교적 직접적으로 드러내는 어린아이의 꿈과 같아서, 꿈 분석 방법을 응용한 신화 분석은 인간의 근원적 욕망의 실상에 도달할 수 있는 좋은 방법이라고 보았다.

프로이트는 오이디푸스 신화로부터 그의 가장 핵심적인 착상인 오이디푸스 콤플렉스의 개념을 도출했다. 즉 남자아이에게는 아버지를 제거하고 어머니를 독차지하고 싶어하는 원초적 욕망이 있다는 것이다. 그러나 남아는 이러한 욕망의 실현이 아버지의 제재, 즉 거세의 위협으로 이어질 수 있기에, 그것을 피하기 위하여 아버지에게 도전하기보다는 아버지와 동일시하여 그의 규율에 복종하며, 사회적으로 용납되는 이성에게로 관심을 옮긴다는 것이다. 그는 『토템과 타부*Totem and Taboo*』(1913)라는 저서에서, 인류 문화 초창기에 실제로 부친 살해와 근친상간의 원초적 경험이 있었을 것이며, 이것이 토템 집단에 존재하는 두 가지 금기, 즉 토템 동물을 살해하거나 먹지 못하며, 같은 토템 집단에 속하는 여자들과는 혼인할 수 없다는 금기의 기원이라고 주장했다. 즉 오늘날 고릴라 집단에서 볼 수 있는 바와 같이, 원시 시대의 혈연 집단에서도 가장 힘이 센 남성(가부장)이 자기 집단의 모든 여성들을 차지하고 다른 남성들을 모두 추방했을 것이라고 그는 추정한다. 추방당한 남성들은 집단을 이루고 생활하다가 가부장의 힘이 약해지면 자신들이 속해 있던 집단을 공격하여 그 우두머리 남성을 제거하고 여성들을 차지하게 된다. 그러나 그들은 이러한 행위에 대하여 깊은 죄의식을 느낀다. 그리하여 그들은 자신들의 죄의식을 토템 동물에 투사하여 살해된 가부장을 상징하는 토템 동물을 신성하게 받들고, 자신들이 짓밟은 혈연 집단 내의 여성들과의 성관계를 금기시함으로써 자신들의 원죄를 보상하고자 했다는 것이다.[1]

그러나 막상 프로이트는 인간 성욕의 발전 단계를 설명하면서 오이디푸스 콤플렉스를 언급했을 뿐 오이디푸스 신화 자체에 대한 심층적 분석을 하지는 않았다. 프로이트가 상세하게 분석한 유일한 신화의 예는 프로메테우스

---

1 Sigmund Freud, *Totem and Taboo*, James Strachey (trans.), Norton, 1950, pp. 125-143 참조.

신화이며, 이것을 오이디푸스적으로 해석했다. 신화에서 프로메테우스는 회향목의 줄기 속에 불을 넣어 훔친 것으로 되어 있는데, 이때 불은 리비도Libido의 상징이고 이 불을 담은 용기는 남근의 상징으로서, 프로메테우스는 부성신 제우스의 금기를 깨뜨리고 자신의 남근적 리비도를 실현한 것으로 볼 수 있다는 것이다. 또한 프로메테우스의 간이 부성신 제우스의 독수리에 의해 쪼아 먹히는 것은 거세를 상징한다. 즉 금기를 깨뜨린 프로메테우스는 부성신에 의해 상징적으로 거세당하는 것이다. 이러한 대가를 치르고 불의 혜택을 입게 된 인간들은 당연히 프로메테우스를 고맙게 여겼어야 했다. 그러나 프로메테우스는 불씨를 보존하기 위하여 인간들의 욕망을 억압했다. 즉 그는 불을 향하여 소변을 보고 싶어하는 남성적 욕망의 실천을 금했다. 이러한 욕망의 억제에 대한 반발로 인간들은 그의 간이 쪼아 먹히는 형벌을 상상했다고 프로이트는 해석한다. 그러니까 그 자신이 부성신의 금기를 깨뜨린 프로메테우스는 인간들에게 부성적 존재로 군림하려 했고, 인간은 이러한 그를 원망하여 프로메테우스의 부성신으로 하여금 그를 벌하게 하는 장면을 상상했다는 것이다. 그러나 이러한 해석이 설득력이 있으려면 소변으로 불을 끄고자 하는 남성의 욕망이 그처럼 중요하고 강한 욕망인지를 증명할 수 있어야 할 것이다. 어찌 되었든 이 해석은 문명의 첫걸음(불의 획득)을 욕망의 억압으로 본 프로이트의 가설에 부응하는 해석이라 할 수 있다.[2]

프로이트는 모든 사람의 무의식 속에 야만인, 원시인, 혹은 사회적 제재로부터 자유로운 어린아이가 들어 있다고 생각했다. 이와 같이 개인 속에 들어 있는 원시적 요소를 어떻게 통제하는가가 사회화의 관건이었다. 일견 평등주의적 요소를 지닌 것으로 보이는 프로이트도 유럽인과 지배 계급, 그리고 남성들이 좀 더 자신들의 무의식적 욕망을 의미 있는 문명 활동으로 승화시킬 수 있는 능력을 많이 지니고 있다는 선민의식으로부터 자유롭지 못했다. 예를 들면 여자아이들은 남근의 부재 때문에 남자아이만큼 거세에 대한 공포를

2 Eric Csapo, 앞의 책, p. 96.

심각하게 느끼지 않으므로 사회적 규율을 남자아이만큼 진지하게 받아들이지 않아 완전한 사회화가 이루어지지 않는다는 주장이 그것이다.

2. 융과 원형 이론

스위스의 정신의학자였던 카를 구스타프 융Carl Gustav Jung(1875-1961)은 프로이트와 마찬가지로 무의식의 존재를 중요시했으며, 무의식적인 것을 의식에 동화해가는 의식화 과정이 인간의 성숙에 중요함을 강조했다. 다만 융은 프로이트가 인간을 지나치게 병리적인 측면에서 설명하고자 한다고 생각했다. 융은 프로이트와는 달리 심리학의 대상을 신화와 종교, 철학, 심령 현상 등 인간 정신의 모든 소산으로 확대했다. 그는 인간 정신의 한 부분이 아니라 전체성을 이해하려고 노력했다. 프로이트는 정신적 기능의 역동적인 상호관계를 설명하기 위하여 정신신체적 에너지psychophysical energy를 상정하여 리비도라는 말을 쓰게 되었는데, 비판자들은 그가 '리비도'를 성적인 본능과 거의 동일시했기 때문에 성적인 것이 아닌 정신적 에너지조차도 성적인 충동으로 환원하여 설명했다고 지적한다. 무의식이 성적 욕망의 원천일 뿐 아니라 정신적 창조의 원천이기도 하다는 것이 융의 분석심리학의 입장이다.[3]

융이 그리는 인간 무의식의 구조는 프로이트의 것보다 훨씬 복잡하다. 인간의 마음에는, 개인의 출생 이후의 특수한 경험을 바탕으로 이루어지며 개인에 따라 서로 다른 '개인 무의식'과 더불어, 선천적으로 존재하고 시간과 공간을 초월해서 모든 인간에 있어 보편적 성격을 띠고 나타나는 '집단 무의식'이 있다.

자아는 사회와의 관계를 위하여 책임감, 역할 등으로 구성된 외적 인격을 형성하는데, 이에 대응하여 무의식과 관계를 맺는 내적 인격이 존재한다. 융

3 이부영, 『분석심리학』, 일조각, 1998, pp. 31-32.

은 이것을 '마음'이라 부르며, 남성의 무의식 속에 있는 여성적 마음을 '아니마anima', 여성의 무의식 속에 있는 남성적 마음을 '아니무스animus'라 부른다.[4] 아니마, 아니무스는 개인 무의식보다 심층부에 있는 집단 무의식의 일부이다. 아니마나 아니무스는 인류가 조상 대대로 이성에 관해서 경험한 모든 것의 침전물이다. 그것은 남성에 있어서는 여성에 대한 경험의 총화이며, 여성에게는 남성에 대한 경험을 통튼 것으로 오랜 역사를 지닌 인간 정신 속에 전승된 여성적 요소와 남성적 요소이다.[5]

이와 같은 집단 무의식은 인간에게 주어진 여러 근원적 유형, 즉 원형Archetype들에 의하여 구성된다. 근원적 유형 또는 원형이란 지리적 차이, 문화나 인종의 차이와 관련 없이 존재하는 인간의 가장 원초적인 행동 유형을 말하는데, 이것이 신화를 산출하는 그릇이며 우리 마음속의 종교적 원천이다.[6]

원형은 태곳적부터 현대에 이르는 긴 시간 동안 수없이 반복되었으며, 또한 반복되어갈 인류의 근원적인 행동 유형을 가능하게 하는 선험적 조건이다. 인류가 죽음에 대하여, 사랑과 미움에 대하여, 어린이에 대하여, 노인에 대하여, 위대한 부모의 힘에 대하여, 어둠과 광명에 대하여, 크나큰 조물주의 힘, 현자의 지혜에 대하여, 또 남성이 여성에, 여성이 남성에 대하여 느끼고 생각하고 행동해온 모든 것, 그 태초로부터의 체험의 침전이 바로 원형이다. 원형은 보편적이고 반복적인 체험을 시간과 공간을 넘어 항상 재생할 수 있는 인간 속에 있는 가능성이며 그런 가능성을 지닌 틀이다.[7] 예를 들면 노현자라든가, 구원의 여인상이라든가 팜므 파탈femme fatal 등은 모두 이 원형에 속한다.

그리하여 세계 문화의 여러 상징들은 서로 연관성을 지니고 있으며, 마찬가지로 세계 각 나라의 신화와 제의 속에 반복적으로 나타나는 상징의 심층

4 같은 책, p. 87.
5 같은 책, pp. 92-93.
6 같은 책, p. 69.
7 같은 책, pp. 100-101.

적 의미 역시 상호 연관되어 있다. 신화적 상징은 인간 존재의 구조와 우주의 구조 사이의 연속성을 드러냄으로써 인간이 우주 가운데에서 고립을 느끼지 않도록 한다. 또한 상징이 보편적인 가치를 지니고 있다는 사실은 개개인으로 하여금 자신의 경험의 객관성을 의식하게 한다. 융이 이처럼 집단 무의식의 존재를 가정하게 된 것은 서로 멀리 떨어져 어떤 문화적 교류도 불가능한 지역들의 문명에 놀랄 만큼 유사한 신화와 상징이 공통적으로 나타나기 때문이었다. 융의 연구는 자신이 모은 꿈의 분석에서 입증된다. 신화적 지식이 없더라도 환자의 꿈이나 환상 속에는 원형적 형상이 나타나는 경우가 흔히 있다. 집단 무의식은 모든 인간이 태고 시대부터 지녀온 인간 체험의 보고인 것이다.

3. 프라이의 신화 이론[8]

노스롭 프라이Northrop Frye(1912-1991)는 캐나다 태생의 비평가로서 문학의 지역적 혹은 시대적 특수성보다는 보편성을 강조했다. 그에 의하면 문학은 인류가 공유하는 원형적인 신화의 끝없는 재창조이며 반복이다. 신화나 서사라는 것은 하루 동안의 태양의 주기, 일 년 단위의 계절의 주기, 인간 삶의 주기와 같이 인류가 공통으로 경험하는 의미 있는 패턴으로부터 발생한다. 인간은 이러한 자연의 순환과 자신을 합일시키려는 의지의 표현으로 제의를 만들어낸다. 예를 들면 추수의 제의로는 추수의 노래, 추수 제사, 추수에 관계된 민속 등이 있는데, 이런 것들이 서사의 근원이 된다. 제의라는 것은 의식적인 의미가 잠재해 있는 행위들의 시간적 연결이기 때문이다. 그리고 제의는 인

8 프라이의 이론은, 제의로부터 신화와 서사가 출발했다는 주장으로 보아서는 사회인류학적 배경에서 출발한 제의주의 이론을 상기시킨다. 그러나 인류가 공유하는 원형적인 심리적 경험을 강조한다는 점에서는 융의 집단 무의식이나 원형 이론에 근접하고 있으므로 심리학적 방법론으로 다룰 수도 있겠다.

간 생활의 모든 측면을 백과사전적으로 포괄한다. 즉 매일의 순환, 달의 변화, 계절의 변화, 탄생으로부터 죽음에 이르는 존재의 위기들에는 각각에 해당하는 제의가 부과되어 있다. 신화는 이러한 제의에 의미를 부여한다.

따라서 문학의 양태는 신화로부터 출발하여 전설이나 로맨스, 상위 모방, 하위 모방, 아이러니 등 여러 층위로 발전한다. 이들을 구별하는 기준은 주인공의 지위와 그가 행사할 수 있는 자유의 정도에 있다.

1) 주인공이 다른 인간들에 비하여 우월한 부류이며, 자신의 환경보다 우월한 경우를 신화라고 한다. 즉 주인공이 신이거나 거인족 등이며, 초자연적 능력을 지닌 경우이다.
2) 주인공이 다른 인간들이나 자신의 환경보다 그 정도가 우월한 경우를 로맨스나 전설이라고 한다. 즉 주인공들은 인간이긴 하지만, 영웅이나 귀족 왕족 등으로 보통 사람들보다 우월하며, 초자연적 능력을 발휘하기도 한다.
3) 주인공이 다른 인간들에 비하여 그 정도가 우월하나, 자신의 환경에 비하여 우월하지는 않은 경우를 상위 모방이라고 한다. 즉 주인공들은 2)와 같이 우월한 신분을 가지나 자연의 법칙을 초월할 수는 없다.
4) 주인공이 다른 인간들이나 자신의 환경에 비하여 전혀 우월하지 않은 경우에는 하위 모방이라고 한다. 즉 주인공은 보통 사람이며, 자연의 법칙을 초월하지 못한다.
5) 주인공이 보통 사람보다 능력과 지능이 떨어지는 경우에는 아이러니컬한 양태라고 할 수 있다.[9]

예를 들어 자연 속에서 죽어가는 신(즉 계절적 순환에 따라 가을이 되면 죽어야 하는 신)의 비극적 신화는 맬러리Thomas Malory의 『아서의 죽음*Le Morte d'Arthur*』

9 Northrop Frye, *Anatomy of Criticism*, Princeton University Press, 1957, pp. 33-34.

(1485)에서는 전설의 형태로, 테니슨Alfred Tennyson의 시 「왕의 목가Idylls of the King」(1859)에서는 상위 모방으로, 화이트Terence Hanbury White의 『한때의, 그리고 미래의 왕*The Once and Future King*』(1958)에서는 아이러니컬한 패러디로, 그리고 영화 <몬티 파이튼의 성배Monty Python and the Holy Grail>(1975)에서는 하위 모방으로 구현된다.

신화의 종류 및 그로부터 파생되는 문학의 장르도 자연의 순환 리듬을 따라 다음과 같이 구별할 수 있다.

1) 새벽, 봄, 탄생의 국면: 주인공이나 영웅의 탄생, 회생이나 부활, 어둠이나 겨울, 죽음의 세력의 패배에 관한 신화. 관계되는 부수적 인물들로는 어머니, 아버지가 있다. 이는 희극과 주신酒神 찬가, 서사시의 원형이다.
2) 절정, 해가 최고점에 도달한 때, 여름, 결혼 혹은 승리의 국면: 신격화, 성스러운 결혼, 천국으로 들어가기 등의 신화. 관계되는 부수적 인물들로는 신부의 친구를 들 수 있다. 로맨스, 목가시, 전원시의 원형이다.
3) 일몰, 가을, 죽음의 국면: 타락, 죽어가는 신, 주인공의 폭력적 죽음 혹은 희생, 그리고 고립에 관한 신화. 관계되는 부수적 인물들로는 배반자와 유혹자가 있다. 비극과 애가의 원형이다.
4) 어둠, 겨울, 해체의 국면: 이러한 힘들이 승리하는 신화. 홍수와 혼돈의 재귀, 주인공의 패배, 신들의 황혼(게르만 신화에서 신들과 거인족들의 최후의 결전의 결과로 오는 세계의 종말에 관한) 신화. 관계되는 부수적 인물들은 사람 잡아먹는 귀신, 동화 속의 거인이 있다. 풍자의 원형이다.[10]

10 같은 책, pp. 186-239 참조.

사회학적 방법론

4장

사회학적 방법론은 신화가 근본적으로 사회적인 현상이라는, 그러니까 개인에게서 발생한 것이 아니고 집단에서 발생한 것이라는 사고에 근거한다. 이러한 방법론은 사회인류학 및 사회생물학 등에서 인간과 동물의 집단적 행동을 관찰한 결과로 생겨난 것이다.

1. 사회인류학과 기능주의 방법론

개인주의적이며 경제주의적이고 물질주의적인 빅토리아 시대의 인류학으로부터 이론적·방법론적 결별을 처음으로 시도한 사람은 프랑스의 사회학자 에밀 뒤르켐Emile Durkheim(1858-1917)이다. 뒤르켐은 인류는 원래 평등한 관계의 집단을 형성하고 집단적 유대감을 가지고 살았었는데, 사회의 규모가 점점 커지면서 사회가 분화되고 권력이 특정 집단이나 개인에게 집중되는 현상이 일어났다고 보았다. 그럼에도 불구하고 집단을 결속시키는 집단의식은 항존하고 있었다. 인간의 집단의식에서 가장 중요한 것은 신성한 것과 불경스러운 것의 구별이다. 그는 오스트레일리아의 토템 집단들을 연구한 결과, 토템 집단은 씨족 집단으로서 사회 구성의 한 형태라는 결론에 도달했다. 이들은 마나mana라고 부르는 비개인적인 힘, 즉 세계에 내재하며 여러 가지 물질적 대상 속에 흩어져 나타나는 힘의 존재를 믿었는데, 이 힘이 상징하는 것은 결국 씨족 집단, 즉 같은 토템 집단 전체의 힘이다. 그리고 신성성이란 씨족의 결속을 다지기 위하여 주기적으로 거행되는 씨족들의 모임과 관계가 있다. 이 집단의 모임에서 경험하는 강렬한 감정과 집단적 흥분이 신성성에 대한 경험의 근원인 것이다. 후일 사회가 극도로 분화되어, 권력이 왕 개인에게 집중되고 왕의 존재가 신성하게 여겨진 것은 바로 그 왕이 집단의 집중된 힘을 상징하기 때문이다. 영혼의 영생에 대한 믿음 역시, 개인은 죽어도 집단은 영원하리라는 믿음을 표현한 것이다. 뒤르켐의 생각은 후일 제의주의와 구조주의 신화학에 많은 영향을 미쳤으며, 특히 기능주의 신화학에 결정적 영향을 미쳤다.

기능주의 신화학은 영미학계를 수십 년간 지배했던 이론으로 말리노프스키Bronislaw Malinowski와 래드클리프브라운Alfred Radcliffe-Brown이 그 대표적 학자이다. 그들은 신화를 특정 사회와의 관련 속에서 파악하고자 했으며, 과거의 유물로서의 신화보다는 그것이 현대 사회 속에서 가지고 있는 기능 및 효과, 즉 그것이 사회 구조를 강화하고 영속화시키는 힘에 관심을 가졌다. 말리노프스키는 1차세계대전 당시 주로 남태평양 제도에 머물며 현지 연구에 몰두했다. 그는 신화가 "게으른 광상곡이나 목적 없이 허황된 상상력을 쏟아내는 것이 아니라, 근면하고도 아주 중요한 문화적인 힘"이라고 주장했다.[1] 신화의 기능은 한 사회의 전통의 근원을 좀 더 고차원적이고 초자연적인 태초의 사건으로 추적해 올라감으로써 그 전통에 더 큰 가치와 특권을 부여하는 것이다. 이런 신화들을 인류학 용어로 '헌장 신화'라고 하는데, 예를 들면 남태평양의 트로브리앙드 군도에는 다음과 같은 신화가 전한다.

---

1 Eric Csapo, 앞의 책, p. 141.

> 트로브리앙드 군도의 곳곳에 있는 구멍으로부터 각각 네 개의 씨족이 탄생했다. 이 네 씨족의 이름은 각각 이구아나, 개, 돼지, 악어이다. 그런데 이구아나 씨족과 악어 씨족이 지켜보는 가운데, 개와 돼지가 돌아다니다가 개가 노쿠 열매의 냄새를 맡고 나서 그것을 먹었다. 돼지는 개가 노쿠처럼 비천한 것을 먹으니 낮은 신분이 될 것이며 자신이 지도자가 되겠다고 말했다.

트로브리앙드 군도의 씨족들은 서로 먹는 음식이 다르며 특히 음식에 관한 금기가 많고 이것을 철저히 준수한다. 이 씨족들은 신분 제도의 계층을 형성하고 있는데, 돼지 씨족이 가장 상층이고, 개 씨족이 다음 계층이고, 돼지 씨족과 개 씨족의 주도권 다툼을 지켜보고 있었던 이구아나와 악어 씨족이 맨 하층을 형성한다. 따라서 이 신화는 이러한 계급의 기원을 설명하면서 그 기원의 타당함과 신성함을 보증하는 헌장 신화라 할 수 있다.[2]

2. 제의주의

제의주의는 신화와 제의(특정한 제의 혹은 제의 일반) 사이에 중요한 관계가 있다고 생각하는 학풍을 일컫는다. 어찌 보면 이 주장은 당연하게 들리나, 이에 대한 반론도 존재한다. 즉 제의가 극도로 발달한 데 비해 신화는 빈곤한 문화가 있으며, 신화만 풍부하고 제의의 전통은 미미한 문화들이 존재하기 때문이다. 극단적인 제의주의자들은 모든 신화가 제의로부터 유래하거나 제의와 연관이 있다고 주장한다. 좀 더 완화된 형태의 제의주의는 신화와 제의가 모두 외부의 자극에 대한 유사한 종류의 반응이라고 주장한다. 보통 제의주의는 신화보다는 제의에 더 많은 특권을 부여한다. 제의는 신화의 근원으로 생각되거나, 근원이 같다고 하더라도 제의가 근원에 좀 더 가까이 있는 것

2 같은 책, pp. 132-145 참조.

으로 생각되는 경향이 있다.

니체Friedrich Wilhelm Nietzsche가 『비극의 탄생*Die Geburt der Tragödie aus dem Geiste der Musik*』(1872)에서 주장한 그리스 문화에 공존하는 디오니소스적 요소와 아폴론적 요소의 이론을 발전시킨 제인 해리슨Jane Harrison은 호메로스가 전하는 그리스 신화는 진정한 종교적 내용이 아니며, 조형적이며 질서정연한 아폴론적인 요소가 지배하는 퇴폐적 그리스 문화일 뿐이라고 주장한다. 진정한 종교라는 것은 강렬한 감정과 흥분된 행동의 요소를 지니고 있으며, 디오니소스의 추종자들이 행했던 제의에서 진정한 종교의 기원을 본다. 제의는 원초적이고 정통적이지만 신화와 짝지어져야 하고, 궁극적으로는 신화에 의해 배신당한다는 것이 해리슨의 주장이다.

해리슨은 집단이 모여서 같이 흥분과 성스러운 느낌을 경험하는 씨족의 제의에서 종교가 출발한다고 보았다. 원시인들은 천둥이나 전쟁, 사냥과 같은 위협적인 사건들에 대한 감정들을 집단적 제의를 통하여 분출했으며, 신화는 이러한 제의를 설명하고자 후에 첨가된 설명에 불과하다는 것이다. 그러나 제의는 사실 즉흥적인 행동이 아닌 추상화되고 양식화된 행동이며, 정신적인 이미지나 상징성을 포함한다. 그것은 자연이나 신의 마음을 움직이고자 하는 의지와 순수한 행동만이 아닌 언어나 사유를 동반한다. 그러므로 제의를 행위로, 신화를 그 언어적 해설로 이분하는 해리슨의 개념에는 논란의 여지가 있다.

해리슨은 20세기 이론들과 마찬가지로, 19세기의 개인주의와 합리주의에 대항하여 사회적·감정적 상태, 그리고 인식 이전의 상태에 많은 가치를 두었고, 인식 이전의 상태에서 이루어지는 것으로 생각되는 제의에 더 큰 중요성을 부여했다. 그러나 신화가 언어와 상징을 사용한 의사소통의 일종이라면, 제의 역시 행위일 뿐 아니라 행위와 상징을 수단으로 하는 일종의 의사소통이다. 제의와 신화가 형성하는 관계는 실천과 이론의 관계가 아니라, 하나의 메시지를 전달하는 두 가지 다른 방법 사이의 관계라고 보는 것이 더 타당할 것이다.[3]

3. 사회생물학

현대의 신화 이론은 신화의 전승적 성격을 중요한 요소로 파악하여, 전승에 관여하는 사회적 힘에 많은 의미를 부여한다. 즉 한 신화가 지금까지 전해 내려온 것은 지금까지 존재해온 사회가 대대로 신화에 담긴 메시지를 중요하고 타당한 것으로 인식하여 그것을 보존해왔기 때문이라는 것이다. 그에 반하여 신화의 기원을 인간의 생물학적 본성의 발현, 즉 개인의 권력의지와 생존을 위한 투쟁에서 찾는 학파를 생물주의라 한다. 생물주의자들에 가장 반대하는 학파를 구축주의라고 하는데, 그들은 인간의 본성은 생물학적 요소에 의하여 결정되는 것이 아니라 사회, 문화, 언어에 의하여 구축된다고 본다. 포스트모더니즘, 신마르크스주의, 그리고 현재의 페미니즘은 모두 구축주의로 볼 수 있다.

사회생물학파의 월터 버커트Walter Burkert(1931-2015)는 생물주의와 구축주의의 입장을 종합하여 중도노선을 걷고 있다. 버커트는 동물에게도 인간과 마찬가지로 제의가 있다고 주장한다. 회색기러기greyleg goose에게도 승리의 제의가 있으며, 마을이나 집의 입구에 남근(때로는 발기한 남성의 모습)을 상징하는 존재를 세워놓는 인간의 풍습은 원숭이의 풍습과 유사하다고 한다. 어떤 종류의 원숭이들은 자신들 영역의 경계선상에 실제로 발기한 수컷 원숭이를 세워놓는다는 것이다. 그러나 약한 동물이 항복이나 순종의 의미로 강자에게 자신의 배후를 보이는 행위가 인간들에게서는 때로 조롱의 의미로 사용됨을 상기할 때(서구권의 문화에서는 자신의 벗은 엉덩이를 상대방을 향해 내미는 행위가 조롱의 의미를 나타낸다) 동물의 제의적 행위와 인간의 제의를 같은 방법으로 설명하기에는 무리가 있다.

버커트의 진정한 공헌은 인간의 생물학적인 면에 대한 고찰이라기보다는 인간의 생물성의 사회학적인 측면에 대한 고찰이라 할 수 있다. 인간은 큰 동물을 혼자 사냥하기가 어려워 집단을 이루어 사냥하게 되었다. 그리고 집단을

3 같은 책, p. 161.

이루며 살게 되자 분업화가 생겨 남자들은 사냥에 종사하고 여자들은 육아를 담당하게 되었다. 사냥을 잘하기 위해 남자들에게는 호전성이 요청되었으나, 동시에 집단생활을 위해서는 협력과 복종도 중요한 미덕이 되었다. 사회는 동물희생의 제의를 통하여 생존에 필요한 호전성이 가져오는 불안감 및 죄의식을 해소하는 동시에, 여러 가지 금기사항과 격식을 지키도록 했다. 예를 들어 그리스의 희생제의에서는 소가 스스로의 의지에 의하여 제대로 걸어온 것처럼 보이게 하고, 소로 하여금 고개를 끄덕이는 동작을 하도록 유도하여 소 자신의 동의를 얻고 죽이는 모습을 연출한다. 또한 소를 죽이기 전에 사람들이 전부 소에게 보리 이삭을 던져, 소를 죽이는 행위에 구성원 모두가 참여하고 있음을 표현한다. 이때 소가 흘린 피는 땅에 떨어져서는 안 되며, 제대 위에 떨어져야 한다. 이 모든 규칙과 금기는 죄의식을 해소하고 공유하도록, 또 사냥꾼으로서의 호전적 행위와 사회 내에서 허용되는 행위 사이에는 차이가 있음을 인식하도록 사회의 구성원들을 교육한다고 버커트는 주장한다.

신화 중에는 제의와 전혀 관련이 없는 신화들이 있다. 예를 들면 수탉이 울게 된 내력이라든가 표범에게 무늬가 생긴 까닭 등을 설명하는 기원 신화들이 그것이다. 그리고 제의가 먼저 발생했는지 신화가 먼저 발생했는지에 대한 논의도 있다. 그러나 중요한 것은 신화와 제의는 모두 생물학적이고 문화적인 행위를 상징적으로 표현한다는 점에서 서로 연관되어 있다는 것이다. 이들은 개인과 공동체의 필수적 욕구, 공통의 위기, 불안을 조성하는 갈등, 특히 살해, 성, 과도기, 죽음이 야기하는 갈등들과 관련이 있다. 제의는 삶의 질서를 극화시켜 기본적인 행동양식으로 표현하며, 신화는 이러한 삶의 질서를 설명한다. 즉 신화는 종종 극화된 제의의 질서를 설명함으로써 삶의 질서를 간접적으로 설명하게 되는 것이다. 이처럼 제의와 신화 모두 공동체의 생존을 위하여 필수적인 금기와 허용의 구별을 만들어냄으로써 행동의 양식을 수립하기 위한 방향을 제시한다.[4]

---

4 같은 책, pp. 161-180 참조.

구조주의적 방법론

5장

구조주의 방법론은 스위스의 언어학자 페르디낭 드 소쉬르Ferdinand de Saussure(1857-1913)에 의해 창시되었다. 그는 언어의 발달사적 고찰, 즉 통시적diachronic 고찰은 일정한 법칙의 지배를 받지 않지만, 공시적synchronic 언어는 완결된 체계를 구성한다고 보고 이 공시적 체계로서의 언어 연구의 중요성을 강조했다. 그는 또한 언어 체계를 지칭하는 랑그langue와 그 언어 체계를 사용하여 만들어내는 일회적 발화인 파롤parole을 구분하고, 언어의 진정한 분석 대상은 파롤이 아니라 랑그라고 주장했다. 그는 언어는 지시대상물이나 현실과 필연적인 관계를 맺는 체계가 아니며, 기표signifiant와 기의signifié 사이에는 임의적인 관계만이 존재할 뿐이고, 하나의 기표는 다른 기표들과의 관계성에 의해 그 의미가 결정된다고 생각했다. 그에 의하면 언어에는 표면 구조와 심층 구조가 있는데, 발화자가 특정한 표면 구조를 가진 문장을 만들어내는 것은 그 표면 구조를 지배하는 심층 구조, 즉 문법의 원리에 대한 무의식적인 지식을 가지고 있기 때문이다. 그의 방법론은 인류학, 문학 등에 응용되었다. 구조주의에서는 언어가 보편적인 패러다임을 제공하며, 모든 문화 현상은 언어와 같은 원리로 작동하는 기호의 체계로 본다.

1. 프롭의 민담형태론

러시아의 민속학자 블라디미르 프롭Vladimir Propp(1895-1970)은 구조주의에서 말하는 표면 구조와 심층 구조의 원리를 이용하여 러시아 민담들이 공유하는 문법을 도출해냈다. 그는 환상적 내용, 일상적 내용, 동물에 관한 내용 등 표면적으로는 다른 소재를 지닌 이야기들도 공통의 구조를 가지고 있다고 보았다. 예를 들면 이 이야기들은 다음과 같은 내용을 포함한다.

1) 차르(군주)가 주인공에게 독수리를 준다. 독수리는 주인공을 다른 왕국으로 데려간다.
2) 노인이 수첸코에게 말을 준다. 말은 수첸코를 다른 왕국으로 데려간다.
3) 마술사가 이반에게 작은 배를 준다. 작은 배는 이반을 다른 왕국으로 데려간다.
4) 공주가 이반에게 반지를 준다. 반지에서 나온 젊은이들이 이반을 다른 왕국으로 데려간다.

프롭은 이러한 이야기 토막들이 '수여자가 주인공에게 마술적인 매개자를 주며, 이 매개자는 주인공이 찾고 있는 대상물 가까이로 그를 데려다준다'는 공통적 기능을 표현한다고 생각했다. 그는 러시아 민담이 31개의 이러한 기능으로 구성되어 있다고 주장했다. 기능이란 인물의 행위로서 이야기 전체의 진행에 중요하게 작용하는 행위를 의미한다. 민담에 따라서는 이러한 기능들의 몇 단계가 빠져 있는 경우도 있고, 어떤 이야기에서는 일정한 기능군들이 반복되어 나타날 때도 있다. 프롭이 제시한 31개의 기능은 다음과 같다.

1) 가족의 구성원 중 하나가 부재하게 된다. (정의: 부재)
2) 주인공에게 금령이 내린다. (정의: 금령)
3) 금령이 위반된다. (정의: 위반) (……)

8) 악한이 가족의 일원에게 해를 끼친다. (정의: 악행)

8a) 가족의 구성원 중 하나가 무엇인가를 결여하거나 무엇을 얻고 싶어 한다. (정의: 결핍)

9) 불운이나 결여가 알려진다. 주인공에게 요구나 명령이 주어진다. 그는 떠나도록 허락을 받거나 지시를 받는다. (정의: 중재, 연결적 사건)

10) 탐색자가 반대 행위를 하기로 동의하거나 결정한다. (정의: 반대 행위의 시작)

11) 주인공이 집을 떠난다. (정의: 출발) (……)

16) 주인공과 악한이 직접 대결한다. (정의: 투쟁) (……)

20) 주인공은 귀환한다. (정의: 귀환) (……)

23) 주인공은 신분을 감춘 채 모국 혹은 타국에 당도한다. (정의: 신분 미상인 채 귀환)

24) 가짜 주인공이 근거 없이 권리를 주장한다. (정의: 근거 없는 권리 주장) (……)

30) 악한은 벌을 받는다. (정의: 처벌)

31) 주인공은 결혼하여 왕좌에 오른다. (정의: 결혼)[1]

그런데 프롭이 발견했다고 주장하는 심층 구조는 이야기의 진정한 문법이라고 하기에는 너무나도 이야기의 표면 구조에 가까운 것이다.

버커트는 프롭의 통어적 축syntagmatic axis을 따른 심층 구조 분석 방법을 모방하여 그리스 신화에 나오는 영웅들의 어머니들이 처한 운명의 공통된 추이를 추출해냈다. 아르카디아인들의 조상으로 알려진 아르카스Arkas의 어머니 칼리스토Callisto, 미케네를 세운 페르세우스의 어머니 다나에Danae, 페르가뭄의 창건자인 텔레포스Telephos의 어머니 아우게Auge, 에파포스Epaphos의 어머

1 Vladimir Propp, *Morphology of the Folktale*, 2nd Ed., Laurence Scott (trans.), University of Texas Press, 1970, pp. 25-65 참조.

니인 이오Io 등의 이야기는 다음과 같은 구조를 공유한다.

1) 집을 떠남 : 처녀는 유년기와 가족 생활로부터 분리된다.
2) 전원적 고립 : 칼리스토는 아르테미스와 합류한다. 다나에는 지하의 방에 갇힌다. 아우게와 이오는 사제가 된다.
3) 강탈 : 신이 처녀를 범하고 잉태시킨다.
4) 고난 : 처녀는 엄한 처벌을 받고 죽음의 위협을 받는다.
5) 구조 : 처녀가 사내아이를 낳고, 아이는 자신에게 운명 지어진 권세를 얻게 됨에 따라 죽음과 불행으로부터 구조된다.

이 처녀들의 비극은 여성에게 부과되는 입문식을 반영한다고 볼 수 있으며, 여성의 입문식은 사춘기의 시작, 처녀성의 상실, 임신, 출산 등과 연계되어 있다. 어떤 부족에서는 첫 월경이 시작되면 여성이 아버지의 집을 떠나야 하며, 아들을 낳아야 성인으로서의 완전한 지위를 획득할 수 있으므로 이야기 구조와의 상응관계가 완전하다고 할 수 있다. 그러나 버커트의 분석은 프롭의 분석만큼 철저하지 않다. 예를 들면 아우게의 이야기에서는 버려진 아이가 동물의 젖을 먹고 자라며, 이오와 칼리스토의 이야기에서는 이들이 동물로 변신하는데, 이러한 요소들은 모티프의 단위로 처리되어 있지 않다.[2]

2. 레비스트로스의 오이디푸스 신화 읽기

클로드 레비스트로스Claude Lévi-Strauss(1908-1991)는 소쉬르의 이론을 보완한 야콥슨에게서 이항 대립, 위계적인 조직, 기초적인 구조의 단위가 가지는 뭉치의 성격이 중요하다는 개념을 전수받았으며, 구조주의가 인간의 문화와

2 Eric Csapo, 앞의 책, pp. 190-211 참조.

인간의 두뇌에 대한 보편적 진리를 밝힐 수 있다는 믿음을 공유했다. 레비스트로스는 구조주의 방법론을 이용한 친족 관계의 분석을 통하여 문화 현상 일반이 언어와 같은 방식으로 작용함을 보여주었다.

신화 또한 언어와 유사하며, 언어로 구성되어 있기도 하다. 언어의 최소 단위는 음소이고, 음소가 결합하여 단어를 이루고 단어가 결합하여 형태소morpheme나 의미소sememe가 되며, 의미소가 결합하여 문장sentence을 이룬다. 문장들은 모여서 서사narrative를 구성하므로 서사도 언어와 같은 방식으로 분석될 수 있다. 레비스트로스는 신화 서사의 최소 단위를 신화소mytheme로 설정했다. 프롭이 러시아 민담을 분석할 때 사용한 최소 단위인 기능 개념은 인물의 행위로 구성되어 있으나, 레비스트로스가 사용한 신화소 개념은 때로는 인물의 행위로, 때로는 명사(인물의 이름, 고유명사, 물건 등)만으로 구성되어 있다.

신화는 시간적으로도 소쉬르의 구조주의가 강조하는 공시성의 요소를 많이 가지고 있다. 그것은 역사적 시간을 초월한 태초의 시간을 다루며, 인간 생활의 영속적 측면을 다루고 있어 통시성보다는 공시성이 중요한 서사이다. 또한 신화적 서사는 표면에 나타난 표현, 즉 표면 구조와 파롤에 중점을 두는 시와는 달리 규범적 서사인 랑그를 더 중요시하는 서사이다. 다시 말해서 신화 이야기를 전달할 때 중요한 것은 그 표현의 다양성이나 수려함이 아니고, 그 줄거리의 기본적 구성요소를 그대로 전달하는 것이다.

그런데 음소들을 구조화하는 데 작용한 요소들은 음소 하나하나가 다른 음소들에 대해 가지는 차별성이 아니고, 음소의 구성요소, 즉 그것이 자음인지 모음인지, 유성음인지 무성음인지 비음인지 구강음인지 하는 요소들이었다. 신화의 분석에서도 마찬가지로 표면적으로는 관계가 없어 보이는 신화소들이 그 안에 들어 있는 어떤 요소들에 의하여 다른 신화소 뭉치들과 공통점을 가질 수 있다. 레비스트로스는 오이디푸스 신화와 그와 관련된 신화, 즉 오이디푸스의 조상 신화 및 그 후손 신화를 분석함으로써 오이디푸스 신화가 가진 심층 구조와 그것이 해결하고자 하는 갈등을 분석해냈다.[3]

옆의 도표가 보여주듯이 레비스트로스는 오이디푸스 이야기를 프롬처럼 이야기의 표면 구조를 따라 일직선으로 읽어 내려가지 않고, 악보를 읽듯이 가로축과 세로축을 동시에 염두에 두고 읽었다. I 칸은 혈연관계의 지나친 강조를 나타내는 신화소들의 집합이다. II 칸은 반대로 혈연관계를 과소평가하는 신화소들의 집합이다. III 칸에서 뱀과 스핑크스는 모두 땅에서 태어난 존재들로서 이 괴물들을 죽이는 행위는 땅으로부터의 출생을 부인하는 행위이며, 이것은 곧 테베인들의 조상들이 카드모스가 죽인 용의 이빨을 던진 곳에서 땅으로부터 솟아났다고 하는 믿음을 부인하는 행위이다. 반면에 IV 칸에 나타난 특징들, 즉 발을 전다거나 걸음을 제대로 못 걷는다거나 발에 문제가 있는 것은 땅에서 태어난 존재들의 특징이라고 한다. 그러니까 IV 칸의 신화소들은 땅에서 태어났음을 긍정하는 신화소들이다. 또한 이 신화의 심층적 의미는 네 신화소 사이의 관계, 즉 두 개의 이항 대립쌍 사이의 상동관계를 표현하는 다음과 같은 공식으로 집약할 수 있다.

혈연관계 과대평가 : 혈연관계 과소평가 :: 땅에서 태어남 부인 : 땅에서 태어남 긍정

레비스트로스는 이 공식의 의미를 다음과 같이 설명한다. 곧 이 신화는 인간이 땅에서 나왔다는 믿음과, 인간이 실제로는 남자와 여자의 성적 결합에서 태어난다는 경험적 지식 사이의 모순을 해결하는 과정에서 발생한 신화이다. 이 문제가 명쾌하게 해결될 수는 없지만 오이디푸스 신화는 원래의 문제(하나에서 나오는가 둘에서 나오는가)를 파생적인 문제(다른 것으로부터 나오는가 같은 것으로부터 나오는가)와 연관시키는 일종의 논리적 도구를 제시한다. 여기에서 '혈연관계 과대평가'는 같은 것, 즉 '땅이 아닌 인간으로부터 나오는 동시

3 Claude Lévi-Strauss, "The Structural Study of Myth," *The Critical Tradition*, David H. Richter (ed.), Bedford/St. Martins, 1998, pp. 835-844.

레비스트로스의 오이디푸스 신화 구조 분석

I. 혈연관계 과대평가	II. 혈연관계 과소평가	III. 땅으로부터의 출생 부인	IV. 땅으로부터의 출생 긍정
		카드모스가 뱀을 죽인다.	
카드모스가 그의 누이 에우로페를 찾는다.			
	스파르토이가 서로를 죽인다.		
			라브다코스 (라이오스의 아버지) = "다리를 저는"(?)
	오이디푸스가 아버지 라이오스를 죽인다.		
		오이디푸스가 스핑크스를 죽인다.	
오이디푸스는 어머니 이오카스테와 결혼한다.			라이오스 (오이디푸스의 아버지) = "왼편으로 기울어진"(?)
	에테오클레스가 자기 형제 폴리네이케스를 죽인다.		
			오이디푸스 = "발이 부은"(?)
안티고네는 왕의 금령에도 불구하고 자기 남자 형제인 폴리네이케스를 묻는다.			

에 하나로부터 나옴'의 표현이라고 볼 수 있다. 가령 근친상간은 결국 두 가족의 결합이 아닌 한 가족 내에서의 결합을 의미하기 때문이다.

신화가 인간의 출생, 삶, 죽음처럼 삶의 근원적이고도 심각한 갈등을, 인간이 수용할 수 있는 방식으로 매개해준다면 민담은 좀 더 가벼운 갈등을 다룬다. 예를 들면 신데렐라 이야기는 사회적 지위의 높고 낮음, 그리고 그것이 인간 본성의 고귀함이나 저열함에 상응하는가 하는 데 대한 불안감을 해소해주는 이야기라고 할 수 있다. 신데렐라Cinderella는 프랑스에서는 상드리용Cendrillon, 이탈리아에서는 세네렌톨라Cenerentola, 독일에서는 아셴푸텔Aschenputtel, 러시아에서는 졸루슈카Zolushka라는 이름으로 불리는데, 이 말들은 모두 '재'를 의미한다. 재는 불에서 생기므로 땅과 하늘을 연결하는 성격을 가지고 있다. 이러한 사물로는 재 외에도 안개(땅과 하늘 사이에 존재하는)와 검댕(벽난로에서 나와 굴뚝을 타고 오르는)이 있다. 땅과 사람 사이를 연결하는 역할을 하는 신발도 마찬가지 의미를 갖는다. 그러므로 신데렐라의 이름이나, 왕자가 신데렐라를 찾는 데 결정적인 역할을 하는 유리구두 모두가 상층부와 하층부를 연결하는 기능을 가지고 있어서 이 이야기의 중심적 갈등을 매개하는 구실을 한다. 말하자면 고귀한 본성을 가진 신데렐라는 일신상의 불운에 의하여 저급한 사회적 신분을 부여받게 되는데, 이야기가 진전됨에 따라 차츰 자신의 고귀한 본성에 상응하는 사회적 신분을 얻게 된다. 여기에서 신데렐라라는 이름과 유리구두라는 매개물이 의미심장한 역할을 하게 되는 것이다.

구조주의적 방법론은 심리학적 방법론과 함께 아직도 신화분석자들이 즐겨 사용하는 도구이다.[4]

3. 뒤랑의 신화 이론

뒤랑Gilbert Durand(1921-2012)의 신화론을 구조주의로 분류하기에는 무리가 있다. 그러나 그의 이론도 '기표와 기의의 관계' 등 구조주의의 개념들을 토대로 하고 있다는 데에서 일단 그 출발점을 '구조주의와 기호학에 기대고 있는 상징 이론'이라고 볼 수 있다. 그러나 신화의 사회적 역할에 대한 뒤랑의 관심을 고려한다면 그의 사고는 기능주의자들이나 제의주의자들의 사회학적 방법론에 가깝다고 볼 수도 있다.

서구 사회의 인식론적 역사를 '성상 파괴의 역사'로 규정하는 뒤랑은 오늘날 서구 사회가 서로 다른 층위의 세 가지 신화 속에 살고 있다고 말한다. 하

---

4 Eric Csapo, 앞의 책, pp. 217-234 참조.

나는 고전적 합리주의의 편에 서서 나머지 하나의 문명적 동력인 '상상적인 요소들을 억압'해온 실증주의적 교육의 신화이다. 그리고 또 하나는 대중매체에 의해 선동되고 있는 '억압 해소'의 신화이며, 마지막 하나는 '신화의 재발견'이라는 신화이다. 이 셋은 사회의 서로 다른 층위에 있는 구성원들이 각각 소유하고 있는 신화들이다. 뒤랑에게 있어 인식론이란 이처럼 사회에 존재하는 신화 속에서 과학의 세계와 몽상의 세계를 어떻게 접근시킬 수 있는가를 보여주면서 전개되는 '과학들의 역사'이다. 그리하여 그의 인식론은 문학 텍스트와 사회적 문맥context을 단절시키지 않는다는 전제에서 출발한다. 여기서 문학 텍스트는 단순히 문자적으로 기록된 것만을 지칭하지 않으며 예술 전반으로 확대될 수 있다.

뒤랑의 신화, 신화 비평 및 신화 분석의 원칙들을 살펴보기 전에 우선적으로 인지해야 할 것은 그의 기호에 대한 입장일 것이다. 일반적인 기호론에서 상징은 빈약하거나 덜 구조화된 기호로 규정된다. 기호론이 지지하는 과학적 규칙들에서 보다 멀리 위치하고 있기 때문이다. 다시 말해서 상징은 보다 구체적인 대상과 연관을 맺는다거나 기표와 기의의 자의적 결합에 어려움을 겪기 때문에 불완전한 기호로 읽혀지는 것이다. 그러나 상상력이라고 하는 것이 인간의, 혹은 인간에 대한 모든 과학, 특히 사회학 전 과정의 토대를 이루는 힘이라고 규정하는 뒤랑에게 있어, 상징은 메마른 기호로 한정하기 힘든 풍요롭고도 매우 복잡한 기호이다. 오히려 그것은 기호를 끌어안는다. 상징은 하나의 기호가 감각으로 느낄 수 있는 하나의 대상을 지칭하는 것이 아니라 하나의 의미로 귀결되는 것, 즉 감추어진 의미를 나타나게 만드는 하나의 재현인 것이다. 그리고 그 적확성은 부적확성을 끊임없이 수정하고 보충할 수 있는 의식儀式적이고 신화적인 반복에 의해 구현된다.

텍스트를 진술하는 개인의 의식과, 환경이라는 문맥에서 오는 총체적 소환·요청 사이에 존재하는 끊임없는 상호 교환 작용을 '인류학적 도정'이라 명명한 뒤랑은, 주어진 하나의 텍스트가 주어진 시대에 의미론적으로 지향하는 바가 무엇인가를 총체적으로 이해하기 위해 '의미의 물줄기'라는 개념을 제안한다. 스며 나옴Russellement → 분수기分水期·partage des eaux → 합류기合流期·confluences → 강의 이름Au nom du fleuve → 연안 구획Aménagement des rives → 고갈되어 델타로 남기épuisement des deltas의 단계를 거치는 '인류학적 도정'은 한 번의 순환으로 그치지 않고 다시 새로운 '스며 나옴'으로 이어지면서 프랙탈 구조에 다가간다. 여기서 주어진 텍스트는 이 흐름의 각 지점을 차지하며, 그것이 위치하는 단면의 흐름들의 단층을 보여주게 된다. 뒤랑의 신화 비평은 결국 각각의 텍스트가 드러내고 있는 각 지점의 단층들, 그리고 그것의 두께를 총체적으로 이해하는 작업인 것이다.

신화 비평은 신화에 대한 관심이 재개되면서 신화적 사고가 이른바 '진지한' 사고의 흐름 속으로 복원됨에 따라 강화되었다. 이 비평은 글로 쓰이고 말해진 텍스트, 즉 이야기 속의 신화적 핵 혹은 신화적 패턴을 찾는 방법으로 진행된다는 의미에서 신비평적 요소를 지닌다. 그러나 주어진 텍스트, 한 작가의 작품은 '그 시대의 것'이기도 하고, 특히 '그 시대' 자체이기도 하다. 여기서 뒤랑의 신화 비평은 필연적으로 신화 분석으로 나아간다. 즉 문학 텍스트에 대한 신화적 통찰이 그것이 위치하고 있는 문맥 전체, 나아가 그 사회·문화·시대로 확대되는 것이다. 뒤랑의 신화학이 궁극적으로 사회학을 지향하게 되는 원인이 바로 여기에 있다.

뒤랑의 신화학은 그것이 텍스트와 문맥 사이의 부단한 상호 교환 작용을 전제하고 있다는 점에서 환원론에 빠지기 쉬운 신화 비평을 보다 실천적으로 변화시켰다. 기호의 형식적인 틀 안에서 매몰될 수밖에 없었던 기존 신화 비평의 한계를 극복했다고 볼 수 있을 것이다. 그러나 그의 신화 비평 및 신화 분석 방식이 모든 문학 텍스트 및 모든 문화·사회에 일률적으로 적용 가능한 것인가에 대해서는 아직 검토의 여지가 있다. 그의 신화론은 서구 문명의 구체적인 인식론적 역사에 대한 통찰을 기반으로 하고 있기 때문이다. 뒤랑 자신이 말했듯이, 신화 분석은 그것이 이루어질 수 있는 아주 표본적인 지대까지 가는 것을 그만두고 '여기서' 우리의 '사회'라고 하는 모호하고 역설적인 대상을 탐사하며 삶의 경험으로 무장될 필요가 있는 것이다.

후기구조주의의 신화 이론

6장

1. 바르트와 현대 문화 속의 신화

구조주의는 앞서 살펴본 바와 같이 문화 체계의 구조를 명료하게 보여주는 뛰어난 분석의 도구를 제공하기는 했으나, 여러 가지 자체적인 모순점을 가지고 있었다. 구조주의의 창시자인 소쉬르는 역사성을 완전히 배제했으며, 그가 이야기한 구조는 너무도 결정론적이어서 인간의 자유의지가 개입하여 구조의 체계를 바꾸어놓는 것이 불가능하게 보였다. 그리고 동일한 언어를 하나의 체계로 보는 그의 생각은 같은 언어 집단 속에서도 지역이나 성, 그리고 사회적·직업적·종교적·문화적 성향에 따라 조금씩 다른 하위 언어 집단이 구성될 수 있다는 사실을 간과하고 있었다.

이러한 한계점을 가지기는 하지만, 그럼에도 구조주의적 분석 방법은 구조의 구축된 성격, 즉 인위적인 성격을 보여주어 구조의 결정성으로부터 자유로워질 수 있는 첫걸음을 제공한다는 의의가 있다. 구조주의 방법론에서 출발한 마르크스주의자 바르트Roland Barthes(1915-1980)의 신화 분석은 이러한 반성적 분석의 한 사례로 볼 수 있으며, 구조의 구축된 성격을 적극적으로 드러내어 후기구조주의 혹은 탈구조주의를 지향하는 분석이라 할 수 있다. 그가 신화라고 지칭하는 것은 전통적인 이야기 혹은 원시사회의 산물이 아니라, 현대인들이 무의식적으로 신비화하고 있는, 혹은 자연스러운 것으로 받아들이고 있는 가치관들이다. 바르트는 1957년의 저술 『신화론*Mythologies*』에서, 신화란 사회적 중요성을 가진 어떤 것에 대하여 이차적으로 언급하는 발화 행위라고 재정의했다. 여기서 발화 행위는 글, 그림, 사진, 행위 등을 포함하는 모든 종류의 의미작용을 포함한다. 그리고 이차적인 언급이라는 것은 기표와 기의의 결합에 의하여 이루어진 하나의 기호가 다른 기의의 기표가 된다는 뜻이다. 예를 들어 한 잡지 표지에 프랑스 군복을 입은 흑인 청년이 프랑스 국기를 향해 경례를 하는 장면이 실렸다고 하자. 이 경우에 기표는 사진의 이미지이고, 기표가 표현하고 있는 기의는 프랑스 국기를 향해 경례를 하고 있는 흑인 청년이다. 그러나 기표와 기의의 결합에 의해 구성된 이 기호는 그 자체가 또 하나의 기표가 되어 이차적인 기의를 가진다. 그 기의는 '프랑스는 위대한 제국이며, 이 제국의 모든 아들들은 피부색을 불문하고 그 기치 아래 충실하게 봉사하고 있다'는 메시지이다. 바르트는 "식민주의 반대자들에 대한 대답으로, 이 흑인 청년이 소위 말하는 압제자들을 향하여 보이는 열광보다 더 나은 대답은 없을 것이다."라는 말로 이 이차적 발화 행위의 역동성을 지적하고 있다.[1] 이 사진은 기호인 동시에 기표이므로, 논란의 여지가 없는 사실로서 인지되어 자신이 특정 이데올로기[2]의 기표로서 활동하고 있음을 부인하고, 사실적 장면을 찍은, 별다른 의도가 부재한 자연스러운 사진으로 행세한다. 이와 같이 의미작용의 과정을 신비화해버린, 혹은 자연스러운 것으로 행세하는 기표를 바르트는 신화라고 부른다.

---

1 Roland Barthes, *Mythologies*, Editions du Seuil, p. 201.

2 이데올로기에는 여러 가지 정의가 있지만 한 집단이 공유하는 가치관, 그중에서도 한 사회 안에서의 지배 관계와 권력 관계를 결정하는 가치관을 이데올로기라고 한다. 이런 의미에서 자본주의, 공산주의, 제국주의, 가부장주의, 여성주의 등은 모두 이데올로기라고 할 수 있다.

2. 후기구조주의와 이데올로기로서의 신화

후기구조주의는 구조주의 내에 존재하는 자기반성적 요소를 확장하여 구조주의의 한계점들을 극복하려 했다. 그중 데리다Jacques Derrida(1930- 2004)와 폴 드 만Paul de Man(1919-1983) 등의 소위 해체주의자들은 구조주의가 말하는 전일화된 구조는 존재하지 않을 뿐 아니라 사회 체계를 통제하는 것은 하나도 없으며, 체계와 종속항들이라는 것은 모두 형이상학적 환상에 지나지 않고, 단편적이고 비논리적이며 자기모순적인 담론들의 편린들이 존재할 뿐이라는 결론에 도달했다. 이들은 소쉬르의 '기표의 자의성'이라는 개념을 강조하고 발전시켜, 체계 속에 편입될 수 없는 자유롭게 부유하는 기표, 즉 기의로부터 해방된 기표가 사회적 억압으로부터의 해방을 야기할 수 있다는 논리를 발전시켰다.

후기구조주의의 또 다른 일부는 서구 인본주의 전통의 목표와 계몽의 기획을 포기하지 않고, 전 세계적으로 확산되고 있는 서구 문화의 양상인 포스트모더니티의 몰가치성을 비판한다. 페미니스트, 동성애 이론가들, 흑인 해방주의자들, 탈식민주의 비평가들을 포함하는 이들 집단은 마르크스주의자들과 마찬가지로 권력의 분배와 해방에 관심을 가졌으며, 언어, 예술, 문학을 전사회적인 맥락에서 이해하고자 했다. 동시에 그들은 엥겔스Friedrich Engels나 마르크스의 유물론을 벗어나, 사회적 이데올로기가 투쟁의 중요한 장임을 인식했으며, 문화 비평이 참여의 주요한 형태라고 생각했다. 특히 1960년대 이후 서구의 경제는 산업자본주의의 지배를 받는다기보다는 상품의 교환에 의하여 지배받게 되었고, 소비를 부추기는 대중매체의 이미지 창출이 자본주의 이데올로기의 주요 기제가 됨에 따라 문화 비평의 역할이 중요하게 부각되기 시작했다. 이와 같이 구조주의, 마르크스주의, 해방 지향의 문화 연구를 종합한 후기구조주의는 신화의 개념을 이데올로기의 개념과 결합시키며 그에 대한 비판을 시도했다.

신화뿐만 아니라 모든 문화 산물은 이데올로기적 요소를 가지고 있다. 어떤 문화 산물은 보수적 이데올로기를 답습하고, 어떤 문화 산물은 개혁적 이데올로기를 담고 있다. 또, 한 사회가 공유하는 이데올로기가 있는가 하면 계급, 성별, 인종, 종교 등에 따라 차이를 보이는 하위 이데올로기들도 있다. 그런데 신화와 같이 사회의 많은 구성원들이 공유하는 문화 산물은 이데올로기들을 광범위하게 포괄할 수 있는 특성을 지닌다. 따라서 하나의 신화 안에 여러 가지 이데올로기들이 공존하는 것을 볼 수 있으며, 그중에 좀 더 지배적인 목소리를 내는 이데올로기가 존재할 수 있다. 이와 같이 이데올로기로서의 신화 개념에 의거한 신화 분석의 사례로서 헤라클레스 신화를 살펴보자.

헤라클레스의 신화가 배태된 고대 그리스 사회는 크게 자유인들과 노예들로 구성되어 있었는데, 자유인에는 귀족 외에도 상공업자, 농민, 임금노동자 등이 속했다. 그리스인들은 자유가 인간을 진정 인간답게 만든다고 생각했다. 자유로운 인간은 이성, 자기통제, 용기, 관대함, 고상함 등의 미덕을 갖출 수 있으며, 반면에 노예들은 정신적인 기능을 행사할 수 없으며 비이성적이고 제멋대로이고 겁쟁이이며 이기적이고 소심하다고 생각했다. 그런데 귀족의 이데올로기에 의하면 돈을 벌기 위해 일해야 하는 자유인 계급은 노예보다 별로 나을 것이 없었다. 정도의 차이가 있을 뿐 강제성에 의해 일하는 것은 마찬가지이기 때문이었다. 상공업자는 탐욕에 의해, 노동자는 배고픔에 의해, 노예는 채찍에 대한 두려움에 의해 추동될 뿐 자유의지에 의해 일하는 것이 아니라고 생각되었다. 오직 귀족만이 교육, 신체적 단련, 여러 종류의 경쟁 등 자발적인 활동을 위한 여가, 즉 진정한 자유를 가지고 있다는 것이 귀족 계급의 생각이었다. 반면에 생계를 위해 일해야 하는 계급이 보기에 귀족의 생활은 비생산적이고 기생적이며 낭비로 가득 차 있었다. 이러한 상황에서 신화가 광범위하게 받아들여지려면, 자유나 여러 형태의 노동을 규정하는 방식이 여러 계급의 생각을 포괄할 수 있을 만큼 다변적이어야 했다. 그러나 신화는 궁극적으로 한 계급, 즉 지배계급의 관점에 경도되게 마련인데, 헤라클레스 신화는 바로 이러한 다변성과 계급적 경도성을 동시에 가지고 있다.

헤라클레스의 시대는 토지를 소유한 귀족들의 시대에서, 도시의 상인과 노동자들이 사회에서 지배적 역할을 하는 민주주의의 시대로 이행하는 과정에 있었다. 체력 단련과 그를 위한 경기 및 무술 연마는 귀족 계급의 활동이었으며, 헤라클레스는 이 방면에 출중했다. 그는 올림픽 경기, 네메안Nemean 경기 등의 창시자로 알려져 있기도 하다. 예술 작품에서 그는 레슬링 경기를 하거나 원반을 던지는 모습으로 묘사되어 있다. 그러나 헤라클레스가 수행한 여러 가지 일들을 보면 순수하게 귀족적인 이상을 벗어나는 것들이 많다. 그는 많은 강제적 조건하에서 위업을 달성한 경우가 많으며, 하는 일의 종류 역시 아우게이아스의 마구간을 청소하는 것과 같이 당시 비천하다고 여겨진 농업 노동의 성격을 띤 것도 있다. 그가 한 일들은 사역, 속죄, 명예욕 등 다양한 원인에 의해 추동된다. 헤라클레스의 열두 가지 사역은 자신의 아내와 자식을 죽인 데 대한 속죄를 위해 수행되는 동시에, 에우리스테우스를 위한 사역이기도 하며, 델포이의 신탁은 이 사역의 대가로 그가 불사신이 될 것을 약속하고 있었다. 그는 경기자로서, 속죄자로서, 임금노동자로서, 노예로서 고마움을 표현하기 위하여 수없이 많은 위업을 수행한다.

그런데 헤라클레스는 이러한 임무를 수행하는 가운데 항상 좌절을 맛본다. 무엇인가를 얻기 위하여 수행한 임무의 경우는 더욱 그렇다. 그는 아우게이아스의 마구간을 청소한 대가를 얻지 못한다. 그리고 에우리스테우스는 '그가 대가를 위하여 일했으므로 그의 사역을 인정할 수 없다'고 주장하여 헤라클레스는 양쪽에서 손해를 보게 된다. 그는 라오메돈 왕의 딸을 구출한 대가로 약속받은 말 역시 받지 못한다. 또한 헤라클레스는 에우리토스Eurytos의 딸 이올레Iole를 얻으려고 궁술 시합에서 우승했으나 결국은 그녀도 얻지 못한다. 이처럼 헤라클레스의 인생은 효용성 없는 투쟁으로 가득 차 있다. 그러나 귀족적인 의미에서는 그의 위업은 보상을 받는다. 즉 그가 명예를 위해서 일을 한 것이라고 보면 이것은 영원한 명성과 불멸의 삶으로 보상을 받는 셈이다. 그의 손실도 귀족적인 방법으로 보상된다. 즉 그는 자기를 속이거나 불명예스럽게 한 사람에게 가서 보복을 함으로써 명예를 되찾는다. 그는 라오메돈과 아우게이아스와 에우리토스의 도시를 약탈한다. 그의 사역은 결국 명예와 영광 외의 보상을 가져오지 못하는 것이다.

헤라클레스의 노역은 그리스의 모든 계급이 노역하는 동기들을 망라하고 있다. 헤라클레스가 행하는 한 가지 노역은 여러 계급의 노역 동기를 포괄하고 있는 경우가 많다. 따라서 그는 모든 계급의 활동과 관심사와 염원과 관련이 있는 신화적 노역자이다. 그러나 헤라클레스 신화는 역시 귀족적인 관점의 지배를 받는다. 헤라클레스가 이룬 성공적 위업들은 그 수행이 자발적이며 개별적이고 독립적인 운동경기와 유사하다. 그리하여 귀족적인 노역이 최상의 것이며 유일하게 가치 있고 유효한 것으로 드러난다.[3]

3 Eric Csapo, 앞의 책, pp. 301-315 참조.

참고문헌

■ 1차 문헌

『산해경山海經』, 정재서 역주, 민음사, 1985.

갈홍葛洪, 『포박자抱朴子』.

나필羅泌, 『노사路史』.

라신, 장, 『라신 희곡선』, 정병희 외 옮김, 이화여자대학교출판부, 2008.

발자크, 오노레 드, 『절대의 탐구』, 한필규 옮김, 박영사, 1984.

소포클레스, 『오이디푸스 왕』, 천병희 옮김, 문예출판사, 1983.

유안劉安, 『회남자淮南子』.

유향劉向, 『열선전列仙傳』.

이방李昉, 『태평광기太平廣記』.

이백李白, 「고구려高句麗」.

일연一然, 『증보 삼국유사增補 三國遺事』, 최남선 편, 민중서관, 1958.

장주莊周, 『장자莊子』, 안동림 역주, 현암사, 1973.

진수陳壽, 『위지魏志』, 「동이전東夷傳」.

카뮈, 알베르, 『시지프 신화』, 김화영 옮김, 책세상, 2004.

코엘료, 파울로, 『연금술사』, 최정수 옮김, 문학동네, 2001.

한국정신문화연구원 어문연구실, 『한국구비문학대계 3(1)』, 한국정신문화연구원, 1980.

홍석모洪錫謨, 『동국세시기東國歲時記』.

홍흥조洪興祖, 『초사 보주楚辭 補注』.

황순원, 『황순원 단편선: 독 짓는 늙은이』, 문학과지성사, 2004.

Cixous, Hélène, Le Nom d'Oedipe, *le chant du corps interdit*, Les femmes, 1978.

Mack, Maynard (ed.), "The Epic of Gilgamesh," *The Norton Anthology of World Masterpieces*. Vol. I. 6th Ed., W. W. Norton & Company, 1992.

Shaw, George Bernard, *Pygmalion*, Penguin Books, 2003(초판 1916).

Shalley, Mary, *The Mortal Immortal*, The Keepsake, 1833.

Shelley, Percy Bysshe, "On the Medusa of Leonardo da Vinci", *Posthumous Poems*, John and Henry L. Hunt, 1824.

■ 2차 문헌

김재용, 「동북아시아 지역 홍수 신화와 그 변이에 대한 연구」, 『한국고전연구』, 1998.

김형준 엮음, 『이야기 인도 신화』, 청아출판사, 1994.

노성두, 『보티첼리가 만난 호메로스』, 한길아트, 1999.

뒤랑, 질베르, 『신화비평과 신화분석』, 유평근 옮김, 살림, 1998.

류경희, 『인도 신화의 계보』, 살림, 2003.

바타이유, 조르주, 『에로티즘의 역사』, 조한경 옮김, 민음사, 1998.

서대석, 『한국 신화의 연구』, 집문당, 2001.

______, 『한국의 신화』, 집문당, 1997.

세이지, 이토, 『중국의 신화와 전설』, 박광순 옮김, 넥서스, 2000.

손진태, 『한국 민족설화의 연구』, 을유문화사, 1947.

송정화, 『중국 여신 연구』, 민음사, 2007.

식수, 엘렌, 『메두사의 웃음/출구』, 박혜영 옮김, 동문선, 2004.

신화아카데미, 『세계의 영웅신화』, 동방미디어, 2002.

______, 『세계의 창조신화』, 동방미디어, 2001.

아로마티코, 안드레아, 『연금술: 현자의 돌』, 성기완 옮김, 시공사, 1998.

안인희, 『게르만 신화, 바그너, 히틀러』, 민음사, 2003.

에슨, 아리안, 『신화와 예술』, 류재화 옮김, 청년사, 2002.

엘리아데, 미르치아, 『종교의 의미: 물음과 답변』, 박규태 옮김, 서광사, 1990.

______, 『샤마니즘: 고대적 접신술』, 이윤기 옮김, 까치, 1992.

______, 『이미지와 상징』, 이재실 옮김, 까치, 1998.

융, 칼 구스타프, 캘빈 스피링거 홀, 욜란드 야코비, 『융 심리학 해설』, 설영환 옮김, 선영사, 1986.

위앤커, 『중국 신화 전설 1, 2』, 전인초 · 김선자 옮김, 민음사, 2002.

이경재, 『신화 해석학』, 다산글방, 2002.

이명옥, 『팜므 파탈』, 다빈치, 2003.

이부영, 『분석심리학』, 일조각, 1998.

이온스, 베로니카, 『인도 신화』, 임웅 옮김, 범우사, 2004.

______, 『이집트 신화』, 심재문 옮김, 범우사, 2003.

이윤기, 『이윤기의 그리스 로마 신화』, 웅진닷컴, 2002.

이은기 · 김미정, 『서양미술사』, 미진사, 2006.

이주헌, 『신화 그림으로 읽기』, 학고재, 2000.

자크, 크리스티앙, 『람세스』, 김정란 옮김, 문학동네, 1997.

장영란, 『신화 속의 여성, 여성 속의 신화』, 문예출판사, 2001.

정유경 · 정재서, "<겨울왕국 2>의 다층적 의미와 그 지향", 『만화애니메이션연구』 3, 2020.

정은미, 『화가는 왜 여자를 그리는가』, 한길아트, 2002.

정재서, 『不死의 신화와 사상』, 민음사, 1994.

______, 『정재서 교수의 이야기 동양 신화』, 김영사, 2004.

______, 『사라진 신들과의 교신을 위하여』, 문학동네, 2007.

캠벨, 조지프, 『천의 얼굴을 가진 영웅』, 이윤기 옮김, 평단문화사, 1985.

쿠더트, 앨리슨, 『연금술 이야기』, 박진희 옮김, 민음사, 1995.

크루티어, 알레브 라이틀, 『물의 역사』, 윤희기 옮김, 예문, 1997.

테츠너, 라이너, 『게르만 신화와 전설』, 성금숙 옮김, 범우사, 2002.

프레이저, 제임스 조지, 『그림으로 보는 황금가지』, 이경덕 옮김, 까치, 1995.

프로이트, 지그문트, 『프로이트 성애론』, 정성호 편역, 문학세계사, 1997.

필립스, 톰, 『음악이 흐르는 명화 이야기』, 황혜숙 옮김, 예담, 2003.

해밀턴, 에디스, 『해밀턴 신화집』, 서미석 옮김, 현대지성사, 1999.
홍태한, 『한국 서사무가 연구』, 민속원, 2002.
후크, 사무엘 헨리, 『중동신화』, 박화중 옮김, 범우사, 2001.

陶陽 · 鍾秀 編, 『中國神話』, 上海文藝出版社, 1990.
葉舒憲, 『中國神話哲學』, 中國社會科學出版社, 1993.
陸思賢, 『神話考古』, 文物出版社, 1995.

Bachelard, Gaston, *La Psychanalyse du feu*, Gallimard <idées>, 1949.
Barthes, Roland, *Mythologies*, Edition du Seuil, 1957.
Bulfinch, Thomas, *Bulfinch's Mythology*, Dell, 1956.
Csapo, Eric, *Theories of Mythology*, Blackwell, 2005.
Frazer, James George, *The Golden Bough*, Macmillan Company, 1969.
Freud, Sigmund, *Totem and Taboo*, James Strachey (trans.), Norton, 1950.
Frye, Northrop, *Anatomy of Criticism*, Princeton University Press, 1957.
Lévi-Strauss, Claude, "The Structural Study of Myth," *The Critical Tradition*, David H. Richter (ed.), Bedford/St. Martins, 1998.
Lincoln, Bruce, *Theorizing Myth: Narrative, Ideology, and Scholarship*, The University of Chicago Press, 1999.
Powell, Barry Bruce, *Classical Myth*, 3rd Ed., Prentice Hall, 2001.
Propp, Vladimir, *Morphology of the Folktale*, 2nd Ed., Laurence Scott (trans.), University of Texas Press, 1970.

찾아보기

[ㄹ]

[ㅁ]

[ㅂ]

신화적 상상력과 문화 (개정판)

펴낸날 1판 1쇄 2008년 2월 29일
2판 1쇄 2023년 6월 14일
지은이 정재서 · 전수용 · 송기정
펴낸이 주소현
펴낸곳 이화여자대학교출판문화원
주소 서울특별시 서대문구 이화여대길 52(우 03760)
등록 1954년 7월 6일 제9-61호
전화 02) 3277-2965 (편집), 02) 362-6076 (마케팅)
팩스 02) 312-4312
전자우편 press@ewha.ac.kr
홈페이지 www.ewhapress.com
책임편집 이혜지 · 이지예
디자인 정혜진

ISBN 979-11-5890-488-3 03210
값 24,000원

* 잘못된 책은 구입처에서 바꾸어 드립니다.